集人文社科之思　刊专业学术之声

集 刊 名：金融与社会
主办单位：中央财经大学社会与心理学院
主　　编：李国武
执行主编：艾　云　方　舒

Vol.1 FINANCE AND SOCIETY

第一辑

集刊序列号：PIJ-2019-378

中国集刊网：www.jikan.com.cn

集刊投约稿平台：www.iedol.cn

金融与社会

第一辑

主　编｜李国武

执行主编｜艾　云　方　舒

FINANCE
AND
SOCIETY

Vol.1

中央财经大学社会与心理学院　主办

社会科学文献出版社
SOCIAL SCIENCES ACADEMIC PRESS (CHINA)

本集刊获中央财经大学一流学科建设项目
"聚焦网络化与金融化的经济社会学研究"（项目批准号：021451619003）的资助

创刊词：让我们共同推进金融
与社会之间关系的研究

让我们共同推进金融与社会之间关系的研究，这是时代变迁的需要，这是知识进步的需要，这是社会建设的需要。

如果说工业化和城市化是第一次工业革命以来人类经济社会变迁的主要特征，那么二战以来人类经济社会发展的显著趋势就是金融化和智能化。经济和社会金融化程度的不断加深已成为我们所处时代的一个突出特征。金融已经与宏观经济、政府管理、企业经营、家庭生活和心理体验等诸领域密不可分。金融化表现在宏观、中观和微观各个层面。在宏观层面，金融资产规模及其增速超过实物资产、金融部门在国民经济部门中的利润占比提升，利润向金融部门集中。在中观层面，非金融企业的利润越来越来自金融渠道，而非商品生产和贸易，非金融企业的金融投资占比、金融渠道获利占比和金融资产持有比例日益提高。在微观家庭层面，金融资产（主要是证券、保险和住房）占家庭资产的比例提高，家庭债务（主要是住房抵押贷款和信用消费）与收入的比率提高。金融化的趋势并不仅仅是以美国为代表的发达资本主义国家的特有现象，学者们的研究表明，作为新兴经济体的中国自20世纪90年代中期以来也出现了类似的趋势。当然，我们不能仅关注金融化在全球的共同发展趋势和普遍特征，更要挖掘金融化进程的国际差异。因制度和国情不同，金融化在不同的国家肯定会有不同的表现特征、驱动力量和影响后果。经济社会金融化的大变革需要社会科学去研究其背后的驱动力量及其潜在影响。

社会科学要回应金融化这一时代变革所提出的研究议题，需重新认识金融与社会的相互影响和相互建构关系。诞生于 20 世纪 50～70 年代的现代金融学，试图用经济学的一般均衡理论来认识金融市场，提出了所谓的有效市场假说，其核心命题是证券价格总是可以充分体现可获得信息变化的影响，当前证券价格是未来基本价值的最好估计。即使市场上存在非理性的投资者，非理性行为后果的相互抵消、理性投资者的套利行为和市场自身力量很快会消除非理性行为的影响，价格会与基本价值相符。但是现实市场中证券价格对基本价值的背离现象以及不时发生的市场剧烈波动引发了学者们对有效市场假说的质疑，这催生了行为金融学的诞生。行为金融学建立在不同于传统经济学的关于个体行为和群体行为的假定基础之上，它认为传统经济学忽视了套利行为的限制以及投资者心态对投资决策和市场结果的影响。由于许多证券没有完全相同甚至差不多的替代品，套利者可动用的资源也会受到风险规避、有限的操作实践和代理问题的约束，套利行为的作用不可能充分发挥。另外，社会大众并不像传统经济学假定的那样，他们不是完美的信息处理者，而是会频繁地出现认知偏差、犯错误及产生幻觉。正是由于认知偏差的存在，才会有反应不足、反应过度、正反馈交易行为的发生。投资者心理和公众舆论的变化是投机性市场价格变化的重要原因。虽然现代金融学和行为金融学在关于金融市场是否有效上存在根本分歧，但是它们都把认识金融市场的价格形成和变化作为核心旨趣。需要反思的是，除了研究资本价格形成和金融市场有效性外，我们是否需要和能够从其他角度与观照点去审视金融活动和金融市场。金融并不单纯是实现资本资产跨时空配置的一个市场体系，也不单纯是国民经济的一个行业部门，它还是人类社会生活的一个子系统。金融通过法定货币和市场机制与社会大众建立起密切联系，金融机构与民众之间的关系是维系社会运转的基础性关系。金融不仅影响着资源的配置效率，还成为财富分配的主要渠道。谁将获得更多和谁将失去更多取决于金融体系所内含的政治社会结构。金融发展既受到社会结构的形塑，又形塑着社会秩序的演化路线。在金融化的背景下，我们更需要深入探究金融市场本身的社会意涵以及金融活动的社会影响。在这个意义上，金融不是专属于经济学的研究领域，金融的社会属性和社会影响需要来自其他学科视角的研究。

深入研究金融与社会的关系也是构建好的金融制度与建设美好社会的需要。知识生产的目的不仅在于描述和解释世界，而且要影响甚至改造世界。学术界关于金融的理念、原则和学说会在不同程度上影响金融体系和金融制度的构建。金融部门在过去几十年的不断膨胀，特别是2007~2009年的世界金融危机，引发了公众对金融体系的强烈质疑和批评，金融学家也在反思金融与社会的关系。2013年诺贝尔经济学奖得主罗伯特·希勒（Robert Shiller）教授写了《金融与好的社会》一书，认为虽然不断进化的金融体系仍存在一些缺陷，但不能因为这些缺陷而取消金融市场，人类的经济繁荣和社会进步离不开金融体系的支撑，我们要做的是通过持续的创新和改造，不断提升金融体系的包容性，更好地控制金融体系的风险（希勒，2012）。路易吉·津加莱斯（Luigi Zingales）在2014年就任美国金融学会主席时发表了题为"金融有益于社会吗?"的演讲，认为金融经济学家要重视社会大众对金融业的负面认知，要在研究和教育中揭示坏的金融形式，减少金融对社会的有害影响（Zingales，2015）。一个竞争性、包容性的金融体系的存在需要社会大众的支持和对法治规则的尊重。尽管竞争性、包容性的金融体系的建设绝非一蹴而就，但是如果在金融体系和金融制度的演进过程中，参与者始终把是否有利于经济增长、是否有利于风险控制、是否有利于社会公正等标准作为基本原则，无疑会加快这样一个金融体系的建设进程。当前，中国正处在深化金融体制改革和大力发展普惠金融的关键阶段，我们需要借鉴西方国家金融市场发展的经验教训，在向社会大众进行金融赋能的同时避免金融化加剧财富分配的不平等。

推进金融与社会之间关系的研究，需要开放社会科学的视角，需要多元的方法，需要学术交流平台的建设。

金融与社会之间的关系包括广阔的研究议题，需要开放社会科学的视角。就变量间的关系而言，不能单向地研究金融变量对社会变量的影响或者研究社会变量对金融变量的影响，而应研究金融世界与社会生活如何相互影响和双向建构。从研究层面上讲，既包括微观层面的金融素养、金融行为与金融社会工作研究，也包括中观层面的金融组织与金融市场研究，还包括宏观层面的金融制度变迁、金融制度跨国比较和金融的经济社会影响研究。就社会学而言，实际上在其诞生之初就把金融与社会的关系作为经典议题，马克思（Karl Marx）的《资本论》（马克思，2009）和齐美尔（Georg Simmel）的《货币哲学》（齐美尔，2019）开创了古典时期的金融社会学，他们主要关注货币化和资本化对社会结构与情感体验的影响。自 20 世纪 80 年代以来，金融社会学在英语学术界迎来复兴，涌现出社会网络、制度分析、文化分析、述行理论、政治分析等多种理论视角。塞蒂娜（Karin Knorr Cetina）和普瑞达（Alex Preda）组织编写了《金融市场的社会学》（Cetina and Preda，2005）和《牛津金融社会学手册》（2013，参见塞蒂娜、普瑞达，2019），使金融议题再度成为社会学的显学。社会学家们不仅把社会性变量引入对金融行为、金融组织和金融制度的分析，而且研究金融变量对社会不平等的影响。比如，社会学家肯 - 霍·林（Ken-Hou Lin）和托马斯科维奇 - 德维（Donald To-maskovic-Devey）的研究发现，在 1970 年至 2008 年间，非金融部门的金融化是美国劳工收入份额下降、管理层收入份额增加、员工之间收入差距扩大的重要原因。与此同时，越来越多的经济学家也把社会互动、文化、人口结构等因素引入对金融行为和市场结果的分析。比如，魏尚进和张晓波两位华人经济学家从性别比失调的角度解释 20 世纪 90 年代以来中国的储蓄率上升问题，提出了竞争性储蓄动机理论。他们认为，男女性别比失调导致适婚男性在婚姻市场受到挤压，为了提高在婚姻市场上的吸引力，男孩及其父母竞相储蓄，而且这种储蓄压力也可能会通过提高住房价格而传导至有女孩的家庭（Wei and Zhang，2011）。家庭层面和地区层面的数据都支持这种理论假说，性别比失衡是 1990～2007 年中国家庭储蓄率上升的重要影响因素。总之，研究金融与社会的关系需要我们突破人为设置的学科间的壁垒，回到社会事实和研究问题本身，采取开放社会科学的立场。本集刊欢迎采用社会学、社会工作、人类学、组织学、经济学、政治学、历史学等不同学科视角研究金融与社会之间关系的文章。

　　我们倡导运用多元的方法来研究金融与社会的关系。社会科学可以生产描述性知识、解释性知识、理解性知识和规范性知识等不同形态的社会知识，甚至试图基于已有知识运用干预和行动的方法改变他人与社会。社会科学认识和影响社会的多重知识目标也决定了研究方法与手段的多样性。同样，就金融与社会关系的研究而言，我们不仅追求描述性知识和解释性知识，而且追求理解性知识和规范性知识。无论是纯粹的理论研究或经验研究还是理论研究与经验研究相结合的研究，无论是定性研究、定量研究还是个案研究，无论是历史分析、理论分析还是统计分析，无论是问卷调查、实验研究、观察和访谈还是文本文献和大数据，只要扎实严谨、富有新意的文章，我们都欢迎。

　　推进金融与社会之间关系的研究，还需要学术交流平台的建设。金融与社会之间关系的研究正日益受到中国社会学界和中国社会工作界的重视。中国社会学会经济社会学专业委员会近年来举办的学术论坛都包含金融社会学方面的专题。清华大学社会科学学院社会与金融研究中心、西南财经大学社会发展研究院、中国社会科学院社会学研究所和中央财经大学社会与心理学院在中国社会学会 2019 年学术年会期间联合主办了首届"金融与民生福祉"分论坛。2019 年 12 月，上海财经大学人文学院经济社会学系举办了首届金融社会学工作坊。2018 年 11 月，中央财经大学社会与心理学院社会学系举办了"金融赋能与资产建设：金融社会工作教育、研究与实务国际研讨会暨中央财经大学社会工作专业硕士（MSW）建设发展论坛"。2019 年 11 月，上海商学院举办了首届长三角金融社会工作论坛。经中国社会工作教育协会同意，金融社会工作专业委员会处于积极筹备阶段。据了解，金融社会学专业委员会也在酝酿筹备中。可见，国内学界围绕金融与社会之间关系研究的学术交流越发频繁，并逐步建立起制度化的学术论坛、组织化的学术团体。《金融与社会》集刊的创办是为金融与社会之间关系的研究搭建一个研究成果的发表和交流平台，以积累这方面的知识。非常感谢冯小双、桂勇、黄震、刘少杰、刘世定、刘玉照、邱泽奇、沈原、汪和建、王剑锋、王水雄、杨典、周长城、周雪光等诸位学界前辈和同仁欣然同意担任本集刊的学术委员会成员，非常感谢各位作者在当前的学术评价标准之下毅然将高质量的文章赐给本集刊。我们衷心希望在学界同仁的支持下，把这本集刊办成一个守正创新、开放包容和持续发展的学术交流平台。

　　让我们共同推进金融与社会之间关系的研究，为社会科学知识的进步而努力，为建设好的金融社会而努力。

参考文献

华勒斯坦，1997，《开放社会科学》，刘锋译，生活·读书·新知三联书店。

卡尔·马克思，2009，《资本论》，郭大力、王亚南译，上海三联书店。

卡瑞恩·克诺尔·塞蒂娜、亚力克斯·普瑞达，2019，《牛津金融社会学手册》，艾云等译，社会科学文献出版社。

罗伯特·希勒，2012《金融与好的社会》，束宇译，中信出版社。

齐美尔，2019，《货币哲学》，陈泽民译，贵州人民出版社。

邱泽奇、陈介玄、刘世定主编，2017，《当代社会的金融化与技术化——学科路径的探索》，社会科学文献出版社。

Cetina, K. K. and Preda, Alex. 2005. *The Sociology of Financial Markets.* Oxford：Oxford University Press.

Lin, Ken-Hou and Tomaskovic-Devey, Donald. 2013. "Financialization and U. S. Income Inequality, 1970 – 2008." *American Journal of Sociology* 118（5）：1284 – 1329.

Wei, Shang-jin and Zhang, Xiao-bo. 2011. "The Competitive Saving Motive：Evidence from Rising Sex Ratios and Savings Rates in China." *Journal of Political Economy* 119（3），511 – 564.

Zingales, Luigi. 2015. "Presidential Address：Does Finance Benefit Society?" *The Journal of Finance* LXX（4）：1327 – 1363.

目　　录

金融市场与金融行为

书　评

技术创新与金融社会风险 ————

金融与社会　第一辑

第 3~42 页

公司金融化、风险－收益配置与技术创新[＊]

——美国经验的启示和反思

李国武

摘　要： 技术创新是一个充满风险的集体性和累积性过程，风险和收益在不同行动者之间的配置事关创新的发生及其持续。对美国经验的研究表明，美国在信息通信技术和生物医药等高科技创新领域的领先地位并不能完全归功于创业企业家和私人风险资本的作用，也与联邦政府对这些技术领域进行大量有风险的先期投资密不可分。但自 20 世纪 80 年代以来，公司金融化的趋势导致创新过程中风险与收益的匹配失衡，金融行动者借助一系列制度安排通过金融市场从创新收益中攫取了远超出其所承担风险的价值，而纳税人和企业员工却没有获得与其贡献相称的回报。这种失衡的风险－收益配置可能会导致政府创新投入能力下降、大企业研究能力削弱、创新与制造脱节，给美国的创新体系带来巨大挑战。只有遵循创新行动者获得的收益与其所承担的风险相称的原则，才能带来包容的和可持续的创新。

关键词： 融资制度　公司金融化　最大化股东价值风险－收益配置　技术创新

＊　李国武，中央财经大学社会与心理学院教授。

一　引言

技术创新对企业竞争和经济增长的重要性已广为人知（Solow，1956；Grossman and Helpman，1991；波特，2005；熊彼特，1990），但如何才能保证技术创新的发生和持续仍处于争论之中。这种争论主要围绕市场机制与政府干预在技术创新中的作用展开。

信奉市场机制的学者认为，创新具有高度不确定性，难以预知其成败，因此应该由具有企业家精神的个体或公司来进行，以充分利用分散在个体行动者手中的知识和信息（Hayek，1945；熊彼特，1990）。而且，市场能够为创新活动提供有效的激励，市场竞争会筛选出创新的最终赢家。强调市场机制在创新中作用的学者反对政府干预，因为政府无法预知创新的方向，而且政府资助容易诱发寻租和腐败。政府只需建立健全知识产权保护制度，创新就可以通过私人创新者和市场机制的协调来发生（诺斯、托马斯，2009）。只有在具有高度溢出效应的基础科学研究领域，才需要政府的经费投入以纠正外部性导致的市场失灵（Arrow，1962）。

不过，很多学者基于不同的理由主张产业技术创新离不开政府的干预。发展型国家理论认为，后发国家在产业技术上学习和追赶领先者时，政府需要扮演更积极的角色，才能克服因为技术落后而造成的发展障碍（李斯特，1961；格申克龙，2012），否则单纯依靠自由贸易和自由竞争，后发国家的企业难以突破领先者因收益递增而建立的优势。后发国家具有高度自主性的政府采取贸易、信贷、财税、科技等多种政策，通过政府与产业界的协作来促进产业升级和技术进步（Amsden，1989；韦德，1994；约翰逊，2010）。而有些学者通过翔实的经验研究发现，即使美国这样的发达国家在高科技领域的创新也离不开政府的干预，单纯依靠私人企业家和自由竞争市场只是一个神话，美国联邦政府在创新过程中扮演了风险承担、组织协调和市场创造等重要角色（Block，2008；Block and Keller，2009；Mazzucato，2013；Lazonick and Mazzucato，2013；Weiss，2014）。

自由主义与国家主义的争论暗示着创新的实现并不是要么依靠市场

要么依靠政府的非此即彼的二元选择，当然，如果仅得出"创新需要有效市场与有为政府良好结合"的答案也过于简单抽象。本文试图跳出政府与市场的分析框架，回到创新过程的特征，将创新行动者之间的风险分担和收益分配视为创新过程的核心问题，结合美国特别是信息通信技术和生物医药领域创新的经验事实，从风险－收益配置的角度讨论融资制度与技术创新的关系。创新是一个由众多要素（资本和劳动）投入者参与的充满风险的活动，从最初的要素投入到最终产生市场回报需要经历一个过程，在这个过程中相关制度安排会影响不同创新参与者承担的风险与获得的收益的配置。如果风险与收益的配置合理，就能保证创新的包容性和可持续性；如果风险与收益产生错配，则会损害创新的包容性和可持续性。美国自 20 世纪 80 年代以来针对金融市场和知识产权的一系列放松管制的改革在刺激产业技术创新的同时，也使金融行动者获得了攫取创新收益的更大权力。公司的过度金融化和最大化股东价值取向导致创新收益的不平等分配，这给美国创新模式的维系带来了巨大挑战。

本文接下来的安排如下，第一部分在理论上从创新过程的特征出发讨论创新行动者之间的风险－收益配置及影响其的相关制度安排特别是融资制度，第二部分从美国经验出发描述和分析在技术创新风险承担中政府投资的重要性，第三部分分析公司金融化如何打破了风险与收益在不同创新行动者之间的匹配，第四部分讨论失衡的风险－收益配置给美国创新体系带来的挑战，第五部分从风险－收益配置的角度对支撑美国创新模式的制度安排进行反思。

二 创新过程中的风险－收益配置

创新是实现生产要素和生产条件的新组合，通过对生产资源的战略性配置，将特定的生产性投入转化为更高质量、更低单位成本的产品的过程（熊彼特，1990；Lazonick and Mazzucato，2013）。本文所讨论的技术创新是以获取市场回报为目的的，因此不同于没有商业化取向的发明创造，发明创造只是创新过程的一个环节。谁承担创新风险，谁获得创新收益，风险和收益如何在不同创新行动者之间配置？这是事关技术创新可持续性的核心问题（Mazzucato，2013；Lazonick and Mazzucato，2013）。而风险－收益的配置受到技术创新过程的特征及相关制度安排的影响。

（一）创新过程的特征

技术创新的链条是非常冗长的，往往起始于创意的提出和概念的验证，然后是产品原型的制造及改进，最终被商业化以获取市场收益。这个过程具有高风险性、系统性、累积性和溢出性的特点。

首先，技术创新过程最基本的特征是高风险性。高风险性是指技术创新的失败率很高，而且在对技术创新过程做出人力和资金的投入时无法对最终的金融回报结果进行准确计算。就一项具体的技术创新活动而言，我们很难在做出投入之前确定其最终结果如何，或者说在能获得商业回报之前很难知道需要做出多少投入。然而，这并不意味着创新完全取决于运气，且远非如此。面对高风险性和不确定性①，创新需要长期的战略性投资。

那么，谁是创新过程中投入风险的承担者呢？根据古典企业理论，企业主或资本家是投资风险的唯一承担者，其他要素投入者都获得了有保障的固定合约收入，所以剩余索取权归企业主或资本家所有（Alchian and Demsetz，1972）。后来，针对所有权和控制权分离的现代公司而出现的委托－代理理论认为，股东是为公司做出贡献但获得的回报却没有保障的唯一行动者，因此他是唯一的风险承担者（Jensen and Meckling，1976；Jensen，1986），只有股东才能拥有剩余索取权。根据委托－代理理论，公司的目标是最大化剩余收入，也就是追求股东价值最大化。不过，认为企业家和股东（金融资本投入者和公司股份持有者）是风险承担者的企业理论无法刻画创新性企业的本质和技术创新风险承担的真实状况，因为它忽视了技术创新过程的系统性、累积性和溢出性特征，没看到政府（纳税人）和企业员工等其他行动者在技术创新过程中所承担的风险（Lazonick，2010，2017）。

其次，技术创新过程是一个系统性或者集体性的组织化过程。创新系统理论强调在创新过程中不同行动者的作用以及它们之间关系网络的重要性（Freeman，1995），这些行动者包括政府机构、金融机构、大学和科研机构、企业、科学家和工程师、一线员工、用户等。技术创新不

---

① 在本文中我们对风险性与不确定性不做奈特（2010）意义上的严格区分。

仅需要人力和知识资本的投入，而且需要金融资本的投入，这些投入往往来自不同的行动者，只有通过这些投入不同资源的行动者的彼此连接和相互协作才能带来创新。这些互动和协作既发生在不同组织或机构之间，比如研发组织和风险投资机构之间的合作、产学研之间的合作、企业之间的联合体、生产者和用户之间的互动，也发生在同一组织内部不同部门和层级的员工之间，技术创新需要来自研发设计、测试验证、生产制造和市场营销等不同部门员工之间的互动交流和通力协作。

为了分析上的简化，本文重点关注金融行动者、政府（纳税人）和企业员工这三类行动者，技术创新过程需要他们的集体努力，他们都不同程度地为创新失败承担了风险并期望从未来创新成功中得到相应的回报。在这里，金融行动者既包括为创新企业投入了金融资本的私人投资者和金融机构，也包括获得了创新企业股权的创业企业家和高管人员。在以往关于创新的研究中，私人企业家和风险投资机构等金融行动者的作用得到了充分的重视，并被视为创新风险的主要甚至唯一承担者。但实际上，企业员工和政府在技术创新过程中也做出了重要贡献，也是创新风险的承担者。创新过程的本质是组织学习，组织学习需要整合组织内部和相关组织的不同层级和部门的劳动分工，其中的关键行动者是企业员工。创新成功的关键是一线员工能够付出额外的时间和努力与其他相关人员互动，以应对和解决技术转换和市场进入中的问题（拉佐尼克，2007）。一线员工冒着投入额外的时间和精力但创新却可能失败的风险，如果企业还不时地解雇有经验的员工，一旦创新成功，那如何能保证他们从中收获回报呢？

政府在技术创新中的作用并不局限于对教育和科学研究中的基础设施和人力资本的固定成本投入，同时还可能是新的技术、产业和市场的机会创造者。学者对二战以来美国最成功的一些高科技领域的研究发现，无论是计算机、互联网，还是生物医药、纳米技术等领域，政府的战略性投资都起到了支柱性的作用（Block and Keller, 2009；Weiss, 2014）。在这些高资本密集型且高技术和市场风险的创新领域，政府都扮演了积极的企业家角色。如果没有政府在私营部门不愿意进入的时刻对这些技术领域进行大量有风险的先期投资，后来给私营部门带来巨额回报的这些产业和市场根本不可能出现（Mazzucato, 2013）。实际上，政府用纳税人的钱来资助创新过程是全社会增加国民财富的一种努力，希望当创新成功时有一部分收益能通过税收和就业机会等形式反哺社会。

再次，技术创新是一个动态演化的累积性过程（纳尔逊、温特，1997）。企业创新所需的组织能力也是通过干中学累积而成的（Arrow，1962；钱德勒，1999），一个企业今天的创新成就一定立足于过去的技术转化和市场进入能力。一项工业产品是一个递归性（recursive）的技术组件集合，每个组件都有自己的基本功能，但单一组件的功能又是不充分的，只有多层级的组件相互配合，才能实现工业产品最终的用途（阿瑟，2014）。不过，一项创新性产品所需的多层级技术组件并不是同步完成的，而是建立在人类社会过去所累积的技术组件基础上。

拿苹果公司于 2001 年推出的 iPod 和 2007 年推出的 iPhone 这两款划时代的创新性产品来说，其独创性建立在对过去几十年已经开发出来的技术和组件的整合基础上（Mazzucato，2013）。如果没有动态内存高速缓存（DRAM Cache）、多点触控屏幕（Multi-touch Screen）、智能语音助手（SIRI）、全球定位系统（GPS）、液晶显示屏（Liquid-crystal Display）等已经开发出来的技术和组件，就不可能有 iPod 和 iPhone 的出现。而这些技术和组件基本上都不是苹果公司自行投入研发的，很大程度上是美国联邦政府在过去几十年不断资助不同机构研发的结果。创新过程累积性的另一个意涵是从对技术创新进行投入到能够产生市场收益有一个时滞。不过，在创新能够产生市场回报之前就需要进行大量的资本投入，这个时滞越长，越需要有耐心的资本的长期战略性投入，以保证创新进程的持续。

最后，技术创新还具有溢出效应或者外部性的特点（Arrow，1962）。溢出效应是指创新所带来的收益并不一定完全被创新主体独享，而可能会溢出至其他主体甚至全社会。溢出效应的存在会降低创新的激励性，导致创新供给不足。知识产权保护制度的出现在很大程度上就是为了解决溢出效应问题，以激励私人行动者有更大的动力去创新。但是由于度量、监督和执行等交易成本的存在，知识产权制度也不能杜绝溢出效应的存在。而且，对于基础性和通用性技术创新而言，过度的知识产权保护反而不利于创新的扩散传播，从社会整体福利角度来看会阻碍技术进步和经济增长。

由于基础性和通用性的技术创新高溢出效应的特点，私人企业和资本很难完全内部化创新所带来的回报，所以不愿意对这些技术创新进行投入。在这种情况下，往往是政府投入经费来资助对基础性和通用性技术的研发。政府资助的研发项目所产生的发明创造的知识产权归属又影响到研发成果的商业转化速度和收益分配。如果政府资助的研发项目产生的发明创造由政府拥有专利权，不仅研发成果的所有相关权益归政府所有，而且一切后续研发通常也以非独占的许可方式进行，那么就会削弱政府资助项目的承担者的努力程度，致使很多研发项目被搁置，成果商业转化率下降。如果政府资助的研发项目可由项目承担者选择保留项目发明的所有权，那么就会激励私人企业、大学和研究机构促进这些发明的商业转化。当然，这样也有可能会导致创新的商业回报更多地为私人企业所获得。

创新过程的这四个基本特征都关涉创新的风险分担和收益分配问题，接下来我们就基于这四个特征来讨论创新过程的风险－收益配置问题。

（二）创新过程的风险－收益配置

拉佐尼克和玛祖卡托较早从风险－收益联结的角度讨论了创新与收入不平等的关系问题，他们认为，创新收益在创新行动者之间的分配与他们所承担的风险错配，使创新会加剧收入不平等，导致无法实现可持续创新和包容性增长（Lazonick and Mazzucato，2013）。

风险－收益联结视角反思了金融经济学的股东价值理论。该理论认为，在经济运行中所有其他经济行动者（企业员工、供应商、经销商和债权人等）都根据市场价格支付了有保障的回报，只有股东是唯一收益无保障的贡献者，也就是唯一的风险承担者，因此，他们拥有剩余索取权，当然也承担所有的损失。商业公司应该最大化股东价值的主张为在经济增长时股东特别是拥有大量股份的股东变得非常富有确立了合理性。

但运用股东价值理论来理解创新过程时存在两个重要缺陷（Lazonick and Mazzucato，2013；Lazonick，2017）。其一，并不是所有的股东都承担了创新过程的风险。大量的流通股股东并没有投资创新过程，他们只是在证券市场上买卖公司股票，并没有真正承担创新过程成败的风险。只有那些将其资本投入创新过程的股东才真正承担了创新成败的风险。其二，股东价值理论忽视了创新过程中除股东之外的政府（纳税人）、企业员工等其他重要的风险承担者。股东价值理论未能认识到创新过程的系统性、累积性和溢出性等特征，以及这些特征对创新风险在各行动者之间的分配具有的重要含义。

从风险－收益配置的角度理解创新过程，需要关注的首要问题是在创新过程中哪些行动者承担了风险（贡献了劳动和资本），又是哪些行动者从创新成功中获取了回报，更重要的是，相关行动者所获得的回报是否与其承担的风险相一致。尽管很难准确量化在创新过程中不同行动者承担风险的程度以及如果创新成功怎样的收益分配方案是准确的，但是对创新过程的研究能让我们很好地理解何种类型的分配是公平的，而何种类型的分配肯定是不公平的（Lazonick and Mazzucato，2013）。

创新过程的基本特征使风险与收益的匹配面临一些困境。创新过程的不确定特征使我们很难先验地假定风险承担与回报产生之间存在紧密的联系，承担了创新风险的主体在实践中不一定能获得回报。创新的系统性特征使不同行动者的贡献不易分离和测量。累积性特征意味着风险承担和回报产生之间存在时滞，这使某些行动者能够借此策略性地定位以攫取超出其贡献的价值。溢出性特征意味着创新带来的社会收益远超出创新风险承担者得到的私人收益，创新风险承担者不能全部享有创新带来的市场收益，有些捕获创新收益的行动者并没有为创新过程做出任何贡献。

风险－收益的配置状况影响创新的持续性。创新过程的系统性特征内含的一个基本原则是，只有创新的收益在相关行动者之间实现广泛且合理的分配，才能促使相关行动者通力协作投资创新，从而保证创新过程的持续。创新带来的收益可以作为所投入劳动和资本的回报分配给利益相关者，或者被再投资新一轮的创新。因为政府使用公共资金投资技术创新，所以政府有权从成功的创新带来的回报中索要相应的份额，然后通过基础设施投资和研发资助等形式将这些收益用于支持新一轮的创新。从技术创新成功中获取高额回报的企业和投资者要缴纳一定数额的税收作为政府投资创新的回报，并且将足够数量的收益进一步投资研发，这样才能保证创新的持续。

不过，由于创新过程中风险承担与收益分配之间的松散联结，某些行动者比其他行动者更接近最终产品市场和金融市场，更容易获得对创造价值的创新企业的资源配置的控制权，因此有些行动者（特别是政府）为创新承担了巨大的风险却不能获得相应的回报，而有些行动者（特别是金融行动者）却攫取了与其为创新所承担的风险不相匹配的超额回报。

政府通常在技术创新风险极高的早期阶段投入大量的资源，虽然这些投入并不一定能带来创新的成功。而且，即使创新最终成功获得市场回报，政府也不一定能够获取与其贡献相称的收益。风险投资家、公司高管、投资银行家、对冲基金经理等金融行动者则利用他们在公司治理和金融市场上的相对权力战略性地控制创新过程的回报，从高科技公司的IPO（首次公开发行）或高科技上市公司的股票回购和交易中攫取超额价值。如果创新带来的红利不能在为创新过程做出贡献的相关行动者之间进行合理分配，即有些行动者利用在创新过程中的有利位置攫取比他们所创造的更多的价值，而有些行动者所得却少于其所付出的，这种不公平的分配则不利于创新的包容性和可持续发展。

（三）影响风险－收益配置的制度安排

参与创新过程的金融行动者、政府和企业员工等行动者之间的相对权力是风险－收益配置最主要的决定因素，而创新行动者的相对权力又受到相关制度安排的影响。这些制度安排主要有知识产权制度、税收制度和融资制度。

首先是知识产权制度。发明专利制度本身是为了更好地实现风险与收益匹配的制度，谁为创新承担了风险谁就应该获得创新所带来的收益，发明专利制度保护了创新风险承担者的权益，从而激励了发明创造。但是对于政府资助的研发项目产生的发明创造的权利归属问题却不容易实现风险与收益的合理匹配。政府使用公共经费资助小企业、大学或科研机构开展的研发项目是政府使用纳税人的钱承担了发明创造过程中的投资风险。在政府资助的研发项目产生的专利权归政府所有的情况下，由于政府没有动力和能力去商业化，私人部门没有权利实施商业化，所以这些发明创造很难转化为商业应用和带来市场回报。在政府资助的研发项目可由项目承担者选择保留项目发明的所有权的情况下，项目承担者将这些发明创造进行商业化的动力会得到激发，促进专利转移和科技创业。但是，从风险－收益配置的角度来看，如果政府资助项目产生的知识产权完全由承担者所有，创新的风险就会主要由政府来承担，而创新成功获得的金融回报却主要被私人企业获取。政府无法从中获得足够的补偿，就会危及纳税人的利益和政府对创新持续投资的合法性。而如果对于利用政府经费资助产生的知识产权创业并成功获得金融回报的企业，政府能够收取一定的专利许可费或拥有一定的股权，那么就为政府持续的创新投入提供了资金保障。

其次是税收制度。税收制度是政府调节创新过程中风险－收益配置的一种手段，合理的税收制度可以防止金融行动者从技术创新中过度攫取价值。其中，最重要的是公司所得税和资本利得税对创新过程中风险－收益配置的影响（Lazonick and Mazzucato，2013；Mazzucato，2013）。如果设置过高的公司所得税和资本利得税，则会挫伤民间资本投资高风险的科技创新的积极性，不利于高科技创新和创业筹集资金；如果设置过低的公司所得税和资本利得税，则有可能导致金融行动者利用科技公司股票发行和股票交易过度牟利，公司高管专注于操控股票价格而非研发创新。政府需要设置合理的公司所得税和资本利得税，在激励私人资本投资高风险的科技创新创业活动与限制金融资本利用创新企业的股票发行和交易过度牟利之间取得平衡。另外是研发投入税收优惠的设计。研发投入并不一定带来创新式增长，政府需要设计更有针对性的研发投入税收优惠政策，以引导对需要进行的创新的投资，而不是简单地奖励已经做出的研发投资（Mazzucato，2013）。

最后是融资制度。创新过程不仅需要技术要素的投入，而且离不开资本要素的投入。提出创新理论的熊彼特就已论及资本和信贷在经济创新过程中的作用（熊彼特，1990）。在取得经济回报之前为了避免创新的中断，需要持续的资本投入。冗长的创新链条离不开资本的支持，资本在承担创新风险的同时也要获得相应的回报，这样才能激励资本的持续投入。政府投入是技术创新的一种资金来源，特别是在高风险的基础研究领域以及突破性创新的早期阶段，这些领域和阶段往往是私人资本不愿意进入的。如果不能通过适当的制度设计保证政府从创新成功中获得一定的收益，那么创新收益就可能完全被更接近产品或金融市场的金融行动者收割。除政府投入之外，技术创新过程所需的资金还可以通过资本市场渠道获得。风险投资和证券市场是创新融资的重要制度安排。风险投资是一种分担科技公司创业风险的市场制度，它的基本做法是用资金投入换取初创公司的股权。证券市场一方面通过初创公司的 IPO 为风险投资提供退出的通道，另一方面通过股票发行和交易为科技上市公司提供募集资金的渠道。这些制度安排使创新企业的资产被资本化和证券化，而这些资产被私募股权投资者和公司高管控制，提高了金融行动者在创新收益分配中的相对权力。自20世纪七八十年代以来，美国在金融领域采取了一系列放松管制的举措，公司资源配置的金融化趋势越发明显。金融化不仅指金融行动者在资源配置中的支配性权力，而且意味着股东价值优先。在公司金融化背景下，大多数已上市的科技公司热衷于将公司净收益用于股票回购以操纵股价而非投资技术创新和创造就业机会（Lazonick，2013）。由于金融行动者往往在技术创新更接近获得市场回报时介入，再加上金融市场的一系列制度安排，金融行动者可能更容易攫取超出其在创新过程中所创造的价值的收益。

接下来，我们将以美国经验为例，揭示美国高科技创新中的风险分担和资金投入模式，分析自20世纪80年代以来美国公司的金融化趋势如何导致创新过程中风险与收益配置的失衡。

三　技术创新风险承担中的民间资本与政府投资

二战以后，美国在计算机、互联网、生物医药等高新技术领域取得的突破性创新成就令全球瞩目，诞生了苹果（Apple）、英特尔（Intel）、思科（Cisco）、谷歌（Google）、基因泰克（Genetech）、安进（Amgen）等众多世界级的公司。美国特别是硅谷地区成为谋求创新驱动发展的国家学习和效仿的对象。那么，美国何以成为创新的典范？很多秉持自由主义立场的研究者都强调企业家精神和风险投资在美国创新中的作用，就连教父级的企业家乔布斯（Steve Jobs）也认为，像苹果这样的公司的成功在很大程度上源于执着疯狂、敢于冒险、专注于技术等创新文化和企业家才能。但实际上，如果没有政府对计算机和互联网等突破性技术的大规模公共投资，就不可能诞生像iPod和iPhone这样革命性的先进产品；如果没有美国国家卫生研究院（NIH）长期大规模地对生命科学和基因工程的研究资助，就不可能有风险资本进入生物技术领域，也不可能出现生物技术产业（Mazzucato，2013）。

（一）技术创新中的私人风险投资

美国是全球风险投资规模最大和最活跃的国家，私人风险资本（private venture capital）在美国创新企业发展中的作用毋庸置疑，大多数今天我们耳熟能详的高科技企业在其IPO之前的早期成长阶段都得到了私人风险资本的投资，因此这些创业企业被称为风险投资驱动的创业企业。但对私人风险投资作用的认识也存在两个误区：一个是忽视了美国政府政策在私人风险投资产业发展历程中的作用；另一个是夸大了私人风险资本的风险偏好。

风险投资基金是一种集中于投资初创阶段、高成长潜力的公司的私募股权资本，通常采用有限合伙人的组织形式，其中风险投资家担任基金的普通合伙人（GP），投资者则担任基金的有限合伙人（LP）。投资者主要包括养老基金、金融机构（商业银行、投资银行、保险公司）、个人和家族、慈善基金会和大学基金会、大企业等，投资者作为有限合伙人将资金投向由普通合伙人管理的风险投资基金，这些基金投资私有初创企业，然后通过 IPO 或出售股权退出。一家风险投资公司往往同时管理若干只风险投资基金，每只基金会投资若干家初创企业，通过这种组合投资来分散风险。风险投资从投入到退出的时间一般为 5 ~ 7 年。风险投资公司不仅为私有企业提供资金，而且积极参与企业的经营和管理，这些增值服务是风险投资公司可持续竞争优势的来源。风险资本进入创业企业的目的并不是长期保持企业的所有权或控制权，而是希望适时退出（主要以 IPO 或并购的形式）以便获得高额的投资回报。风险投资公司收取的管理费一般来说为承诺资本的 2.5%，附带权益（carried interest）一般设定为基金利润的 20%。

美国是现代风险投资业的发源地，一般认为现代风险投资业开始于 1946 年由哈佛大学教授乔治·多里特（George Doriot）在波士顿创办的美国研究与发展公司（American Research and Development Corporation, ARD），它通过发行股票和向富人筹集资金，再投给初创科技企业。而在硅谷的第一家正式的风险投资公司是 1959 年创办的 DGA（Draper, Gaither and Anderson）公司，它是史上第一家有限合伙制的风险投资机构，奠定了今日风险投资的法律架构基础。20 世纪 60 年代，波士顿的风险投资家开始向硅谷地区转移，并成立了西部风险投资家协会。从 20 世纪 70 年代初开始，包括凯鹏（Kleiner Perkins）和红杉（Sequoia）在内的一些风险投资公司聚集在硅谷沙丘路 3000 号一带，1973 年全美风险投资协会成立。美国的风险投资行业规模在其最初的 35 年中增长缓慢。从 20 世纪 80 年代早期开始，来自养老基金的资本新来源促进了风险投资的快速增长。这种快速增长在 20 世纪 80 年代中期平缓下来，并且在 20 世纪 90 年代中期恢复，在世纪之交达到顶峰（梅特里克，2011）。美国将近一半的风险投资公司聚集在硅谷和波士顿。风险投资的领域主要是信息通信技术和生物医药等高科技产业。

风险投资与高科技创业的完美结合助推了美国高科技产业的繁荣，但风险投资在美国的发展并不完全是自由企业家精神的结果，实际上与美国政府的一系列制度支持有很大关系。其中一个是1958年的小企业投资公司（Small Business Investment Corporation，SBIC）计划，它为后来风险投资行业的发展奠定了基础。为了解决高科技创业企业的信贷短缺问题，美国于1958年通过了《小企业投资法案》（*Small Business Investment Act*），由小企业管理局（Small Business Administration，SBA）（创立于1953年）负责启动小企业投资公司计划，SBA批准和资助新成立的风险投资公司，旨在激发对早期发展阶段的小企业的投资。这些小企业投资公司拥有独立产权并独立运作，但其资金来源是混合的，而且以政府贷款为主。这些投资公司筹集的资金中有一半到3/4来自联邦政府，具体形式有政府担保的低息贷款、参与式公司债券或股权投资（Weiss，2014）。在20世纪六七十年代，SBIC是美国风险投资的主要来源，甚至在1983年SBIC仍占美国风险投资的70%以上（Gompers，1994）。SBIC项目以至少三种方式促进了美国风险投资产业的发展：一是为早期风险投资公司的发展提供了资金来源；二是为现代风险投资产业奠定了基础架构；三是为后来培育了大量的风险投资家。

另外，1979年联邦政府允许养老基金进入风险投资行业，从此养老基金逐渐成为风险投资基金最主要的资金来源。1974年通过的《雇员退休收入保障法案》规定，养老基金经理如果不遵循"谨慎人规则"（prudent man rule）来投资养老基金的资金，就可能承担个人责任。这使养老基金经理不愿意投资风险投资基金。但是在全美风险投资协会、美国电子协会以及大公司养老基金经理的游说下，美国劳工部于1978年对上述法案中关于养老基金投资的"谨慎"条款做出新的解释，在不危及养老基金整个投资组合安全性的前提下，允许养老基金经理最多可以将5%的资金投入创业企业发行的股票和风险投资基金这样的风险性资产。结果，从1979年下半年开始有大量的养老基金资本涌入风险投资产业，1980年就占整个风险资本来源的29%，1998年占比高达60%，成为美国风险投资产业最主要的资金来源（剧锦文，2001）。

技术创新是一个过程，从最初的基础和应用研究，到创意的验证和商业前测试，再到确立商业可行性，最后到大规模的商业应用。新创意的潜力及其技术和需求是完全不确定的，因此在创新的早期阶段风险非常高，后来阶段的风险急剧下降。风险投资主要是解决创意的验证和商业前测试以及确立商业可行性阶段的创业公司资金短缺问题，但我们不能理所当然地认为私人风险资本更偏好于这些高风险阶段的投资，把美国高科技小企业的兴盛完全归功于私人风险投资。

实际上，正如一些研究所揭示的，首先，美国风险投资的资助变动剧烈，随宏观经济和制度环境大起大落，这种波动与高科技小企业的平稳增长形成鲜明对比（Keller and Block，2013）。其次，风险投资家很少投资技术开发的早期阶段，而更多地投向接近市场成熟的技术（Auerswald and Branscomb，2003），只有10%～30%的风险投资持续投向早期阶段的技术（Gompers and Lerner，2002）。最后，风险投资更倾向于短期主义，希望尽早退出投资，这是无助于高风险的和长期的科技创新的涌现的（Mazzucato，2013）。

（二）技术创新中的政府投资

私人风险资本的逐利本性决定了它的短期主义和风险规避取向，那么是谁在美国科技创新中填补了风险投资所规避的高风险阶段和领域的投资呢？答案是美国联邦政府。一些流行的观点夸大了私人风险投资在科技创新风险承担中的作用，而忽视了政府投资的作用。实际上，私人资本并不比政府更偏好风险、更有耐心。美国对早期阶段技术企业的政府资助相当于商业性天使投资的总和，是私人风险资本投资数量的2～8倍（Auerswald and Branscomb，2003）。

美国的企业家型政府（entrepreneurial state）在高科技创新中起到极其重要的风险承担甚至市场创造的作用（Mazzucato，2013）。美国联邦政府投资不仅在早期阶段的基础和应用研究领域，而且在商业可行性阶段都发挥了重要的引领作用。远不止于纠正市场失灵论所主张的那样，为了促进一般性知识的进步，美国联邦政府只资助长期性的基础研究，而是富有远见地积极投资诸如计算机、互联网、生物技术、纳米技术等能够创造新市场的突破性和通用性技术领域。玛祖卡托（Mazzucato，2013）用企业家型政府来概括美国联邦政府在刺激创新中的风险承担和市场创造作用，她通过 1958 年成立的美国国防高级研究计划局（Defense Advance Research Project Agency，DARPA）、1982 年启动的小企业创新研究计划（Small Business Innovation Research，SBIR）、1983 年通过的《罕见病药物法案》（*Orphan Drug Act*）和 2000 年开始的国家纳米技术计划（National Nanotechnology Initiative，NNI）四个案例展示了美国联邦政府的相关机构在推动技术创新中的企业家角色。政府为私人风险资本避开的技术创新早期阶段提供资金的同时，也委托和引导私营部门参与到创新活动中，如果没有政府富有战略远见的引领和支持，私营部门就没有意愿和能力参与这样的创新，也就不会有这些新的产业和市场出现。

　　美国的联邦机构中涉及科技创新的有多个部门，都能支配一定的研发经费预算，主要有国防部（DOD）、国家健康和人类服务部（DHHS）、国家卫生研究院（NIH）、能源部（DOE）、国家航空航天局（NASA）、国土安全部（DHS）、国家科学基金会（NSF）和中央情报局（CIA），其中国防部的研发支出最多（见图1）。琳达·维斯（Weiss，2014）把美国为了维持国家安全优先战略而支持科技创新的联邦机构称为像技术企业一样的国家安全型政府（National Security State，NSS）。

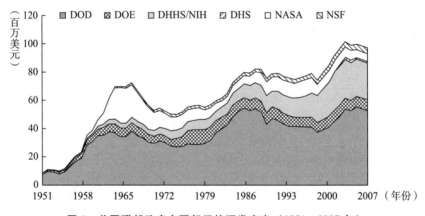

图1　美国联邦政府主要部门的研发支出（1951～2007年）

说明：以2005年为基年。

资料来源：Weiss（2014：49）。

　　从研发经费支出的历史变迁来看，从 20 世纪 50 年代至 70 年代末，联邦政府的研发支出始终高于企业，1960 年联邦政府的支出几乎是企业的两倍，1953～1978 年它占全国研发总支出的一半以上。不过，80 年代以后联邦政府研发支出开始低于企业，90 年代以后下降得更加明显。而企业研发支出的相对份额自 60 年代中期开始增长，70 年代末超过政府支出，2000 年达到政府支出的两倍以上（见图 2）。不过，即使政府研发支出相对规模自 80 年代以来下降了，但美国联邦政府研发支出的绝对规模在世界上仍处于领先地位，而且在基础研究领域的研发支出始终以联邦政府为主（朱迎春，2017）。2017 财年，联邦政府研发总支出大约为1210 亿美元，其中基础研究支出为 387 亿美元（Boroush，2020）。更重要的是，这并不意味着联邦政府在科技创新领域影响力的下降，因为自20 世纪 80 年代以来联邦机构支持创新的策略发生了变化，改变了过去以国家安全考虑和国防采购为主的支持策略，为了吸引私营部门的参与，联邦政府开始大力支持同时满足国家安全和商业应用需要的技术创新（Weiss，2014）。

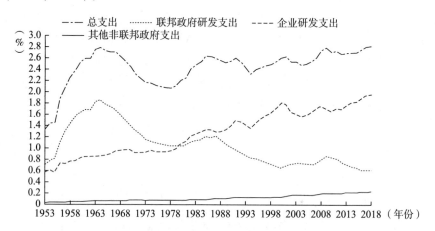

图 2 联邦政府、企业和其他非联邦政府来源的研发支出占GDP 的比例（1953～2018 年）

资料来源：Boroush（2020：5）。

美国联邦政府的经费以研发资助、风险投资、创新竞赛奖励、政府采购等多种方式投入科技创新事业。这里我们扼要介绍一下美国政府的风险投资基金（Government-backed Venture Capital Funds，GVFs）。从 20世纪 50 年代起美国联邦机构陆续发起成立了多个政府资助的风险投资基金，如表 1 所示。政府资助的风险投资基金有这样几个明显的特点：集中于高风险科技创业企业的种子资助和早期阶段投资；把军民两用技术作为投资的战略重点；为了吸引私营部门的参与，有意设计公私合作的混合组织形式（Weiss，2014）。

表1　美国联邦政府资助的风险投资基金

发起者	名称	创立年份	资金来源	形式
中小企业管理局	SBICs	1958	联邦资金作为杠杆（公私比例为4∶1~2∶1）	承担金融风险和经济责任
多个联邦机构	SBIR	1982	联邦机构的研发预算	直接投资
能源部–阿贡实验室	ARCH	1986	能源部/芝加哥大学	直接投资
能源部–桑迪亚实验室	Technology Ventures Corp	1993	能源部/洛克希德@马丁公司	技术转移；风险投资；物色创业企业
中央情报局	In-Q-Tel	1999	以中央情报局为主	直接投资
DOD-NGA-CECOM	Rosettex	2001	NTA合同费	直接投资
国防部–陆军	Onpoint	2002	陆军：利用研发预算	直接投资
国防部–OFT	DeVenCI	2002	与风险投资合作	信息/协作
能源部–橡树岭实验室	Battelle Ventures LP	2003	私人/能源部	直接投资+技术转移
国防部–空军	VCs@ Sea NRAC VC Panel	2004	与风险投资合作	信息/协作
航空航天局	Red Planet Capital	2004	航空航天局/私营公司	直接投资
能源部–洛斯阿拉莫斯实验室	Los Alamos National Security LLC Venture Acceleration Fund	2006	私人/能源部	直接投资+技术转移
小企业管理局	Energy SIBCs	2007	联邦资金作为杠杆	承担金融风险和经济责任

资料来源：Weiss（2014：69）。

政府资助的风险投资基金在科技创新创业中主要从事以下三项活动（Weiss，2014）。首先，通过为创业公司提供资金和技术支持扮演了企业孵化器的角色。政府资助的风险投资基金为初创企业提供资金支持，鼓励科技人员、工程师和企业家利用联邦经费支持产生的新技术创业。像英特尔（Intel）、苹果（Apple）、升阳微系统（Sun Microsystems）、联邦快递（FedEx）、美国在线（American Online）等今日大名鼎鼎的公司在它们关键的早期创业阶段都得到过政府风险投资基金的资助。其次，促进面向商业市场的产品开发。政府资助的风险投资公司并不是鼓励创业企业开发只满足政府或军方需求的产品，而是通常把针对广大民用市场的产品开发作为投资的一项准则。例如，中央情报局创办的风险投资公司 In-Q-Tel 投资的企业涉及军事题材的电子游戏、微型照相机、移动电源、先进绘图和跟踪设备、变形医用植入物等产品领域，很多都进入商业市场。谷歌地图就是 In-Q-Tel 资助的 Keyhole 公司开发的软件，这家公司于 2004 年被谷歌公司收购。最后，发现和侦察市场，帮助创业公司的新技术找到最终市场，以促进私人风险资本投资这些初创企业。像国防部的 DeVenCI 和空军的 VC Panel 专门从事提供信息和促成合作的经纪人服务，试图为新技术找到合适的市场，并链接私营风投公司的资金。

（三）小企业创新研究计划

小企业创新研究计划（SBIR）是根据 1982 年《小企业创新发展法案》确立的一项政府计划，旨在将小企业纳入美国国家创新体系，通过鼓励小企业参与具有商业化潜力的联邦研发项目，刺激高科技创新和创业。SBIR 计划被誉为当今世界上最大的种子基金，它专注于资助高风险、早期阶段的技术开发，是美国高科技企业种子和早期阶段资助最大的资金来源。2019 财年美国联邦机构为 SBIR 提供的预算资金达到了 32.8 亿美元。[①]

SBIR 计划由 SBA 负责协调，要求所有非本单位研发预算超过 1 亿美元的联邦机构每年都要留出一定比例（起初是 1.25%，后来是 2.5%，逐渐上调至 2017 年的 3.2%）的预算，用于支持小型的、独立的、高科技初创企业。SBIR 计划的资助资金主要来自国防部、国家健康和人类服务部、国家航空航天局、能源部、国家科学基金会和国土安全部等 11 个机构，其中国防部是最大的资金来源，1983～2006 年国防部占全部 SBIR 资助的 48%（Weiss，2014）。

SBIR 计划根据严格的条件要求和绩效标准来筛选所资助的项目。它只资助处于阶段 I 和阶段 II 的小企业（雇员少于 500 人），并且设定明确的时间框架和预算规模，如表 2 所示。只有得到了阶段 I 资助的项目才能申请阶段 II 的资助。根据 SBIR 网站信息，截至目前，得到过阶段 I 资助的项目总计 114632 项，得到过阶段 II 资助的项目总计 47722 项。[②] 需

---

① https://www. sbir. gov/sbirsearch/award/all/？f%5B0%5D＝im_field_program%3A105791，最后访问日期：2020 年 2 月 5 日。

② https://www. sbir. gov/sbirsearch/award/all/？f%5B0%5D＝im_field_program%3A105791，最后访问日期：2020 年 2 月 5 日。

要指出的是，SBIR 计划不仅是一个研发资助项目，而且最终指向的是商业化，要求所有的项目申请书要有产品的商业化战略，并为最有前景的企业提供商业化的支持。不过，SBIR 计划本身并不提供商业化阶段的经费资助。美国国家研究委员会（National Research Council，NRC）的调查显示，SBIR 资助的技术大约有 46%（或者说大概 50% 的企业）成功进入市场（Weiss，2014）。

表 2　SBIR 计划的三个阶段：从概念到市场

阶段	时间框架，最大预算	企业最大规模
阶段 I 概念验证	6 个月，最多 15 万美元	500 个雇员
阶段 II 原型/产品/服务（采购潜力）	2 年，最多 100 万美元	500 个雇员
阶段 II 增强 附加原型等 来自潜在消费者 - 用户的意向订单	1 年，最多 50 万美元 （以匹配资金的方式）	500 个雇员
阶段 III 商业化 优先采购	无时间限制，非 SBIR 资助 （公共或私人），预算无限制	无限制

资料来源：Weiss（2014：105）。

SBIR 计划的资助之所以对创新性的小企业有吸引力，原因有两点：一是小企业从 SBIR 的机构获得的直接投资是无偿的，既不属于债务，也无须让渡股权；二是特别的专利和数据权利条款使企业可以开发和保留知识产权。SBIR 的资助与私人风险资本的关键差异在于投资定位。私人风险资本的投资主要集中于商业制造、市场营销和后期扩张等活动，只有少量直接投资新技术的开发。根据美国国家科学委员会的资料，1995～2008 年，私人风险投资行业的总投资中只有 5.3% 投在种子和初创活动上，76% 的资金都用于扩张和后期阶段的活动（Weiss，2014）。而 SBIR 的资助完全集中在不确定性和风险程度最高的前端，也就是概念验证和原型生产阶段。如图 3 所示，除了 1999～2000 年互联网繁荣的高峰期之外，1995～2008 年 SBIR 对种子投资项目和早期阶段项目的资助是私人风险投资的 5～7 倍（Keller and Block，2013）。不过，得到 SBIR 资助的企业更有利于接下来吸引私人风险投资。

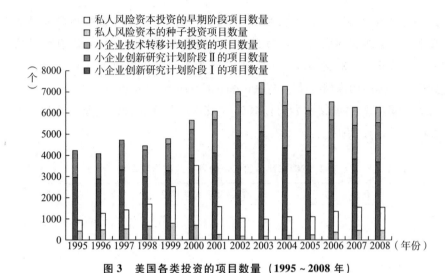

图 3 美国各类投资的项目数量（1995～2008 年）

资料来源：Keller and Block（2013：643）。

SBIR 计划通过直接资助、激励科学家和工程师创业、向风险投资家传递和证明企业能力、创造政府采购渠道等机制促进了高科技小企业的发展（Keller and Block，2013）。截至目前，SBIR 计划已累计资助超过 16 万个早期阶段项目，为初创企业的技术开发提供了近 500 亿美元的资助，孵化了数万家小企业，产生了 7 万多项授权专利，成长出 700 多家上市公司。[①]

可见，美国的高科技创新和创业并不完全是自由不羁的企业家精神和敢于冒险的风险投资推动的结果，实际上，联邦政府的政策和投资在其中发挥了极其重要的作用。如果不是联邦政府在突破性技术创新的早期阶段进行大量的投资，那么私人企业家和投资家不会贸然进入这些领域寻找商机。私人企业家和投资家追求的是商业回报，技术创新并不是他们首要关注的。

四 公司金融化导致创新风险－收益失衡

尽管美国政府在技术创新的风险分担和经费投入中发挥了巨大作用，

[①] https://www.sbir.gov/analytics-dashboard? program_tid%5B%5D = 105791&program_tid% 5B%5D = 105792，最后访问日期：2020 年 2 月 8 日。

但自 20 世纪 80 年代以来，美国的创新却日益被金融化的环境包围，公司金融化的趋势使创新风险与收益的匹配出现了失衡，政府并没有直接从技术创新成功中获得相应的税收或知识产权收益，而金融行动者却利用自身的有利位置通过金融市场攫取了与其贡献不相称的超额回报。

金融化意味着金融、金融市场和金融机构在经济运转中的重要性日益提高（戴维斯，2011；Davis and Kim，2015）。而公司金融化的直接表现是公司资产的资本化和证券化，公司的价值通过金融市场特别是股票价格来衡量，同时金融行动者在公司资源配置的决策中占据支配地位，股东价值最大化成为公司治理中的主导性意识形态。而美国公司的金融化与在利益集团的游说下政府所出台的一系列制度设计有密切关系。借助风险投资和纳斯达克市场的制度化，金融行动者可以通过创业企业的 IPO 获取超额金融收益；借助股票期权和股票回购的制度安排，金融行动者可以通过对上市公司股票价格的操控获得超额金融收益。导致公司金融化的一系列制度安排强化了金融行动者在创新收益攫取中的有利位置。这一小部分金融行动者通常并不是最初的创新者或风险承担者，但他们却凭借有利位置占有大部分创新红利，而为创新做出重要贡献的政府（纳税人）和企业员工却没有得到相应的回报。

（一）金融行动者通过创业企业获益

1980 年 10 月，第一家专注于生物制药（1976 年创立）的公司基因泰克（Genetech）上市，12 月苹果公司（1976 年创立）进行了自 1956 年以来最大规模的 IPO。这标志着风险投资支持的 IPO 时代在美国的开启，自那时起，风险投资支持的 IPO 成为美国信息通信技术和生物制药行业的显著特征。在信息通信技术和生物制药行业，1980 年以来接二连三的创业公司在风险投资的助力下，创立之后短短几年就成功首次公开发行股票。凭借创业公司成功上市，成千上万的风险投资家、创业者、公司高管和创业元老成为百万、千万甚至亿万富翁。

实际上，无论是信息通信技术领域，还是生物医药领域的创业公司，大都利用了政府研发投资产生的技术和知识基础。如果没有美国联邦政府过去几十年在这两个领域长期的投资，就不可能有大量的创业公司自 20 世纪七八十年代以来如雨后春笋般涌现。在这些领域技术创新的最具风险阶段的投资基本上都是由公共部门来承担的，而政府投资产生的这些技术孕育的"果实"却被后来进入的创业者和风险投资机构摘取。

二战以来，美国政府主要出于国防和军事的考虑对微电子、半导体、计算机和互联网技术进行了大量的投资，在五六十年代这些投资主要集中在像美国电话电报公司（AT&T）、国际商用机器公司（IBM）、通用电气（General Electric）、喜万年（Sylvania）、施乐（Xerox）、摩托罗拉（Motorola）和德州仪器（Texas Instrument）这些大企业的研发实验室。后来成千上万的科学家、工程师和其他技术人员离开这些大企业创业，利用已经积累的技术进行商业开发。1958 年联邦政府启动的小企业投资公司计划为这些创业企业的形成和增长提供了资助。1980 年的《拜杜法案》赋予了大学、小企业和非营利研究机构拥有联邦政府资助的发明创造的知识产权，这更加促进了技术转移以及科技创业公司的成立。而1982 年启动的小企业创新研究计划（SBIR）和 1992 年启动的小企业技术转移计划（STTR）则为政府资助科技企业创业早期阶段的技术开发提供了制度化的保障。SBIR 计划 1983 年资助经费金额为 3785 万美元，资助了来自 543 家企业的 785 个项目；2018 年承付经费金额为 27.3 亿美元，资助了来自 2746 家企业的 4838 个项目。[1] STTR 计划自 1995 年正式开始资助项目，当年只投入 9 万多美元资助了 1 个项目；1998 年，资助金额为 1982.5 万美元，资助了来自 191 家企业的 207 个项目；2018 年，承付金额为 3.83 亿美元，资助了来自 623 家企业的 792 个项目。[2] 正是这些政府资助计划为高科技企业创业奠定了技术基础，也为后来的私人风险投资进入扫除了很大的技术风险。

生物制药行业的出现也有赖于美国政府对生命科学知识基础的长期大规模投资。不是风险投资家、股东甚至创业企业家，而是联邦政府通过 NIH 承担了开发新药的最大风险（Lazonick and Tulum, 2011）。自1938 年 NIH 建立第一个研究机构以来，一直到 2018 年 NIH 在生命科学领域总计投入了 7416 亿美元，其中 2000 年以来的投入占 74% 以上。联邦政府对 NIH 的拨款基本上逐年增长，NIH 的预算 1938 年只有 46.4 万美元，1957 年接近 1.8 亿美元，1966 年为 11 亿美元，1993 年突破 103 亿美

---

[1]　https://www.sbir.gov/analytics-dashboard? program_tid% 5B% 5D = 105791，最后访问日期：2020 年 2 月 7 日。

[2]　https://www.sbir.gov/analytics-dashboard? program_tid% 5B% 5D = 105792，最后访问日期：2020 年 2 月 7 日。

元，到 2018 年已达 373.1 亿美元。① 风险资本从投资到希望退出最多 5 年，而一款生物制剂药品要经历三个阶段的临床试验才可能被美国食品药品监督管理局（FDA）批准上市，这至少要花费 10 年。如果没有政府投资奠定的知识和技术基础，创业者和风险投资是不会进入生物医药领域的。在美国已经有数百家 IPO 的上市生物制药公司，不少公司至今都没有新药面市，但仍通过 IPO 和再次发行股票筹集了海量资金，包括对冲基金在内的投机者乐此不疲地利用合同的签订或解除以及临床实验的成功或失败之类的新闻来炒作这些公司的股票（Lazonick and Tulum，2011）。

不过，大大受益于政府资助的科技创业公司带来的金融回报却更多地被金融行动者攫取。风险资本产业和纳斯达克市场的发展为金融行动者从创业企业中攫取超额收益提供了制度基础。而风险资本和纳斯达克的共同演化在很大程度上是相关利益集团游说所带来的政策空间的结果。

为了规范混乱的场外交易和为小企业提供融资平台，美国证券交易委员会（SEC）鼓励全国证券交易商协会利用现代电子计算机技术来建立一个全美统一的场外交易股票的电子报价系统，于是有了纳斯达克创业板市场（NASDAQ）在 1971 年 2 月 8 日的创设。与纽交所不一样，它对公司在资本总额和盈利记录等方面有严格的上市要求，而纳斯达克股市则为低资本总额和尚无盈利的创业公司提供了 IPO 的可能。

这个高度流动的股票交易市场为科技创业企业的风险投资家和其他投资者提供了相对较快的投资退出通道。它不仅缩短了投资周期，而且提高了回报水平，从而为吸引风险资本进入信息通信技术和生物医药这样的高科技产业铺平了道路。纳斯达克股市的流动性非常高，投资者的流动性风险很小，交易风险被转移给了由投资银行支持的做市商。通过控制发行规模、压低发行价格和炒作股票等方式，投资银行刺激发行后股价的上涨，以吸引投资公众热捧上市的股票，而投资银行和风险投资机构则趁机抛售持有的股票以赚取巨额回报（Lazonick and Mazzucato，2013）。

如前文所述，在全美风险投资协会、美国电子协会以及大公司养老

---

① https://www.nih.gov/about-nih/what-we-do/nih-almanac/appropriations-section - 2，最后访问日期：2020 年 2 月 7 日。按照当年投入的名义值计算，未扣除通货膨胀的影响。

基金经理的游说下，美国劳工部于 1978 年对《雇员退休收入保障法案》关于养老基金投资的"谨慎"条款进行修订，这一举措打开了养老基金进入风险投资行业的闸门。自此，养老基金成为风险资本的最大资金来源，并且越来越多的机构投资者竞相效仿，成为风险投资基金的投资人。资金来源的拓宽使风险投资公司有充足的资本去投资高科技初创企业。

全美风险投资协会和美国电子协会还不断游说国会降低资本利得税，提高了金融行动者的获益水平。1978 年美国国会通过《税收改革法案》，将资本利得税由 49.5% 降到 28%，1981 年下调到 20%。1981 年《股票期权鼓励法》豁免对股票期权征税，仅在股票兑现和卖出时对实际资本收益征税。1986 年的税制改革取消了资本利得税税率扣除规定，不再与普通所得税税率挂钩，税率提高到 28%；1997 年资本利得税税率降到了20%；2003 年长期投资的资本利得税税率又降到了 15%；2006 年 5 月颁布的《税收协调法案》规定 15% 的税率将延长到 2010 年结束（凌兰兰、朱卫东，2008）。

利用政府资助产生的创新性技术进行创业，然后吸引风险投资，最后成功在证券市场发行股票，成为大量高科技企业的标准发展模式。这种高科技创业模式使技术创新所带来的金融回报更多地为风险投资者、证券承销商和创业者所获取，而利用纳税人的钱为技术创新和创业早期阶段承担了大量风险的政府却未能获得与之贡献相称的回报。

（二）金融行动者通过上市公司获益

自 20 世纪 80 年代以来，最大化股东价值的意识形态逐渐支配了美国上市公司的资源配置。这种意识形态得到代理理论的支撑，根据代理理论，股东是唯一收益没有保障的公司贡献者，因此他们拥有公司利润的索取权（Jensen and Meckling，1976；Jensen，1986）。在最大化股东价值这一意识形态的帷幕下，越来越多的已上市高科技公司把大量的净收益用于股票回购和股利支付。股票回购是让股东通过出售给公司股票来获益，而股利支付是为了奖励持有公司股票的股东。另外，最大化股东价值理念也合法化了股票期权薪酬方案的普遍使用，因为这种薪酬方式有助于激励公司高管的利益与股东利益相一致。公司高管不仅出于对股东利益的考虑，而且出于自身股票期权的利益考虑，在决策时会把公司在金融市场的表现放在首位。

股权期权激励和股票回购在美国上市公司的资源配置中相随相伴，共同为上市公司高管通过操控股票价格为自身谋取巨额回报提供了制度保障。作为企业所有者向主要管理者提供激励的制度安排，股票期权是指企业向主要管理者提供的一种在一定期限内按照某一既定价格购买一定数量本公司股份的权利。股票回购就是上市公司在公开市场买回自己的股票。上市公司通过股票回购来提升公司股票价格和管理季度每股收益（EPS）。

自 1980 年初以来，美国上市公司利用净收益（net income）进行股票回购和股利支付的金额处于不断攀升态势，虽然其间因亚洲金融危机、互联网泡沫和 2008 年金融危机几次衰退而有所回落。如图 4 所示，1980年初，标准普尔 500 指数中 236 家上市公司用股票回购和股利支付的年平均金额只有 2.5 亿美元左右，1988 年接近 5 亿美元，1999 年超过 10 亿美元，2007 年接近 25 亿美元，经过 2008 年金融危机导致的大幅下跌之后2015 年又升至 25 亿美元左右。

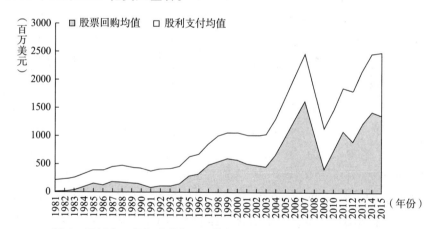

图 4　2016 年 1 月标准普尔 500 指数中 236 家上市公司的股票回购和股利支付均值（1981～2015 年）

说明：以 2015 年美元价格计算。

资料来源：Lazonick（2016：15）。

迫于华尔街的压力，信息通信技术产业中的巨头公司不得不通过股票回购来提振股价。微软（Microsoft）公司从 20 世纪 90 年代开始越来越热衷于股票回购，1991～1995 年年均 3.16 亿美元、1996～2000 年年均

29 亿美元、2001～2005 年年均 60 亿美元、2006～2010 年年均 160 亿美元，用于股票回购的金额越来越大。2001～2010 年，微软总计投入 1100 亿美元用于股票回购，占其净收益的 89%，又将其净收益的 49% 用于股利支付，这样微软总计将净收益的 138% 分配给了股东（Lazonick and Mazzucato，2013）。IBM 公司在 1976～1985 年，用于股利支付和股票回购的金额分别为 199.3 亿和 31.5 亿美元，二者占净收益的 56.1%；1986～1995 年，用于股利支付和股票回购的金额分别为 212.1 亿和 120.2 亿美元，二者占净收益的 196.2%；1996～2005 年，用于股利支付和股票回购的金额分别为 96.1 亿和 524.1 亿美元，二者占净收益的 90.0%；2006～2015 年，用于股利支付和股票回购的金额分别为 329.2 亿和 1178.0 亿美元，二者占净收益的 111.9%（Lazonick，2016）。

医药行业亦然，无论是老牌的制药企业还是后来的生物制药公司。默克公司（Merck）在 1976～1985 年，用于股利支付和股票回购的金额分别为 17.6 亿和 5.9 亿美元，二者占净收益的 59.7%；1986～1995 年，用于股利支付和股票回购的金额分别为 86.2 亿和 61.5 亿美元，二者占净收益的 79.1%；1996～2005 年，用于股利支付和股票回购的金额分别为 276.6 亿和 258.3 亿美元，二者占净收益的 92.0%；2006～2015 年，用于股利支付和股票回购的金额分别为 439.3 亿和 296.7 亿美元，二者占净收益的 143.9%（Lazonick，2016）。辉瑞公司（Pfizer）在 1976～1985 年，用于股利支付和股票回购的金额分别为 13.4 亿和 0.6 亿美元，二者占净收益的 45.1%；1986～1995 年，用于股利支付和股票回购的金额分别为 43.7 亿和 32.5 亿美元，二者占净收益的 87.7%；1996～2005 年，用于股利支付和股票回购的金额分别为 268.5 亿和 381.8 亿美元，二者占净收益的 119.0%；2006～2015 年，用于股利支付和股票回购的金额分别为 679.7 亿和 631.5 亿美元，二者占净收益的 113.8%（Lazonick，2016）。作为世界上最大的专注于生物制药的公司，安进（Amgen）公司从 1992 年至 2011 年总计花费 422 亿美元在股票回购上，这相当于在此期间其全部净收益的 113%、其全部研发支出的 115%（Lazonick，2013）。

2006～2015 年，2016 年 1 月标准普尔 500 指数中的 459 家上市公司共计支出 3.9 万亿美元于股票回购，2.7 万亿美元用于股利支付，二者合计占净收益的 90.3%。如图 5 所示，2006～2008 年这 459 家上市公司股票回购和股利支付与净收益的比率不断攀升，因受 2008 年金融危机的影响，2009 年大幅回落，不过马上又开始了一轮新的增长周期（Lazonick，2016）。

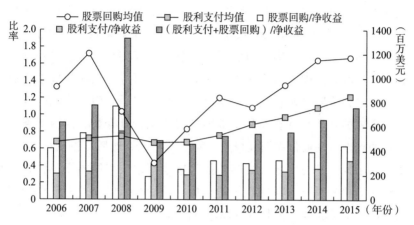

图 5　**2016 年 1 月标准普尔 500 指数中 459 家上市公司的股利支付（DV）**
　　　　和股票回购（BB）与净收益（NI）的比率以及股利支付
　　　　和股票回购均值（2006～2015 年）

资料来源：Lazonick，2016：16。

　　为什么 1980 年以来股票回购增加的幅度如此之大呢？根据美国 1934 年《证券交易法》（*Securities Exchange Act*）的规定，上市公司进行大规模的股票回购可能被视为非法操纵股票价格。但是 1982 年 11 月，SEC 颁布的 10b－18 规则为这种做法提供了"安全港"（safe harbor）。根据这条规则，如果每日公开市场回购的数量不超过之前 4 周的平均日交易量的 25%，且公司不在交易日的开盘和收盘实施回购，就不会被指控操纵股价；即使不超过 25%，也给上市公司留下巨大空间。比如，2001 年 7 月 13 日，微软最多可以进行 3.9 亿美元、英特尔可以进行 2.85 亿美元、思科可以进行 2.69 亿美元、IBM 可以进行 2.2 亿美元的股票回购，而且如此规模的回购可以在交易日连续进行（Lazonick and Mazzucato，2013）。另外，根据美国《证券交易法》的规定，股票回购计划由公司董事会批准并要向公众宣布。董事会授权公司的高管在一定的时期内进行一定数量的回购，但对于实施回购的具体日期和数量则由高管自行决定（Lazonick，2013，2016）。自 2004 年起，SEC 要求公司在季度报表中报告其逐月的回购情况。因此，SEC 并没有要求公司公布实际实施回购的具体日期，没有也无法监控公司是否驶离避风港，只有内部人知道股票回购的准确时间和数量。

另外，1991 年 SEC 改变了一项规则，使公司高管能够通过实施股票期权和立即卖出他们的股份来快速获益。根据 1934 年《证券交易法》的 16（b）条款，拥有超过 10% 股份的公司董事、管理者或股东禁止在六个月内通过购买和随后出售公司股票来赚取"短线交易"利润。在这条规则下，实施股票期权的高管在出售它们之前必须持有认购的股票至少六个月。不过，将股票期权视为衍生品，1991 年 5 月 SEC 认为在 16（b）条款下要求的六个月持有期是从批准日而非执行日开始。因为对雇员股票期权的批准日期通常在期权授予之前至少一年（然后可被执行），新的规则消除了执行日与出售日之间的损失风险。这条规则给予了公司高管为了尽快出售股票而选择期权执行时机的灵活性，以便他们能借助回购带来的价格上涨获取个人收益（Lazonick，2013）。

这些制度安排为上市公司高管进行股票价格操纵提供了可能性和合法性。股票价格操纵的主要受益者正是这些公司高管，因为他们做出公司资源配置的主要决策。作为公司的主要决策者，公司高管使用公司资金来回购公司股票，以推涨公司股票价格，同时借此来实施股票期权或出售他们拥有的股份，捕获投机性收益（Lazonick，2013；Lazonick and Mazzucato，2013）。因为在以上制度的规定下，美国上市公司不需要宣布他们实际进行公司股票回购的日期，这就使公司高管有机会利用这个信息从事内部人交易，也就是利用这个信息选择有利于自身的期权实施和股票出售的时机（Fried，2000，2001）。股票回购的主要受益者是享有股票期权激励的上市公司高管。经验研究表明，上市公司高管巨额收入的很大比例来自董事会授予他们的大量股票期权变现，而且这些高管的收入越高，来自股票期权收益的比例越大（Lazonick，2013）。2006～2015年，美国收入最高的500名上市公司高管的平均年总报酬的最低点是金融危机之后 2009 年的 1470 万美元，其中基于股票的支付占总报酬的 66%；最高点是 2015 年的 3220 万美元，其中基于股票的支付占总报酬的 84%（Lazonick，2016）。

（三）公司金融化导致创新风险 - 收益失衡

公司金融化打破了创新过程中风险 - 收益的匹配状态，金融行动者凭借自身在创新过程中的有利位置和一系列制度安排攫取了比他们所创造的更多的价值，而为创新投入了资本和劳动的政府（纳税人）和企业员工却没有获得相应的回报。

美国政府用纳税人的钱在创新过程中投入了大量的资源，很多科技企业不仅受益于政府投资产生的知识和技术基础，而且在创业早期阶段也得到了政府的大量资助。政府本应该通过税收或技术许可等方式从这些企业获得相应的回报，但实际上由于大公司对减税的游说、利用地区间税收政策差异争取避税以及政府资助产生的知识产权，政府从技术创新中获得的回报与其承担的风险和进行的投入远不相称。因此，有些学者从风险－收益配置的角度认为美国的技术创新呈现风险社会化和收益私人化的倾向（Ellis and O'Hara，2000；Mazzucato，2013；Lazonick and Mazzucato，2013）。

金融行动者以减税有助于激励进一步的投资为由不时游说国会降低公司所得税和资本利得税，这减少了政府从创新成功中获得的收益。比如，从2011年1月到2015年9月，辉瑞公司分别支出955亿美元和871亿美元用于股票回购和股利支付，而向美国国税局（IRS）缴纳的公司所得税只有371亿美元（Lazonick and Mazzucato，2013）。另外，大型公司还利用地区和国家间的税收政策差异来设置多个利润中心以降低缴纳的所得税税额。比如，苹果公司为了规避公司总部所在的加州地区的资本利得税，在内华达州设立一个子公司，把股息和分红收益划归这个子公司（Mazzucato，2013）。美国的税法允许公司把它们的产品或服务的知识产权赋予国外的子公司，产品销售中的专利许可费归国外子公司，这使公司可以降低一定的纳税金额。而且，根据美国当前法律，只有当公司将离岸利润转移回美国国内时，才需要对海外利润缴税。据Sullivan（2012）估计，2011年苹果公司只有30%的利润是在美国报告的，如果在美国报告50%的利润的话，那么它在美国的纳税就会增加24亿美元；如果在美国报告其70%的利润的话，那么它在美国的纳税就会增加48亿美元。谷歌、甲骨文（Oracle）、亚马逊（Amazon）、微软等大公司都采用这种全球税收洗牌规划，它们还游说立法者对其存放在避税天堂的资金给予更长时间的回国免税期。

美国大概3/4的分子生物制药公司是在公共资金资助的实验室发明的基础上创建的，但这些企业大部分根本不向政府或公共部门支付任何专利转让费或许可费，即使支付，也很少。例如，紫杉醇（Taxol）是美国 NIH 所属研究机构发明的一种抗癌药，许可给百时美施贵宝公司（Bristol-Myers Squibb）销售，年剂量的价格是 2 万美元，是制造成本的 20 倍，然而公司付给 NIH 的许可费只有售价的 0.5%（Mazzucato，2013）。

高科技企业的员工在创新过程中也付出了额外的努力，他们期待创新的成功能给自己带来更稳定的工作、更高的报酬、更多的就业机会、进一步的能力提升和更好的发展前景。不过，现实是随着知识经济时代的来临和公司的金融化趋势，20 世纪 90 年代以来员工面临的就业模式发生了明显的变化，员工与高管之间的收入差距不断扩大、人员流动和裁员越发普遍、大量的制造业岗位向海外转移（Lazonick，2013）。

以苹果公司为例。苹果公司虽然号称创造了规模巨大的就业机会，但实际上在美国国内提供更多的是零售和售后服务的工作岗位，核心部件的生产和最终产品的组装这些环节都大量转移到了海外。2011 年苹果公司收入最高的 9 名高管获得总计 4.41 亿美元的报酬，2012 年为 4.12 亿美元，而为苹果电子产品代工的富士康工人的平均年工资是 4622 美元，这意味着那 9 名高管的收入在 2011 年相当于约 95000 名工人的收入，在 2012 年相当于约 89000 名工人的收入。而苹果公司零售雇员的年收入大约为 25000 美元，那 9 名高管的收入在 2011 年相当于约 17600 名苹果公司美国零售雇员（占其雇用的全部零售员工的 64%）的收入；在 2012 年相当于约 16000 名零售雇员（占其雇用的全部零售员工的 55%）的收入（Mazzucato，2013）。

总之，公司金融化导致美国的创新模式陷入风险社会化和收益私人化的境地，科技创新的风险在很大程度上由纳税人和企业员工来承担，而创新成功带来的金融回报却更多地为金融行动者所攫取。这种失衡的风险－收益配置状态给美国科技创新的可持续发展带来隐忧。

五 风险－收益失衡对技术创新的影响

技术创新是一个涉及政府、金融行动者和企业员工等众多行动者的集体性、累积性且充满不确定的过程。创新生态系统中不同类型的行动者都为创新承担了或多或少的风险，如果创新带来的金融回报的分布能反映对创新过程贡献的分布，则有助于创新的包容性和可持续发展；如果一些行动者从创新过程中攫取了超过其贡献的金融回报，则不利于创新的包容性和可持续发展。随着经济金融化程度的加深，美国的科技创新创业越发受到金融市场和金融行动者的支配。科技公司的过度金融化导致创新过程中风险－收益的不均衡配置，而失衡的风险－收益配置给美国的创新体系带来巨大挑战，主要表现为政府创新投入能力下降、大企业研发实验室的衰落，以及创新与制造的脱节。

（一）政府创新投入能力下降

在科技创新的高风险领域和环节，私人企业家和民间资本通常会无能为力或望而却步，这需要通过公共部门投资来积累知识基础和技术能力，进而为随后的私人部门进入铺平道路。在批评政府介入创新的观点中，通常的理由是政府无法挑选出真正的赢家，但这种批评实际上并没有真正理解创新过程的特征。与其质疑政府能否挑选出赢家，不如更多地思考政府如何促进创新的成功，以使创新成功带来的回报能够覆盖难以避免的失败导致的损失，以及资助新的未来的成功（Mazzucato，2013）。而政府对创新的投入建立在财政基础上。

以往经验表明，无论是信息通信技术革命还是生物制药领域的突破，都与联邦政府富有企业家精神和战略性的风险投资密不可分。美国联邦政府的财政投入通过资助研发、促进创业和增强公私合作等方式在技术创新中发挥了不可替代的作用。政府高额经费投入所创造的知识和技术基础为私人企业家和民间资本进入这些高科技领域创新降低了风险。而政府对科技创新的投入在很大程度上来自创新成功产生的直接回报和间接回报，这些回报主要是通过税收和专利许可费等方式带来。只有政府能从对创新的风险投资中获得适当的回报，然后将这些回报用于资助下一轮创新，才能形成政府投入与创新增长之间的良性循环。

不过，如上所述，低的公司所得税和资本利得税、政府资助产生的知识产权的近乎无偿的许可以及公司的各种避税行为，使联邦政府从创新成功中得到的知识产权收益和税收与其为创新所承担的风险极其不相称。政府对技术创新做出的极具风险的投资却没有得到应有的回报。在现有制度安排下，美国政府从创新的金融回报中未能获得合理的份额，这损害了它进一步承担创新风险的未来能力。在民主决策体制和自由市场意识形态下，如果政府不能从科技创新中得到足够的财政回报，进而反哺纳税人，那么纳税人可能就会质疑甚至反对政府对科技创新的财政投入。

如前文的图 2 所示,自 20 世纪 80 年代以来,联邦政府研发支出占 GDP 的比例基本上一直处于下降的趋势。图 6 的数据表明,虽然联邦政府对研发支出的绝对额仍很高,但是近十年明显呈现增长乏力甚至下降的趋势。联邦政府研发投入能力一旦下降,美国在突破性创新领域的领先地位就会受到威胁。

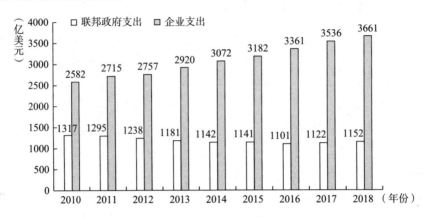

图 6 联邦政府和企业资助的研发支出(2010～2018 年)

说明:以 2012 年美元价格计算。

资料来源:Boroush(2020:5)。

(二)大企业研发实验室的衰落

很多研究表明,自 20 世纪 80 年代以来,美国的创新结构发生了一个重要的变化。在此之前,重要的科学和工程学突破主要是由大企业内部研发实验室的研究者推动的(戈登,2018);到了 20 世纪 80 年代,大企业对大学和小型创业企业等外源性发明创造的依赖不断加深,很多大企业关停自己的实验室甚至裁撤自己的科研力量(Mowery,2009;Arora et al.,2018)。在过去,大公司是基础研究的主要执行者,一般都有自己的研发实验室,像美国电话电报公司的贝尔实验室(Bell Labs)、施乐公司的帕洛阿尔托研究中心(PARC)和美国铝业公司的铝业研究实验室(Alcoa Research Lab)等,但这些已成为明日黄花。特别是 2000 年以后,长期的基础性和应用性研究不再是大企业战略的组成部分,这些公司现在关注的是短期需求,更多利用企业外部的科技资源。美国国家科学基金会的数据表明,基础研究和应用研究在美国企业研发总量中的占比从

1985 年的 30% 左右下降到 2015 年的 20%（阿罗拉等，2019）。有学者对美国研发百强奖（R&D 100 Awards）的获奖者名单的研究发现，1971 年，《财富》美国 500 强公司在研发百强奖中占据 47% 的席位，但到了 2006 年，这个比例只有 6%（Block and Keller，2009）。美国现在的创新更可能产生于小的衍生企业、大学或政府的实验室（Hopkins and Lazonick，2014）。

大企业关停自己的研发实验室，对基础研究和应用研究的经费投入下降，与公司金融化导致它们更看重短期业绩和股价表现有密切关联。这些科技型的大企业更热衷于把利润用来回购股票和支付股利，而不是再投资企业创新能力。

大公司的研发投入没有真正随着公共研发投入而上升，反而依赖政府的研发投入。英特尔公司就是典型的例子。在英特尔的游说下美国政府于 2000 年开启了国家纳米技术计划，从 2001 年至 2016 年，政府对 NNI 的预算是 217 亿美元，而英特尔却分别投入 865 亿美元和 465 亿美元用来回购股票和支付股利，二者合计是 NNI 预算的 6 倍。2001～2010 年，英特尔总计花费 483 亿美元用于股票回购，191 亿美元用于股利支付，而英特尔用于 R&D 的支出为 519 亿美元，回购股票和支付股利的花费约是其研发支出的 1.3 倍（Lazonick，2013）。

国家卫生研究院的研发预算几乎每年都在增长，而很多大型药企却以开放创新的名义关闭自己的研发部门。2006～2015 年，在标准普尔 500 指数中的 18 家药企支出 2610 亿美元用于股票回购，2550 亿美元用于股利分红，总计 5160 亿美元，这意味着把净收入的 99% 都用于股票回购和股利支付，大大超出这一时期对研发的支出（4650 亿美元）。辉瑞（Pfizer）公司在 1997～2010 年用于股票回购的金额相当于其研发支出的 64%，如果加上股东分红的话，二者总计超出研发支出金额的 32%（Lazonick，2013）。除 2004 年外，2002～2011 年安进公司每年花在股票回购上的金额都高于公司的研发支出（Lazonick，2013）。

大学的重点是开展基础研究和应用研究，大公司主要负责研究成果的开发和商业化，而衍生公司、初创企业和大学的技术许可办公室负责将大学和大公司这两方连接起来，这是美国当前创新生态体系的主要轮廓（阿罗拉等，2019）。这种生态体系虽然仍有很大的创新活力，不过，大企业研发实验室的衰落对于一个健康的创新生态体系并不是件好事，因为它们具有独特的优势，主要表现在致力于通用技术研究、注重解决实际问题、涵盖多个学科且资源更丰富、可能会创造出重大的外部效益（阿罗拉等，2019）。这些优势是大学和初创企业无法替代的。

（三）创新与制造的脱节

20 世纪 80 年代以来，美国的创新发生在高度金融化的环境中，公司金融化提高了金融行动者在公司资源配置中的控制权，在最大化股东价值原则的支配下，公司治理策略发生了很大的转变，有学者将其概括为从留存和再投资（retain and reinvest）到缩减规模和收益分配（downsize and distribute）的转变（Lazonick and O'Sullivan，2000）。过去，大公司的治理策略是把公司大部分利润留存用于再投入，以提升企业的研发、制造和营销能力，创造更多的就业机会，开发和制造更多的创新型产品。自 20 世纪 80 年代以来，随着经济金融化和全球化进程的深化，缩减规模和收益分配成为公司资源配置的主导策略。公司不愿意做有价值的长期投资，把利润更多地投资金融性资产而非生产性资产，更热衷于股利支付和股票回购，刺激股票价格的投机性上涨，增加股东和高管的回报。

已上市的大型科技公司不仅在研发上更依赖大学和初创企业等外部来源，而且对生产性资产的投资下降，缩减制造环节的规模。特别是 2000 年之后，金融化和全球化的共同作用促进了离岸外包和生产。随着发展中国家受过高等教育的劳动力的大幅增加，以及高质量、低成本的通信网络的建立，印度成为全球领先的 IT 服务提供国，中国成为 ICT 产业的制造大国，为了降低生产和税负成本，越来越多的美国公司把生产转移至海外。一些 ICT 公司甚至把像芯片设计、工程和基础研究等大量高技术含量的工作也向发展中国家转移。美国成为全球最大的离岸采购国。

离岸外包、生产和采购受到大公司的股东和高管以及华尔街银行家的鼓励，因为这样做更有利于他们的利益。不过，这种把生产甚至研发向海外转移的策略带来了一些不利于美国产业竞争力的后果。首先，大型公司不再充分投资中产阶级就业机会，导致中产阶级工作岗位的减少，特别是制造环节有技能工作的减少（Lazonick，2013）。开放系统技术和高技术工作的全球化使受过良好教育和拥有丰富工作经验的美国劳动力面临失业风险。这不利于产业技术创新所需的人力资本的积累和再投资。

其次，创新风险和收益在国家间配置的失衡，即创新风险的美国化、创新收益的全球化。美国的科技公司在全球范围内构建其供应系统甚至创新系统，在降低其成本的同时，也使创新带来的收益（就业、利润和税收等）外溢至其他国家和地区。对创新做出最多资助的地区不一定能够完全收割创新带来的经济收益。正如美国国家研究委员会在2012年的一份研究报告中所指出的，"由美国的大学、公司和国家实验室进行的研究带来的发明自然而然地导致在美国本土商业化和产业化的产品的好景不再……美国发现自己越来越难以完全捕获由它的巨大公共和私人研发投入所产生的经济价值"（National Research Council，2012）。

最后，金融化和离岸生产彼此强化，导致美国的创新越来越与其制造基础分离（Weiss，2014）。制造与创新的分离意味着美国的创新成为没有生产的创新，这不仅使最前卫的技术创新不能转化为广泛的收益，而且威胁到美国的产业竞争力和科技领先地位。创新者不等于有效率的生产者，科技创新力也不等于产业竞争力。在产业技术创新的完整链条中，研发、设计和制造是不可分的，制造对于保存难以重建的能力和产生有市场竞争力的创新非常重要。如果失去在生产上的领先地位，那么美国在研发上领先的意义就大打折扣。

总之，美国公司的过度金融化倾向打破了创新风险和收益在不同行动者甚至不同地区之间的匹配状态，导致政府创新投入能力下降、大企业研发实验室的衰落以及创新与制造的脱节，这些后果都给美国创新体系带来了巨大挑战。

六　启示和反思

技术创新的过程及其特征表明，创新的风险并不完全是由企业家和投资者等金融行动者承担的，政府往往在技术创新早期的高风险阶段投入了大量资源，创新企业中的雇员也为创新付出了额外的努力并承担创新失败可能带来的失业风险。因此，创新成功所带来的净收益不能完全被金融行动者独占，政府和企业员工也应享有与其贡献相称的收益。但是，由于金融行动者进入创新过程的时机离获得市场回报更近，而且创新企业的金融化强化了金融行动者在资源配置决策中的相对权力，这些提高了金融行动者利用证券市场攫取超额价值的能力，削弱了政府和企业员工获取创新成功所带来的金融回报的能力。

从风险－收益配置的角度来审视，美国作为技术创新全球领先的国家，其创新体制有值得我们学习借鉴之处，也有需要反思修正之处。

技术创新需要良好的风险资本和证券市场的支撑，因为这有利于促进和加快发明创造的商业化。风险投资和证券市场的制度安排极大地激励了民间资本进入产业技术创新领域，通过市场机制解决了技术创新商业化过程中的风险分担和资本投入问题。

但是，技术创新特别是突破性的技术创新仅仅依靠市场机制和民间资本是不够的，因为突破性技术创新的高风险性和不确定性特征使民间资本不愿意进入，这样就需要政府充当风险投资企业家的角色，对高风险的技术创新领域和环节进行战略性的投入。

美国在技术创新的不同领域和环节由联邦政府和私人资本既分工协作又适度重叠的风险分担模式值得借鉴学习，但金融化趋势在美国创新领域蔓延渗透，导致风险－收益配置的失衡，金融行动者通过金融市场从创新收益中攫取了远超出其贡献的价值，而为创新承担了大量风险的纳税人和企业员工却没有获得与之相称的回报。这种失衡的风险－收益配置威胁到美国创新模式的包容性和可持续发展。因此，从建立一个共生性和可持续的创新系统的目标出发，也需要反思支撑美国创新的现有制度安排。

首先，对上市公司的股票回购和股票期权激励加以规制。证券交易委员会要对上市公司的股票回购的交易数额和日期披露做出严格规定，限制上市公司利用股票回购操控股价，引导上市公司将净收益更多地投向提升企业创新能力、创造有技能的工作机会、改善员工薪资福利等方面。将股票期权的薪酬激励计划与公司的创新绩效相挂钩，限制公司高管利用内部人的信息优势进行投机性的股票交易。

其次，保证政府能从创新收益中获取一定份额的回报，以进一步投入未来的创新。对于利用政府资助产生的知识产权创业并成功获得金融回报的企业，政府可以通过收取一定的专利许可费或设立黄金股的制度，以保证能从对创新的风险投入中获得必要的收益；针对创新收益政府设立税率更加合理的公司所得税和资本利得税，引导金融资本更多地投入生产性资产和进一步的创新；对科技创业企业从政府获得的资助要附加一定的条件，当从政府获得资助或风险投资的创业企业的利润达到一定的门槛时，应当从利润中返还一定比例给政府。

最后，创新企业的员工要能分享创新收益，避免创新与制造的分离。大型科技公司要维持研发、设计和制造的一体化，降低生产环节外包的比例，避免没有生产的创新。政府要通过就业合约的规制以保证为创新过程做出贡献的员工也能分享创新收益，创造更多中产阶级就业岗位，以充分利用和持续提升受过良好教育和富有经验的员工的生产能力，减少裁员和失业带来的人力资本损失。

总之，股东价值最大化的企业理论并没有真正把握创新的系统性和累积性特征，不仅有金融行动者，政府（纳税人）和企业员工也为创新过程承担了风险，他们是收益没有保障的贡献者，所以纳税人和企业员工也应从创新成功带来的收益中享有一定的份额。基于股东价值最大化理念所建立的公司治理和金融制度安排强化了金融行动者攫取创新收益的权力，导致创新风险与收益配置的失衡。技术创新是一个充满风险的集体性和累积性过程，风险和收益在不同行动者之间的配置事关创新的发生及其持续。一个可持续的创新体系有赖于风险和收益在不同行动者之间的合理配置，只有遵循创新行动者获得的收益与其所承担的风险相称的原则，才能保证配置的合理性。如果创新过程中某些行动者获取的报酬超过了其所承担的风险，就会使其他承担了风险的行动者不能获得相应的报酬，这种失衡的配置超过一定的限度就会妨碍创新过程的投入，进而影响创新的包容性和可持续发展。

参考文献

阿希什·阿罗拉、沙伦·贝伦佐、安德烈亚·帕塔科尼、徐政奎，2019，《不断变化的美国创新结构：关于经济增长的一些告诫》，《比较》第 5 期。

安德鲁·梅特里克，2011，《创业资本与创新金融》，贾宁等译，机械工业出版社。

布莱恩·阿瑟，2014，《技术的本质：技术是什么，它是如何进化的》，曹东溟译，浙江人民出版社。

查默斯·约翰逊，2010，《通产省与日本奇迹——产业政策的成长（1925—1975）》，金毅等译，吉林出版集团有限责任公司。

道格拉斯·诺斯、罗伯特·托马斯，2009，《西方世界的兴起》，厉以平、蔡磊译，华夏出版社。

弗兰克·H. 奈特，2010，《风险、不确定性与利润》，安佳译，商务印书馆。

弗里德里希·李斯特，1961，《政治经济学的国民体系》，陈万煦译，商务印书馆。

杰拉尔德·F. 戴维斯，2011，《金融改变一个国家》，李建军、汪川译，机械工业出版社。

剧锦文，2001，《创业资本与美国新经济》，《世界经济与政治》第 4 期。

理查德·R. 纳尔逊、悉尼·G. 温特，1997，《经济变迁的演化理论》，胡世凯译，商务印书馆。

凌兰兰、朱卫东，2008，《资本利得税经济效应研究：美国的经验与启示》，《税务研究》第 12 期。

罗伯特·戈登，2018，《美国增长的起落》，张林山、刘现伟、孙凤仪译，中信出版集团。

罗伯特·韦德，1994，《驾驭市场》，吕行建等译，企业管理出版社。

迈克尔·波特，2005，《竞争优势》，陈小悦译，华夏出版社。

威廉·拉佐尼克，2007，《车间的竞争优势》，徐华、黄虹译，中国人民大学出版社。

小艾尔弗雷德·D. 钱德勒，1999，《企业规模经济与范围经济：工业资本主义的原动力》，张逸人等译，中国社会科学出版社。

亚历山大·格申克龙，2012，《经济落后的历史透视》，张凤林译，商务印书馆。

约瑟夫·熊彼特，1990，《经济发展理论：对于利润、资本、信贷、利息和经济周期的考察》，何畏等译，商务印书馆。

朱迎春，2017，《美国联邦政府基础研究经费配置及对我国的启示》，《全球科技经济瞭望》第 8 期。

Alchian, A. A. and Demsetz, H. 1972. "Production, Information Costs, and Economic Organization." *The American Economic Review* 62 (5): 777–795.

Amsden, A. 1989. *Asia's Next Giant: South Korea and Late Industrialization.* New York: Oxford University Press.

Arora, A., Belenzon, S., and Patacconi, A. 2018. "The Decline of Science in Corporate R&D." *Strategic Management Journal* 39 (1): 3–32.

Arrow, K. J. 1962. "The Economic Implication of Learning by Doing." *The Review of Economic Studies* 29 (3): 155–173.

Auerswald, P. E. and Branscomb, L. M. 2003. "Valleys of Death and Darwinian Seas: Financing the Invention to Innovation Transition in the United States." *The Journal of Technology Transfer* 28 (3–4): 227–239.

Block, F. 2008, "Swimming Against the Current-The Rise of a Hidden Developmental State in the United States." *Politics & Society* 36 (2): 169–206.

Block, F. and Keller, M. R. 2009. "Where Do Innovations Come from? Transformations in the U. S. Economy, 1970–2006." *Socio-Economic Review* 7 (3): 459–483.

Boroush, M. 2020. "U. S. R&D Increased by $32 Billion in 2017, to $548 Billion; Estimate for 2018 Indicates a Further Rise to $580 Billion. " Info Brief. National Center for Science and Engineering Statistics, NSF 20 – 309.

Branscomb, L. M. and Auerswald, P. E. 2002. "Between Invention and Innovation: An Analysis of Funding for Early Stage Technology Development. " National Institute for Standards and Technology. NIST GCR 802 – 841.

Connell, D. 2006. *Secrets of the World's Largest Seed Capital Fund: How the United States Government Uses Its Small Business Innovation Research (SBIR) Programme and Procurement Budgets to Support Small Technology Firms.* Cambridge, UK: Centre for Business Research.

Davis, G. F. and Kim, S. 2015. "Financialization of the Economy. " *Annual Review of Sociology* 41: 203 – 221.

Ellis, K. and O'Hara, M. M. 2000. "When the Underwriter Is the Market Maker: An Examination of Trading in the IPO Aftermarket. " *The Journal of Finance* 55 (3): 1039 – 1074.

Freeman, C. 1995. "The National System of Innovation in Historical Perspective. " *Cambridge Journal of Economics* 19 (1): 5 – 24.

Fried, J. M. 2000. "Insider Signaling and Insider Trading with Repurchase Tender Offers. " *University of Chicago Law Review* 67 (2): 421 – 477.

Fried, J. M. 2001. "Open Market Repurchases: Signaling or Managerial Opportunism?" *Theoretical Inquiries in Law* 2 (2): 1 – 30.

Gompers, P. A. 1994. "The Rise and Fall of Venture Capital. " *Business and Economic History* 23 (2): 1 – 26.

Gompers, P. A. and Lerner, J. 2002. *The Venture Capital Cycle*, 2nd ed. Cambridge: MIT Press.

Grossman, G. M. and Helpman, E. 1991. *Innovation and Growth in the Global Economy.* Cambridge, MA: MIT Press.

Hayek, F. 1945. "The Use of Knowledge in Society. " *American Economic Review* 35 (4): 519 – 530.

Hopkins, M. and Lazonick, W. H. 2014. "Who Invests in the High-Tech Knowledge Base?" *Institute for New Economic Thinking, Working Paper Series No. 14.*

Jensen, M. C. 1986. "Agency Costs of Free Cash Flow, Corporate Finance, and Takeovers. " *American Economic Review* 76 (2): 323 – 329.

Jensen, M. C. and Meckling, W. H. 1976. "Theory of the Firm: Managerial Behavior, Agency Costs and Ownership Structure. " *Journal of Financial Economics* 3 (4):

305 – 360.

Keller, M. R. and Block, F. 2013. "Explaining the Transformation in the U. S. Innovation System: the Impact of a Small Government Program. " *Socio-Economic Review* 11 (4): 629 – 656.

Lazonick, W. 2010. " The Chandlerian Corporation and the Theory of Innovative Enterprise. " *Industrial and Corporate Change* 19 (2): 317 – 349.

Lazonick, W. 2013. "Financialization of the U. S. Corporation: What Has Been Lost, and How It Can Be Regained. " *Seattle University Law Review* 36 (2): 857 – 909.

Lazonick, W. 2016. "The Value-extracting CEO: How Executive Stock-based Pay Undermines Investment in Productive Capabilities. " *Institute for New Economic Thinking*, *Working Paper* No. 54.

Lazonick, W. 2017. "Innovative Enterprise Solves the Agency Problem: The Theory of the Firm, Financial Flows, and Economic Performance. " *Institute for New Economic Thinking*, *Working Paper* No. 62.

Lazonick, W. and Mazzucato, M. 2013. "The Risk-reward Nexus in the Innovation-inequality Relationship: Who Takes the Risks? Who Gets the Rewards?" *Industrial and Corporate Change* 22 (4): 1093 – 1128.

Lazonick, W. and O'Sullivan, M. 2000. "Maximizing Shareholder Value: A New Ideology for Corporate Governance. " *Economy and Society* 29 (1): 13 – 35.

Lazonick, W. and Tulum, O. 2011. "U. S. Biopharmaceutical Finance and the Sustainability of the Biotech Business Model. " *Research Policy* 40 (9): 1170 – 1187.

Mazzucato, M. 2013. *The Entrepreneurial State: Debunking Public vs. Private Sector Myths.* Anthem Press.

Mowery, D. C. 2009. "Plus ca Change: Industrial R&D in the 'Third Industrial Revolution' . " *Industrial and Corporate Change* 18 (1): 1 – 50.

National Research Council. 2012. *Rising to the Challenge: U. S. Innovation Policy for Global Economy.* Washington, D. C. : National Academies Press.

Solow, R. M. 1956. "A Contribution to the Theory of Economic Growth. " *The Quarterly Journal of Economics* 70 (1): 65 – 94.

Sullivan, M. A. 2012. "Apple Reports High Rate but Saves Billions on Taxes. " *Tax Analysts* 13: 777 – 778.

Weiss, L. 2014. *America Inc. ? Innovation and Enterprise in the National Security State.* Ithaca and London: Cornell University Press.

金融与社会　第一辑

第 43~60 页

© SSAP, 2020

金融技术的社会关联组合

——以 P2P 网贷平台为例

张樹沁[*]

摘　要： 伴随信息技术的发展，各类信息技术已经充分地介入社会的方方面面。已有研究在讨论金融活动时并不关注金融信息技术在其中的作用，本研究聚焦 P2P（Peer-to-Peer）网络借贷平台（以下简称 P2P 网贷平台）中信息技术在美国和中国之间应用的差异，试图形成一种金融技术的社会关系结构分析视角。金融技术的运转需要依托特定的社会关联组合，但在不同的社会关联组合类型下，同种金融技术的运作方式会产生巨大差异。具体而言，以美国 LendingClub P2P 网贷平台为例，金融技术依托已有的金融信用体系和新兴社交媒体的互联网信用的组合。但在中国当前的制度环境下，P2P 网贷平台不得不寻找政府信用信号和"本息保障"的承诺来维持 P2P 网贷平台技术的运作，这一社会关联组合最终导致了社会风险的转化和过度竞争后的道德风险问题。

关键词： 金融技术　社会关联组合　P2P 网贷平台

---

* 张樹沁，中央财经大学社会与心理学院讲师。

一　现象与问题

自 20 世纪以来，大量金融活动通过新兴的数字技术展开创新。相对晚近的一些金融实践，从 21 世纪初依靠算法进行的高频交易，到近些年基于平台技术兴起的 P2P 平台和众筹平台，以及在加密算法演进基础上发展起来的区块链技术，使金融科技（FinTech）成为业界和学界关注的焦点之一。但金融创新的同时，也带来了层出不穷的金融风险，在算法交易的技术黑箱里，涌现了多次无法迅速被人理解的金融市场闪电崩盘。在中国，P2P 网贷平台跑路以及相伴而生的跨地域群体性事件成为 2019 年的关注重点，区块链技术的应用也衍生了空气币概念，令无法厘清金融和技术逻辑的投资者血本无归。毫无疑问，仅从金融学的角度并不能有效理解和解释上述金融现象。对当前金融活动的考察不仅仅是一个金融学问题，同时还是一个亟待社会学研究的社会互动的过程。

本文将关注点放在了近些年十分流行的 P2P 网络借贷平台上。所谓的 P2P 网络借贷平台，是指为借贷双方提供互联网借贷信息匹配服务的平台技术。通常认为，P2P 网贷平台的实践起源于英国和美国，最常被人提及的是在英国于 2005 年创立的 Zopa 与在美国分别于 2005 年和 2007 年创立的 Prosper 和 LendingClub，其中又以 LendingClub 为海外 P2P 行业的翘楚，它在全美 P2P 网贷市场的占有率一度达到 80%。2014 年 12 月 11 日，LendingClub 在纽交所挂牌交易，首日收报 23.43 美元，较发行价 15 美元大涨 56.20%，公司估值约 54 亿美元。

反观中国，自 2010 年萌芽以来，成立的 P2P 网贷平台累计逾万家，2015 年一度达到 3464 家，但截至 2019 年底，P2P 网贷平台数已经下降到 343 家（见图 1）。2019 年 1 月 21 日，互联网金融风险专项整治工作领导小组办公室和 P2P 网贷借贷风险专项整治工作领导小组办公室联合发布《关于做好网贷机构分类处置和风险防范工作的意见》，强调了不合规平台"能退尽退，应关尽关"，基本从政策层面否定了当前的 P2P 网贷平台实践。

对于同样类型的金融技术创新，结果似乎十分不同。同是被称为"P2P 网贷平台技术"的金融技术创新，在美国和英国逐渐成为一种可被

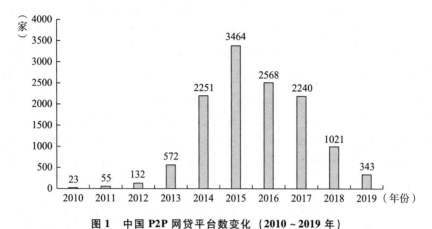

图 1　中国 P2P 网贷平台数变化（2010～2019 年）

资料来源：网贷之家《2019 中国网络借贷行业年报》，http://osscdn.wdzj.com/upload/2019wangdainianbao.pdf，最后访问日期：2020 年 6 月 3 日。

市场和投资者接受的合理投资模式，而在中国 P2P 网贷平台最终几乎被完全否定，相关活动也十分容易被蒙上非法集资和金融诈骗的阴影。这也形成了本文试图讨论的问题：为什么同样一种金融技术，在不同环境下的应用后果会有如此大的差异？

二　文献综述和理论框架

在经济学和金融学的已有研究中，技术这一因素并未得到应有的重视。在有效市场或有效金融市场的假定下，市场中的交易技术和金融活动中的技术问题是默认参与者都能够掌握或已经掌握的，此时，相关技术的学习和使用是无成本的，甚至是无外部性的。例如，在默顿·米勒（1999）看来，在金融市场中技术欠佳的投资者要么仅仅是在"消遣"，要么通过有效金融市场的多轮博弈，也能把上述技术水平欠佳的参与者排除出去。新兴的行为经济学虽然注意到了金融市场是偏离有效假定的（史莱佛，2015），但仍旧对技术在金融市场中的作用给出了单维的正向评价（希勒，2012）。

另一路尝试将技术纳入模型中的经济学实践则起源于熊彼特对创新的论述。在熊彼特（2009）的一系列论述中，走出经济的存量循环或经济低谷，企业家的创新必不可少，这一创新表现为技术进步。一些研究者进一步将上述观点浓缩为"经济学的创新无非是采用比当期效率更高的技术"（林毅夫、张鹏飞，2005）。不过，即使如此，效率是否更高也并不容易测量，因此在实际的研究过程中，相关研究更多地将全要素生产率（刘伟、张辉，2008）或 R&D 投入（傅晓霞、吴利学，2013）作为技术进步的测量指标。在此类研究中，技术问题已经完全被效率问题取代。技术变革被视为市场或金融体系基本生产函数的转变，技术会使交易成本更低且效率更高，但不会改变交易的基本性质。在传统经济学和金融学研究中，虽然提及技术，但是因为技术的"假想"特性，对技术更进一步的讨论是没有必要的。

与经济学和金融学注意到技术但不讨论技术不同，社会学的一系列研究不仅一直有对技术与社会之间关系的关注，而且对金融技术的实际运作过程也有较多的讨论。特别是继承技术的社会建构论视角（Bijker et al.，1987），分析金融活动（Ho，2009）和金融技术应用（Pardo-Guerra，2012）的社会性因素，由此驳斥经济学和金融学的理性主义神话。国内的一系列研究也注意到了金融技术专家群体的崛起（尹鹤灵，2015）成为投资者和资产之间的媒介，形成了对技术的组织权和解释权。上述一系列研究都揭示了比经济学和金融学的效率改进的技术假定更多的内容，即效率的变化只是技术应用的一个维度，技术的发展依托现有的社会关系并在一定程度上形塑了新的社会关系。

在技术社会学的近期研究中，一些可供使用的分析框架已经形成。例如，从技术红利分配的角度来考察技术应用的成效（张茂元，2009，2013；张茂元、邱泽奇，2009），这在分析技术应用主体本身不是技术创新主体时十分有效。但是，在金融技术的应用中，应用主体是一个有着相当"技术共识"的专家技术群体，在应用技术时，很容易基于共识性的文化而快速接受，因此，并没有与之对抗的明确行动主体。还有研究者在发展的视角下，提出了信息技术应用后的互联网资本与红利分配的问题，以及同一技术为不同的人提供的机会差异问题。这些框架对于解释技术带来的红利创造和机会差异十分有效，但对于理解金融技术带来的发展机会却并不适宜。因为金融技术在实际应用中并没有明确的发展指向，这一发展概念仅仅停留在理论层面，这就导致了金融技术的机会结构并不清晰，一些被视为机会的因素可能实际上是风险，从而难以估计到底是红利的创造还是红利的损失。

因此在分析金融技术时，需要从技术本身的特征出发，来审视金融技术的实际运行逻辑。相较于同样借用信息技术形成的流程性技术，例如应用于机器工业和企业管理内部的信息技术，金融技术有着更大的剩余解释空间。这一剩余解释空间体现在：首先，从参与主体上看，只有极少数金融专家能够大致明确其流程，而其他应用金融技术的群体在不了解金融技术的前提下，仍会受到这个技术安排的影响；其次，从技术应用的过程上看，整个金融技术被封装在了一个金融市场的运行中，多数参与者无法观察整个技术的运行过程；最后，从产出的衡量上看，无论盈亏，都有一系列金融市场的相关理论予以佐证，难以有效评价金融技术的应用效果。上述技术安排的后果，使金融技术的应用成为一种明显更加不完备的制度安排。正是金融技术的相对不完备性，为金融技术的应用形成了亟待诠释的空间，使金融技术在实际应用过程中有更多的社会关联组合。

本研究所使用的"社会关联"一词，是指围绕技术的目标形成的多社会主体关系，任一技术的运行都是嵌入在某种社会关联之中的。在不同的社会环境下，一些技术的社会关联组合比较稳定，即无论环境怎样，围绕该技术形成的社会主体都具有类似的特征；但另一些技术的社会关联组合则不然，呈现权宜性的特征，为达到技术运用的特定目标，在不同环境下，社会关联组合中的主体特征差异巨大。本文还需要对金融技术进行一个初步的界定和分类，我们大致将金融技术分为应用于投资人端的金融技术、资产端的金融技术和关系端的金融技术。投资人端的金融技术的目标是使行动者决策的非理性因素降至最低，例如智能理财就是其中一种金融技术，它通过特定的算法自动匹配投资人的资产，使投资活动最小限度地受到投资人应激性的心理活动的影响；资产端的金融技术的目标是使仍旧有挖掘空间的资产价值凸显，比如算法交易与衍生的高频交易活动，就是一种基于算法寻找资产的真实价值的技术应用；关系端的金融技术的目标则是使原先难以发生的投资发生，构建投资活动中所需要的关系组合。例如，围绕信任关系建构的P2P网贷平台和众筹就是一个实例，P2P网贷平台通过提供原先人们难以获取的分散的信用信息来达成交易。

本文将关注点放在最后一种金融技术上，我们认为P2P网贷平台技术是一种建构信任的技术。围绕这一技术，有三个问题需要进一步讨论：

第一，平台在运作过程中，提供了怎样的信息？由此建构了何种信任？第二，平台形成了一种怎样的运作机制？这一信任的基本特征是什么？第三，这一金融技术的应用可能造成了何种后果？哪些主体需要承担这一社会后果带来的风险？

围绕上述问题，本文基于对美国 LendingClub 这一 P2P 网贷平台相关公开文本的梳理和对国内 P2P 网贷平台公开信息的整理，尝试提出两种 P2P 技术应用的理想型假设，并根据这两类理想型假设，讨论该金融技术的社会关联组合和技术应用后果。

三 LendingClub 的运作逻辑
——一种"理想型"技术应用

之所以选择 LendingClub 作为一种典型的 P2P 网贷平台模式，是因为创立于 2007 年的 LendingClub，是目前世界上最大的 P2P 网贷平台公司①，在 2014 年占据了美国 80% 的 P2P 借贷市场（廖理、贺裳菲，2014），并成功于 2014 年在纽约交易所首次公开募股。LendingClub 的交易体量和平台的存续时长大致可以作为该模式在一定时间段内有效的证据，因此，对 LendingClub 模式的分析有助于我们建构一种 P2P 网贷平台良性发展的"理想型"。接下来我们从利润空间、筛选机制和借放款人特征三个方面来讨论该平台的基本模式。

根据《LendingClub 简史》一书的记述，LendingClub 的创立契机来自创始人一次创业之后的经历。创始人拉普兰奇（Laplanche）在创业初期就常常通过快速的信用卡贷款来解决初创公司的燃眉之急，高达 18% 的信用卡利率也使拉普兰奇不得不有时向朋友借钱并发现人际的借贷利率远低于信用卡借贷率。6 年后，当拉普兰奇卖了自己的创业公司时，他发现：

> 六年后的今天，他已有了更多的信用记录，而且他最近刚卖了公司赚了千万美元。尽管如此，他如果向银行借贷，还要支付 18.99% 的利率。（Renton，2013：16）

---

① 参见维基百科 - LendingClub，https://en. wikipedia. org/wiki/LendingClub。

这一发现也形成了拉普兰奇创立 LendingClub 的基本利润空间，即从银行的手中发现那些被高估风险的借款人，为这些借款人匹配利率更低的贷款，并基于与银行的利率差来收取手续费用。在产品设计上，LendingClub 与有效金融市场假设的方向是一致的，虽然一些研究者认为在美国通过证券交易委员会来监管 P2P 业务提高了经营成本（维尔斯坦因，2015），但是与传统的银行业务相比，LendingClub 在一些领域更加具有优势，特别是作为新兴的科技金融形式，通过证券化的运营模式，能够形成多样化的产品，并引入机构投资者进入平台对借款人投资等（卜亚、王芳，2019）。

可是，即使存在现存金融系统尚未有效触及的、亟待更有效金融资产匹配的空间，也并不能自然地推论 LendingClub 能够控制住这一利润空间内的风险。平台的筛选机制是平台存续的关键。那么，如何辨别这些高信用水平、风险可控的客户呢？LendingClub 选择接入 1956 年成立的 Fair Isaac 公司推出的 FICO 信用评分系统，FICO 分是美国消费者贷款的一个重要指标。截至 2015 年，超过 90% 的借贷都使用了 FICO 信用评分作为依据。特别是近些年 FICO 信用评级结合公共机构数据和互联网大数据进行了修正，使该信用分数覆盖的全美人数进一步增加（鞠传霄，2018）。与此同时，Fair Isaac 公司也开始推行普惠金融计划，在更多的国家采集信用数据，完善 FICO 信用评级体系（刘新海，2016）。接入 FICO 分意味着 LendingClub 平台让渡了由平台评级的权利基础，平台不仅能够迅速围绕 FICO 分对借款人的信用进行评级，也形成了对借款人的可置信威胁：一旦借款人在 LendingClub 平台上违约，就会影响自身的 FICO 分，进而降低借款人与其他金融机构借款的机会；同时还为平台树立了一个稳定的标准，其借贷利率的定价理论上应围绕 FICO 分相对稳定，这意味着面对同样 FICO 分数的借款人，借款的利率也应类似。

在 FICO 信用分的基础上，LendingClub 可以展开对借款人的筛选。LendingClub 公司 2016 年披露的信息显示，2016 年第一季度，LendingClub 的借款人的 FICO 信用分平均为 699 分，这在 FICO 评级中为"GOOD"级别，不仅如此，借款人平均有 16.4 年信用记录，平均年收入

75894 美元，为当年全美前 10%①。从上述数据可以看出，LendingClub 上的借款人大多为经济条件较好的美国公民，且 LendingClub 能够基于 FICO 分和平均 16.4 年的信用记录行为对上述借款人进行风险评估。近些年 LendingClub 的"优质客户"数量还在不断增加，一个重要表现是平台上的 A 类资产（风险最低）占比仍在逐年提高，而原先评级为 E、F、G 的借款则几乎消失②。不仅是借款人一端，在放款人一端，LendingClub 的放款群体自 2010 年到 2018 年间也发生了巨大变化，从 2010 年平台上约 95% 的借款由个人投资者投资，到 2018 年约 95% 的借款由机构投资者完成，机构投资者的数量也由 2010 年的 10 家上涨至 2018 年的超过 200 家，但个人投资者的数量却基本没有变化③，8 年间投资者主体结构发生了完全的逆转。

　　除了使用 FICO 分之外，LendingClub 曾试图运用互联网痕迹数据作为另一个信用体系来源。2007 年，LendingClub 最先在 Facebook 上线，并提出了 Lending Match 的设想，即通过算法找到与投资者具有同质性特征的借款人，以期将借贷关系嵌入社区关系中，从而提高借贷双方的信任度④。不过在 LendingClub 后期的运行中并未更多地披露上述匹配算法的细节⑤，源于 Facebook 的相关业务收入也长期占比极低（王朋月、李钧，

---

① Amrita Jayakumar, NerdWallet, LendingClub Personal Loans, "Review", https://www.journal-news.com/business/consumer-advice/lending-club-personal-loans-2016-review/kF0B1jyrGdUHVfCY2y5QBJ/，最后访问日期：2020 年 6 月 2 日；陈达：《LendingClub 商业模式解析：美国的 P2P 到底怎么玩？》，https://zhuanlan.zhihu.com/p/21299326，最后访问日期：2020 年 6 月 2 日；蛋壳先生 Dank：《美国 LendingClub 信贷平台数据分析报告 – 截至 18 年 Q2》，https://zhuanlan.zhihu.com/p/52458668，最后访问日期：2020 年 6 月 2 日。

② 可参见 LendingClub Statistics, https://www.lendingclub.com/info/demand-and-credit-profile.action，最后访问日期：2020 年 5 月 30 日。

③ 可参见 Marketplace Insights, Marketplace Loans and Institutional Investors: A Match Made in Heaven? https://blog.lendingclub.com/marketplace-loans-and-institutional-investors-a-match-made-in-heaven，最后访问日期：2020 年 5 月 30 日。

④ 可参见 LendingClub, "How to Borrow Money", https://www.lendingclub.com/public/how-to-borrow-money.action，最后访问日期：2020 年 5 月 30 日。

⑤ 与上述想法类似，2015 年 8 月，Facebook 推出了涉足社交大数据征信的专利，也试图从借款人的朋友圈中来获得信用信息——当一个用户申请贷款的时候，贷款方会审查该用户社交网络好友的信用等级。只有这些好友的平均信用等级达到了最低的信用分要求，贷款方才会继续处理贷款申请。上述专利被公众指责涉及贷款歧视，因而没有真正公开实行，但 Facebook 的专利也恰恰证明了从互联网大数据信息来推测借款人信用水平的可行性。

2013）。

2016 年 5 月，LendingClub 的 CEO 拉普兰奇宣布辞职，这起因于一次业务自查中，拉普兰奇发现了平台员工为一笔 2200 万美元的借款匹配了与投资人意愿不符的放款人，其中的 300 万美元借款还被修改了申请时间[①]。从披露的信息来看，并没有证据显示该笔借款是具有明显潜在风险的不良借款，且该笔借款的信息问题在被披露后，又很快通过 Lending-Club 的正式渠道找到了其他机构匹配借贷，但因为其中的信息披露真实性存疑，创始人兼 CEO 拉普兰奇就不得不引咎辞职，这也说明了对于 LendingClub 平台来说，披露真实的信息是其生存的基础。

我们简单地对 LendingClub 的多主体关联做一个总结。我们将其看作一个金融科技公司，这一金融技术的生存空间仰赖对金融市场其他主体的限制，传统银行受限于制度和组织规模，暂未能有效地顾及某些具有高信用水平的客户，而以互联网平台形式展现的 P2P 技术更加灵活。为了获得那些低风险的借款人，LendingClub 选择依托第三方 FICO 分来打造信用评级体系，这虽然让渡了大量平台权力，但也使平台的信用评分不会有大面积造假的可能。通过这一筛选机制，LendingClub 获得了足够多的、风险可控的借款人，此时 P2P 网贷平台只需要扮演好汇聚有效且真实的借款人信息的角色即可。作为放款人，则根据获得第三方 Fair Isaac 公司背书的 FICO 分和 LendingClub 平台提供的附加信息进行投资决策，在上述信息真实的前提下，平台无须承担其他连带责任。当然，在实际运作过程中，LendingClub 还使用了诸如计算机辅助的风险控制、识别等使整个平台运行更加稳健的相关技术。

四 P2P 网贷平台技术在中国的发展
——另一种"理想型"技术应用

基于对 LendingClub 平台的分析，我们可以反观中国 P2P 网贷平台的一些运行情况。中国无论是 P2P 网贷平台数量还是 P2P 网贷信贷规模都

---

① 可参见 Peter Rudegeair，"LendingClub CEO Fired Over Faulty Loans"，https://www.wsj.com/articles/lendingclub-ceo-resigns-over-sales-review-1462795070，最后访问日期：2020 年 5 月 30 日。

远高于美国的 P2P 网贷信贷市场。网贷之家发布的《2019 中国网络借贷行业年报》显示①，中国累计的 P2P 网贷平台数近万家，网贷行业历史累计成交量约为 9 万亿元，而占据美国 P2P 行业绝对规模的 LendingClub 当前的累计贷款规模为 537 亿美元②，这一规模仅相当于中国 P2P 市场的6%。因此，我们很难通过选择某一 P2P 网贷平台来论证中国 P2P 行业的典型模式。由于 2019 年开始的 P2P 行业整顿，大量由 P2P 网贷平台原先发布但被定义为"违规"的行为均难以从平台上找到踪迹，我们只能尝试通过利用已有文献和网络报道来论证一些观点的逻辑合理性。接下来，我们比照对 LendingClub 的分析思路，考察中国 P2P 网贷平台的运作逻辑。

首先，从中国 P2P 网贷平台的利润空间来看，长期存在于中国民间的非正规金融似乎能够作为该利润空间存在的理由，这不仅体现在其体量巨大（郭沛，2004）和对农村经济发展的助益上（聂高辉、邱洋冬，2018），而且体现在非正规金融的多种降低借贷风险的实践上，通过熟人关系和亲缘组织形成的信任关系显著地降低了融资成本。例如，广泛分布于中国东南部地区的合会组织就形成了一套完整的降低风险的惯例，包括严格地挑选会员和会主，合会进行过程中会员互相监督（张翔，2006；潘士远、罗德明、杨奔，2009），结会后禁止违规会员再次入会，并伴随其他的社会制裁（胡必亮，2004；张翔，2006）。如果中国的 P2P 网贷平台能够围绕这一银行无暇顾及的金融领域进行有效的借贷，那么这显然是一个体量巨大的利润空间。

那么，如何从上述利润空间中筛选出合适的借款人呢？第一个可作为参考的是中国人民银行的征信系统。在中国 P2P 网贷平台开始迅猛发展的 2014 年，央行征信系统中共收录了 8.4 亿自然人的信息（李蕾、张弛，2014），但有信用记录的自然人信息仅有 3 亿人，这与覆盖约 90% 的美国公民的 FICO 分相比逊色不少。直到 2019 年之前，各平台之间的交易数据均没有被要求接入央行的征信系统③，平台之间的信息相互垄断，

---

① 可参见《2019 中国网络借贷行业年报》，http://osscdn.wdzj.com/upload/2019 wangdainianbao.pdf，最后访问日期：2020 年 5 月 30 日。

② 可参见 LendingClub Statistics，https://www.lendingclub.com/info/statistics.action，最后访问日期：2020 年 5 月 30 日。

③ 可参见《P2P 网贷领域将全面接入央行征信系统》，http://www.xinhuanet.com/2019 – 09/04/c_1124961076.htm，2019 年 9 月 4 日。

且不共享（郭壬癸，2016），平台之间也未形成较大的数据联盟。最后，试图通过借用新兴的互联网巨头（阿里巴巴、腾讯等）数据作为参考，不仅费用高昂，而且互联网巨头对"替代数据"的垄断，使数据孤岛问题更为凸显（何飞，2019）。2017 年 8 月 24 日，中国银行业监督管理委员会下发关于《网络借贷信息中介机构业务活动信息披露指引》，其中要求网贷平台应披露借款人征信报告，但并未有相关的核查与执法①。因此，对借款人资质的筛选成为平台对自身私有信息的再加工过程，从理论上说不存在有效的第三方来保证借款人信息的真实性。

　　既然无法做到有效地筛选借款人，那么如何来控制风险呢？大多数非正规金融寄希望于熟人关系的惩罚能够减少借款人的机会主义行为（李小鹤，2013），而一旦组织化为小贷公司或地下钱庄等形式，开始向不特定对象发放贷款时，在信息不对称的前提下，一些涉黑手段就成为上述组织控制不良贷款率的重要途径（丁骋骋，2019），这些手段在一定程度上也成为某些 P2P 网贷平台保证借款人还款的实际运作的方法②。但上述手段不仅极易触犯相关法律，而且 P2P 网贷平台的交易规模也难以迅速扩大，更无金融创新的意义，因此若想吸引更多的人在平台放款，还需要寻找其他更能得到大众认可的信号。

　　第一个常被 P2P 网贷平台使用的信号是"政府信用"。2015 年 7 月，中国人民银行与有关部门发布《关于促进互联网金融健康发展的指导意见》，这一文件为 P2P 网贷平台提供了一个可以使用的信号。该文件对一系列互联网金融创新活动持"鼓励创新、防范风险、趋利避害、健康发展"态度，但并未给出实际的监管意见，这也成为 2015 年 P2P 网贷平台高速发展的诱因之一。在这一政策背景下，一些颇具中国特色的 P2P 网贷平台模式应运而生，其中包括 P2G（private-to-government）模式，即为

---

① 网贷之家 2018 年的一项调查显示，被调查的 400 余家 P2P 网贷平台中，只有 11 家披露了央行征信信息，其中仅有 3 家 P2P 网贷平台给出了央行个人征信的明细和查询时间信息。可参见《400 余家 P2P 网贷平台央行征信披露分析：不足 10 家合格》，https://baijiahao. baidu. com/s？id = 1600619989545602266&wfr = spider&for = pc，最后访问日期：2020 年 6 月 2 日。

② 可参见《百亿金控集团竟是涉黑团伙！非法持枪、暴力催收，中科创实控人被逮捕》，https://baijiahao. baidu. com/s？id = 1630479505064337090&wfr = spider&for = pc% EF% BC% 9Bhttps://www. p2peye. com/thread－2150731－1－1. html，最后访问日期：2020 年 6 月 2 日。

具有政府信用介入的项目提供融资服务，包括政府授权国企直接进行融资、政府或大型国企的供应商应收账款质押担保融资、国有担保公司担保的项目融资。另一些平台则宣称自己具有国资背景，例如开鑫贷平台的介绍是"由国家开发银行全资子公司国开金融和江苏省内大型国企共同发起设立的国有互联网金融服务平台"①。据网贷之家的统计，截至2019年底，仍旧有51家国资系网贷平台在正常运营，但有99家国资系平台停业转型和90家国资系网贷平台被确定为问题平台②。实际上，以政府信用为信号在之前的民间金融机构中十分常见，有研究者考察了温台地区民营存款类金融机构获得经营许可牌照后，倾向于向公众发出此类有政府背书的信号，以降低吸储成本。一旦经营失败，金融风险就极易转化为社会风险，储户期待政府兜底（张翔，2010）。而在P2P网贷平台中，这一逻辑被进一步凸显：由于在爆发期的P2P网贷平台没有有效的登记备案制度，也就没有可被验证的"政府牌照"作为"政府信用"的凭据。此时，市场竞争迫使大量劣化的、难以被验证的政府信用信号被P2P网贷平台自行创造出来，这里面包括国资入股（实际上难以查证）、央视报道、领导参访甚至坊间政治传闻等。这无疑加快了P2P网贷平台的金融风险向社会风险转移的速度。

第二个加速行业走向恶性竞争的信号是"本息保障"。虽然2015年出台的《关于促进互联网金融健康发展的指导意见》规定，网络借贷平台要"明确信息中介性质，主要为借贷双方的直接借贷提供信息服务，不得提供增信服务"，但在监管缺位的环境下，如果能够宣称提供本息保障，则能显著吸引更多的放款人，进而吸引更多的借款人，平台也能够获得更多的居间服务费。在监管初期，P2P网贷平台往往公开宣称提供本金保障，并成为中国P2P网贷平台的常见模式之一（郭壬癸，2016）。在担保模式多次被业内人士批评后，平台则开始使用风险备用金制度（邓建鹏、黄震，2017），多数平台继续或明示或暗示平台提供本金保障，一般通过债权转让的方式完成。虽然在法律层面上，风险备用金制度可以被解释为并非网贷平台向投资人提供了自担保（邓建鹏、黄震，2017），

① 可参见百度百科"开鑫贷"，https://baike.baidu.com/item/%E5%BC%80%E9%91%AB%E8%B4%B7/2370754，最后访问日期：2020年5月28日。

② 可参见《2019中国网络借贷行业年报》，http://osscdn.wdzj.com/upload/2019wangdainianbao.pdf，最后访问日期：2020年6月2日。

但风险备用金制度往往被行业认为是平台的一种变相自担保。这一隐性的担保并未包含在原先的金融合约中，也未明确受到法律保护，因而成为 P2P 网贷平台和投资人之间隐性的"社会合约"，即双方均认为担保是"理所当然"，但未被金融合约认可。

运用上述两个信号，P2P 网贷平台的金融合约实际上放弃了第三方的筛选机制，转而在市场竞争中不得不夸大其政府信号和"本息保障"的刚性兑付能力。这看似为 P2P 网贷平台积累了大量人气，但实际上往往吸引了本应规避此类风险的投资人。艾瑞咨询 2016 年对 356 名 P2P 网贷平台投资者的心态调查显示，有 92.7% 的投资者期待投资发生损失后，平台应至少支付本金，其中 60% 的投资者还要求支付利息①。这一心态成为金融风险向社会风险转化的微观基础，同时在平台竞争的压力下，也导致 P2P 网贷平台倾向于放松风险管控，最大限度地吸纳借款人，以期获取更多的居间服务费。宜人贷一直被称为中国 P2P 行业的"头部平台"，并于 2015 年 12 月 18 日在纽约证券交易所上市，一篇有关宜人贷业务变化的文章在一定程度上支持了上述逻辑的可行性：

> 宜人贷将全部贷款按照借款人信用等级从高到低分为 A、B、C、D 四个等级。2013 年，宜人贷只发放 A 类贷款，2014 年，A 类贷款占比高达 86%，但这两年宜人贷分别亏损 5086 万元和 2752 万元。2015 年，宜人贷 D 类贷款猛增近 1000 倍，占整体新增贷款比重超过 80%。整体新增贷款规模接近 100 亿元，同比激增 3 倍以上。同期，宜人贷录得净利润 2.85 亿元，扭亏为盈并成功挂牌纽交所。也就是说，宜人贷通过向信用最差那部分借款人放款实现了业绩的爆发式增长。②

虽然宜人贷的相关人员事后解释其中的 D 类贷款"也是优质客户"，但如果作为头部平台的宜人贷选择逐步降低资产质量来获得净利润的话，对于更多规模较小的 P2P 网贷平台，这一机会主义的行为的合理性也就

---

① 可参见艾瑞咨询《中国网络借贷行业研究报告》，http://www.chinamfi.net/upload/link/1801/f053230.pdf，最后访问日期：2020 年 5 月 30 日。

② 可参见唐郡《宜人贷向何处去：核心高管离职，业绩持续下滑，坏账率创历史新高》，https://www.sohu.com/a/336366769_100191066，最后访问日期：2020 年 6 月 4 日。

显而易见了。从逻辑上说，只要进入的借款人和放款人足够多，那么前期的不良率均可以通过后期不断增加的居间服务费来刚性兑付，这构成了 P2P 网贷平台庞氏骗局的基本雏形。

我们简单地对 P2P 网贷平台在中国运作的一种可能模式做一个总结：由于征信体系的缺失，P2P 网贷平台的运作不存在有效的、可检验的第三方筛选机制，在监管政策宽松的环境下，P2P 网贷平台沿用了长期存在于民间金融的以政府信用为信号的策略，并在逐渐加剧的市场竞争中打出了"本息保障"这种刚性兑付的口号，以使平台的一系列操作可置信。在这一关联环境中，进入平台的放款人往往会基于对政府信号的信任，或是对"本息保障"承诺的信任而放松对借款人的审核，借款人的真实信息仅有平台才能部分获取；另外，由于借款人对放款人资质的忽视，放款人的资质在平台竞争过程中变得不那么重要，P2P 网贷平台则可能尝试放松对放款人资质的审核，以期获得更高的居间费用收益。自 2018 年以来政策监管趋紧，大量借款人感受到了政府信号的变化，也自然打破了不断扩大的 P2P 市场的神话，形成了金融风险向社会风险转化的基本动力。

在上述过程中，P2P 网贷平台这一应用技术，在没有有效参考数据的情况下，则形成了明显的两极分化。一些平台在事实上架空技术，使技术沦为集资的噱头，进而出现了 P2P 网贷平台成立 3 天就跑路的新闻[1]。其他一些平台试图寻找更多的替代数据来核查借款人的信用，但多寡头垄断的信用数据又为这类平台带来高昂的征信查询成本，在一些平台征信成本占总成本的 30%[2]。这使在行业野蛮生长的环境中，上述寻找替代数据的平台处于明显的劣势，在没有持续的资金流投入的情况下，反而会在市场竞争的过程中被第一类平台迅速击垮。

五 结论和讨论

无论是在美国仍旧保持相对良性发展的 LendingClub，还是在中国野

---

① 可参见《福州一网贷平台仅活 3 天 创网贷行业最快跑路史》，https://tech.qq.com/a/20160427/015527.htm，2016 年 4 月 27 日。

② 可参见刘筱攸、胡飞军《征信成本一年一个亿 普惠金融机构直呼"不普惠"》，https://www.sohu.com/a/219078826_115239，最后访问日期：2020 年 6 月 4 日。

蛮生长又迅速消失的 P2P 网贷平台，所使用的金融技术本身差异并不大，都是一类基于平台将金融信息汇聚起来的互联网技术，我们也并不能因为美国的 P2P 网贷平台并未发生跑路潮而推论在平台技术上美国相比中国更胜一筹。要区分两者的差别，需要对该金融技术运行所仰赖的多主体社会关联组合做进一步的分析，我们将两类"理想型"平台的模式做一个简要的对比（见表 1）。

表 1　两类 P2P 网贷平台模式的比较

	LendingClub 模式	中国 P2P 模式
利润空间	银行高估风险的人群	多为未纳入正规金融的人群
筛选机制	FICO 分 + 平台数据 + 替代数据	平台数据 + 高成本替代数据
吸引机制	信息汇聚 + 机制灵活	政府信用信号 + 本息保障
借款人	第三方认证的信用较好的人群	无第三方验证信用级别的人群
放款人	基于平台披露信息进行投资决策	基于本息保障进行投资决策
关联主体	Fair Isaac 公司、平台自身	地方政府、平台自身
风险的社会后果	放款人在真实信息的前提下风险自担；若信息不真实，则由相关联主体承担	在平台跑路前放款人不承担风险；若平台跑路，则由相关联主体承担

无论是 LendingClub 模式还是中国的 P2P 网贷平台模式，都有相当规模的利润空间，但前者的利润空间是在正规金融体系中留下痕迹的人群，而后者的利润空间则难觅数据痕迹。这也构成了在筛选借款人时，前者能够以第三方、可验证的 FICO 分作为筛选的依据，而后者却没有放款人也可验证的第三方数据作为支撑，只能通过多方数据拼凑来初步形成借款人的信用情况，这同时也导致了征信成本过高，劣币驱逐良币的现象。在 FICO 分的支持下，前者仰赖的是真实信息的披露和灵活的借款机制，来吸引借放款人，从公开的数据来看，LendingClub 上的借款人较为优质，放款人也能够基于平台上可验证的公开信息做出金融投资决策；但后者则在无监管的环境中激烈竞争，衍生出了寻找政府信用信号背书和本息保障这一难以持续的承诺，为了满足刚性兑付，平台不得不放宽对借款人资质的审核，而在平台上放款人也因存在刚性兑付而放松了对借款人信用情况的审核。在这一关系组合中，LendingClub 和提供 FICO 分的 Fair Isaac 公司在保证自己及时披露了真实信息的情况下无须承担关联责任；而大量中国的 P2P 网贷平台在提供本息保障时确实能快速创造营收，一

且本息保障无法兑付，借款人则会根据平台之前发送的信号，将投资失败归咎于平台和平台宣称的相关联政府主体，从而引发金融风险向社会风险转化。

因此，当我们讨论 P2P 网贷平台技术在金融领域的应用时，我们必须首先厘清该技术在运作时组合的不同社会主体、同种 P2P 技术构成的不同社会关联组合。以美国 LendingClub 为代表，P2P 网贷平台技术构成的是以成熟的信用体系为核心的稳定社会关联，在这一关系中，P2P 网贷平台技术扮演的是信息披露的角色。而在中国一类常见的 P2P 网贷平台中，P2P 技术构成的则是以模糊的信号集为核心的、具有不确定的外部性的社会关联。在这一关系中，P2P 网贷平台会选择性地解释上述信号，转变为了一种诠释技术。因此，P2P 网贷平台技术在不同地区实践的巨大差异后果，实际上是平台技术在应用初期构成的可行的社会关联组合的差异。P2P 网贷平台技术是一种涉及金融关系信任的技术，在缺少有效的第三方征信机构作为平台信任的来源时，借助其他第三方或是由自己来承担绝对的信任来源，就成为该技术运行的必然结果。2018 年开始的监管环境变化，以及连锁导致的 P2P 市场资金紧张摧毁了该技术运行的社会关联组合。跑路停业是技术失灵的表现，平台转型并缩减规模则是技术尝试重新组合社会主体使其重新运转的努力。同时，P2P 网贷平台在中国的实践也表明，不仅政府主动介入市场会导致风险向政府转化，而且放任市场主体调用政府信号资源，也会将政府拉入未预料的社会风险中。对上述问题的进一步讨论还需要有更精细的理论模型，本文是对 P2P 网贷平台经验事实分析的一个初步尝试。

参考文献

安德鲁·维尔斯坦因，2015，《美国人人贷的监管误区》，《互联网金融法律评论》第
    2 期。

安德瑞·史莱佛，2015，《并非有效的市场——行为金融学导论》，赵英军译，中国
    人民大学出版社。

卜亚、王芳，2019，《P2P 网贷平台盈利模式研究——以宜人贷和 LendingClub 为例》，
    《价值工程》第 9 期。

邓建鹏、黄震，2017，《网贷行业风险备用金的争议及其规范路径》，《金融法苑》第
    1 期。

丁骋骋，2019，《民间借贷债务催收市场的田野调查与经济解释》，《财经理论与实践》第 4 期。

傅晓霞、吴利学，2013，《技术差距、创新路径与经济赶超——基于后发国家的内生技术进步模型》，《经济研究》第 6 期。

郭沛，2004，《中国农村非正规金融规模估算》，《中国农村观察》第 2 期。

郭壬癸，2016，《P2P 网贷平台征信机制：模式、问题与优化》，《南方金融》第 12 期。

何飞，2019，《国内外数字金融模式研究》，《农村金融研究》第 6 期。

胡必亮，2004，《村庄信任与标会》，《经济研究》第 10 期。

鞠传霄，2018，《互联网时代的个人信用评估机制研究——以芝麻信用为例》，《现代管理科学》第 5 期。

李蕾、张弛，2014，《对新形势下央行征信系统建设工作的思考》，《征信》第 12 期。

李小鹤，2013，《农村金融组织运行效率比较：地下钱庄、小贷公司与村镇银行》，《改革》第 4 期。

廖理、贺裴菲，2014，《从 LendingClub 业务模式转变看 P2P 监管》，《清华金融评论》第 2 期。

林毅夫、张鹏飞，2005，《后发优势、技术引进和落后国家的经济增长》，《经济学（季刊）》第 4 期。

刘伟、张辉，2008，《中国经济增长中的产业结构变迁和技术进步》，《经济研究》第 11 期。

刘新海，2016，《面向普惠金融的个人信用评分新趋势》，《清华金融评论》第 12 期。

罗伯特·希勒，2012，《金融与好的社会》，束宇译，中信出版社。

默顿·米勒，1999，《默顿·米勒论金融衍生工具》，刘勇、刘菲译，清华大学出版社。

聂高辉、邱洋冬，2018，《非正规金融、产业结构升级与中国经济增长》，《经济体制改革》第 3 期。

潘士远、罗德明、杨奔，2009，《会首质量、互助会的倒会风险、得会价格折价与规模——基于浙江省的实证分析》，载汪丁丁主编《新政治经济学评论 11》，浙江大学出版社。

邱泽奇、张樹沁、刘世定、许英康，2016，《从数字鸿沟到红利差异——互联网资本的视角》，《中国社会科学》第 10 期。

Renton，Peter，2013，《LendingClub 简史》，第一财经新金融研究中心译，中国经济出版社。

瑞顿，2013，《LendingClub 简史》，第一财经新金融研究中心译，中国经济出版社。

王朋月、李钧，2013，《美国 P2P 借贷平台发展：历史、现状与展望》，《金融监管研究》第 7 期。

向静林，2016，《市场纠纷与政府介入——一个风险转化的解释框架》，《社会学研究》第 4 期。

向静林、邱泽奇、张翔，2019，《风险分担规则何以不确定——地方金融治理的社会学分析》，《社会学研究》第 3 期。

尹鹤灵，2015，《金融中介创新与金融技术专家群体》，《社会发展研究》第 4 期。

约瑟夫·熊彼特，2009，《经济周期循环论：对利润、资本、信贷、利息以及经济周期的探究》，叶华译，中国长安出版社。

张茂元，2009，《技术应用的社会基础：中国近代机器缫丝技术应用的比较研究》，《社会》第 5 期。

张茂元，2013，《社会地位组织能力与技术红利的分配——以近代缫丝女工为例》，《中国社会科学》第 7 期。

张茂元、邱泽奇，2009，《技术应用为什么失败——以近代长三角和珠三角地区机器缫丝业为例（1860—1936）》，《中国社会科学》第 1 期。

张翔，2006，《合会的信息汇聚机制——来自温州和台州等地区的初步证据》，《社会学研究》第 4 期。

张翔，2010，《以政府信用为信号——改革后温台地区民营存款类金融机构的信息机制》，《社会学研究》第 6 期。

Bijker, W. E. , Hughes, T. P. , & Pinch, T. J. 1987. *The Social Construction of Technological Systems*: *New Directions in the Sociology and History of Technology.* MIT Press.

Ho, K. 2009. *Liquidated*: *An Ethnography of Wall Street.* Duke: University Press.

Pardo-Guerra, J. P. 2012. "Financial Automation, Past, Present, And Future. " in Cetina, K. K. & Preda, Alex. （eds. ）. *The Oxford Handbook of the Sociology of Finance.* Oxford: Oxford University Press.

金融与社会　第一辑

第 61~80 页

互联网金融风险的社会传导机制

——以 P2P 网贷平台 "爆雷" 事件为例

程士强*

摘　要：移动互联网和智能手机的普及大大提升了整个社会的网络化程度，互联网金融又借助互联网的力量将亿万人与金融联结起来，迅速提高了整个社会的金融化程度。但将大量的小微企业与个人的借款需求及投资理财欲望汇集到 P2P 网贷平台上，也酝酿着巨大的金融风险。P2P 网贷运转于一个互联网流动空间中，这使金融风险很容易跨越时空界限。个体的、分散化的金融交易违约风险通过互联网扩散成大规模的、具有广泛社会影响力的金融系统风险；风险的空间流动性挑战属地管理模式，使专业监管机构无法有效地将金融风险的破坏力控制在有限的范围内。建立在移动互联网基础上的社会空间本质上是一个社会交往的空间，金融的技术侵蚀是金融系统对社会交往空间的侵入与主宰，导致生活世界的异化以及金融风险的扩张与转化。

关键词：互联网金融　P2P 网贷　金融风险　社会传导

---

* 程士强，中央财经大学社会与心理学院讲师。

一 引言

在"互联网+"的浪潮下,互联网金融异军突起。所谓互联网金融,是指传统金融机构与互联网企业利用互联网技术和信息通信技术实现资金融通、支付、投资和信息中介服务的新型金融业务模式(中国人民银行,2015)。互联网金融发展出了五种业态:第一,第三方支付,主要有拉卡拉、支付宝、财付通等;第二,P2P网络借贷平台,主要有拍拍贷、陆金所、翼龙贷等;第三,大数据金融,主要有京东金融、蚂蚁金服的阿里贷等;第四,互联网金融门户,主要有融360、大童网、安贷客等;第五,互联网众筹融资平台,主要有京东众筹平台、点名时间、众筹网等(郑志来,2015)。

中国的互联网金融发展势头十分迅猛,阿里巴巴、腾讯、百度在金融服务领域的发展,远超西方同行亚马逊、苹果、脸书、谷歌。数据显示:阿里巴巴和腾讯在中国第三方支付领域的市场份额分别是33%和10%,而亚马逊、苹果、脸书、谷歌的市场份额,在美国总共也不过2%。在全世界,前两名最大的两家金融科技"独角兽"都来自中国,分别是蚂蚁金服和陆金所。在这些业态中,最引人注目的就是P2P网络借贷平台。所谓P2P网络借贷平台,就是依托互联网,为投资人和融资人提供资金借贷的信息,撮合和促成投资人和融资人在互联网平台上完成资金的借贷(刘红忠、毛杰,2018)。早在2016年,中国就是全球拥有P2P网络借贷平台最多的国家,中国当时的P2P网络借贷平台规模约为669亿美元,是美国的4倍(丁华艳、陈雪琪,2016)。而截至2017年末,我国P2P网贷行业累计交易规模约为6.07万亿元,其中2017年一年累计交易额为2.71万亿元,2017年末待还余额总计1.205万亿元。从借款笔数来看,2017年约为1.9077亿笔,是2016年的4.1倍(零壹财经,2019)。在蓬勃的发展中,互联网金融也蕴含着巨大的风险,P2P网贷平台"跑路"等负面消息时有见诸报端。但在经济形势向好的大背景下,P2P网贷行业一直在野蛮生长,这里隐藏的"定时炸弹"终于在2018年6月开始集中"爆雷"。

2018年6月前后,P2P网贷机构发生集中爆雷风波,数百家P2P平台裹挟着以亿元为单位的巨额资金,一夜之间打碎了无数人的财富梦想。

P2P 网络借贷平台风险频发,严重侵害广大人民群众合法权益,扰乱市场经济秩序。截至 2019 年 2 月,公安机关已依法对 380 余个涉嫌非法集资犯罪的网贷平台立案侦查。据介绍,自 2018 年 6 月以来,一些地方的 P2P 网络借贷平台的投资群众集中报案,案件高发态势凸显;欺骗性强,犯罪嫌疑人打着金融创新的幌子,以高额利息为诱饵,触犯"非法自融""归集出借人资金形成资金池"等禁止性规定,进行虚假宣传、虚构投资标的、肆意占有挥霍,实施非法集资犯罪活动;逃匿现象突出,平台实际控制人、高管人员在案发前失联、逃匿的就超过百人。①

2019 年 3 月 15 日,中央电视台 3·15 晚会再次重点报道了互联金融行业中的黑幕,又一次将互联网金融推到了风口浪尖。央视 3·15 晚会曝光了"714 高炮",互联网金融平台融 360 被点名。所谓"714 高炮",指的是贷款期限为 7~14 天,利息超高的现金贷,主要针对包括在读学生在内的年轻人。如果借款人借 1500 元,实际到手只有 1000 元,7 天后要还款 1500 元。高利贷放款机构为了规避监管,将高额利息换成"服务费",并在下款前收取,民间称之为"砍头息"(程维妙,2019)。P2P 网络借贷行业频繁发生的风险事件,不仅导致 P2P 网络借贷的投资人蒙受经济损失,而且扰乱了金融业的运行秩序与社会的和谐稳定。早在 2016 年,15 个中央部委办就联合成立了 P2P 网络借贷风险专项整治工作领导小组,出台了 P2P 网络借贷风险专项整治工作若干规定,开展了对 P2P 网络借贷行业(以下简称 P2P 网贷行业)违规经营乱象的整治工作,借以遏制 P2P 网络借贷行业风险事件频发的态势,从而促进 P2P 网络借贷行业的规范有序发展(刘红忠、毛杰,2018)。

但从 2007 年中国第一家 P2P 网贷机构拍拍贷成立至今,中国的 P2P 网络借贷行业被人们寄予"金融创新""普惠金融"等厚望,也带动了全民投资理财的金融化浪潮。在经历了起步探索、野蛮生长、风险爆发、规范调整几个阶段后,留给社会的究竟是怎样的一份教训?据网贷之家统计,截至 2018 年 12 月底,中国正常运营的 P2P 网贷机构数是 1021 家,而累计问题机构数则高达 5409 家,问题机构占总机构的比重超过 84%,其涉及投资人数 215.4 万人,涉及待还贷款余额 1766.5 亿元(赖丹妮、

① 《380 余个涉嫌非法集资 P2P 网贷平台被查　涉案约百亿元》,https://baijiahao.baidu.com/s? id = 1625822538645038131&wfr = spider&for = pc,最后访问日期:2020 年 2 月 20 日。

张亦辰，2019）。在一个个冰冷的数字背后，是数百万人投资梦想的破碎，也是数百万个家庭的噩梦，还是整个行业的所有创业者与从业者的职业悲剧。这里值得我们深思的是，互联网金融风险的泡沫为什么越吹越大？泡沫的破裂或挤出会导致怎样的社会影响？金融风险经过怎样的传导机制转化成社会风险？

二　P2P 热潮的兴起：网络化与金融化的交汇

P2P 网贷行业作为互联网金融的一部分，它的发展与整个互联网经济与技术革新的大趋势是分不开的。可以说 P2P 网贷行业的蓬勃发展，是在移动互联网时代的共享经济与 "互联网 +" 的大背景下应运而生的。正是在这股 "东风" 下，越来越多的 P2P 理财 App 被安装到普通百姓的智能手机中，通过移动互联网，将来自千家万户的资金流汇入互联网金融的大江大河里。

P2P 网贷平台在全社会的扩散，离不开移动互联网技术的支撑。移动互联网是一个移动通信概念，更是一个实时在线、在网的社会网络概念。智能终端的普及以及移动业务应用的蓬勃发展，促使移动互联网呈现爆炸式发展趋势（林永青，2015）。截至 2018 年 12 月，我国网民规模达8.29 亿人，其中手机网民规模达 8.17 亿人，网民通过手机接入互联网的比例高达 98.6%。移动互联网与线下经济联系日益紧密，网络支付用户达 6.00 亿人，其中手机网上支付用户规模达 5.83 亿人。购买互联网理财产品的用户规模也达到 1.51 亿人（中国互联网络信息中心，2019）。

移动互联网、第三方支付、大数据、云计算等技术的发展，以及资源闲置、经济进入新常态导致了共享经济产生与发展。共享经济作为互联网下的 "新经济" "新商业" 形态，借助网络等第三方平台，将供给方闲置资源使用权暂时性转移，通过提高存量资产的使用效率为需求方创造价值，促进社会经济的可持续发展（郑志来，2015）。有学者从共享经济的含义和当前互联网金融发展的现象相结合引申出共享金融的学术概念，"共享金融就是通过大数据支持下的技术手段和金融产品及服务创新，构建以资源共享、要素共享、利益共享为特征的金融模式，实现金融资源更为有效、更加公平的配置，从而更能够突出发挥消费者自主权和促进现代金融均衡发展，更好地服务于共享经济模式壮大以及经济社会可持续发展"（丁俊峰，2016）。以 P2P 网贷为代表的互联网金融就是共享金融的典型形式。

理想状态下的 P2P 网贷平台借助互联网核心技术，在普惠金融理念的驱动下，打破了金融资源流动的地域和时间限制，能够在较大范围内实现金融资源的合理配置。一方面，P2P 网贷平台有助于盘活闲置的金融资源，扩大社会整体融资空间。借助于更便捷的渠道、更高的配置效率，P2P 网贷平台能够让参与者随时随地通过互联网平台发布资金供给和需求信息；借助于更具吸引力的资金回报率、更低的资金价格，P2P 网贷平台能够吸纳更多的社会闲散资金和资金需求者进入平台交易，增加可贷资金规模，扩大社会融资空间。另一方面，P2P 网贷平台在一定程度上能够根据金融供求双方的实际情况，对金融资源进行合理调配（赵大伟，2015）。

中国 P2P 网贷平台之所以能够迅猛发展，除了上述原因之外，政府政策的大力支持也是重要因素之一。自党的十八届三中全会以来，中国政府大力倡导"互联网＋"的商业模式，同时也推动"大众创业、万众创新"的激励机制，各地政府也相应出台了地方性扶持政策，分别在P2P、众筹、第三方支付、网络理财等方面给予针对性的激励政策，小额贷款公司也向互联网小贷方向拓展。因此，互联网金融在中国具有强劲的政策支撑和环境基础（丁俊峰，2016）。

"互联网＋"战略本质上是以互联网为主的新一代信息技术（包括移动互联网、云计算、物联网、大数据等）在经济、社会生活各部门的扩散、应用与深度融合的过程，这将对人类经济社会产生巨大、深远而广泛的影响。它是传统产业的在线化、数据化。这种业务模式改变了以往信息仅仅封闭在某个部门或企业内部的传统模式，可以随时在产业上下游、协作主体之间以最低的成本流动和交换（宁家骏，2015）。在更高的层面上，"更广泛的以互联网为基础设施和创新要素的经济社会发展新形态"（国务院办公厅，2015）可以形成。

近年来，互联网金融是网络经济发展的一个新亮点，也是可以充分体现"互联网＋"精髓的一个领域。互联网凭借其"开放、平等、协作、分享"的精神，逐渐渗透传统金融行业，并以大数据和云计算作为技术支持，实现互联网对金融业的变革；金融活动依托互联网展开、进行和完成，有效突破传统金融在时间、地域上的限制，解决信息不对称的问题，使资源配置更加优化。金融服务的边界从一个私有域扩展到无限的互联空间，开启了信息技术在金融领域新的革命（陈勇、杨定平、宋智一，2015）。

为了充分发挥互联网金融的优势，《国务院关于积极推进"互联网＋"行动的指导意见》强调要实行"互联网＋普惠金融"行动。该意见指出，"促进互联网金融健康发展，全面提升互联网金融服务能力和普惠水平，鼓励互联网与银行、证券、保险、基金的融合创新，为大众提供丰富、安全、便捷的金融产品和服务，更好满足不同层次实体经济的投融资需求，培育一批具有行业影响力的互联网金融创新型企业"，"积极拓展互联网金融服务创新的深度和广度。鼓励互联网企业依法合规提供创新金融产品和服务，更好满足中小微企业、创新型企业和个人的投融资需求。规范发展网络借贷和互联网消费信贷业务，探索互联网金融服务创新。积极引导风险投资基金、私募股权投资基金和产业投资基金投资于互联网金融企业"（国务院办公厅，2015）。

正是在这样的大背景下，P2P 网络借贷获得了一个大的"风口"。移动互联网和智能手机的普及大大提升了整个社会的网络化程度，互联网金融又借助互联网的力量将亿万人与金融联结起来，迅速提高了整个社会的金融化程度。P2P 网络借贷平台抓住了金融长尾，打破了"二八定律"。[①] 传统金融机构比较偏好高大上的企业，因为这些企业的业务量大，偿还能力强，属于优质客户。而在企业总数中占 99% 的中小微企业，或者因为服务成本高，或者因为担心风险，而被传统金融机构排斥。但是在互联网金融模式下，互联网提升与拓宽了金融机构与客户发生关系的频度和宽度，以 P2P 网贷平台为代表的互联网金融就能把数量庞大的中小微企业和个人聚集起来，也就是抓住了金融长尾。互联网金融既给中小微企业提供了优质的金融服务，庞大的用户群体也让互联网金融机构的业务发展迸发出极大的能量（唐彬，2015）。但将大量的小微企业与个人的借款需求和投资理财欲望汇集到 P2P 网贷平台上，既形成了充满机遇的金融长尾，也酝酿着巨大的金融风险。

---

① "二八定律"即很少量的畅销品却能带来绝大部分的销量，而大部分商品鲜有人问津。

三 互联网金融风险及其空间流动性

P2P 网络借贷的英文全称是 "Peer-to-Peer Lending"，直译为 "点对点贷款"。"点对点" 是一种互联网技术用语，强调去中心化，即个体与个体之间的连接不再借助一个中心，而是直接发生联系。在传统的客户端－服务器模式中，通信端通常来往于一个中央服务器，而在纯粹点对点网络中没有客户端或服务器的概念，只有平等的同级节点，任何节点都可以对网络中的其他节点充当客户端或服务器。P2P 网络借贷强调的是一种不同于传统银行中介信贷的模式。在传统模式里，银行付出一定的存款成本吸收储户的存款，发放贷款并向借款人收取一定的贷款利息，资金的一进一出都离不开银行这个中介，实际上是 "点—中介—点" 的信贷模式，资金需求方和资金借出方并不直接发生联系。对于资金出借方而言，出借人只需要关注银行的风险即可，不需要对个体项目进行甄别，这一甄别成本与风险由银行这个中介来承担，但也因此把部分应该由出借人享有的收益让渡给银行。而在新的 "点对点" 模式中，银行中介消失了，出借人直接与借款人发生关系，原先被银行拿去的收益可以重新回到出借人手中（陈文，2016a）。

从本质上说，这种 "点对点" 的信贷模式在互联网平台出现之前就已经存在，那就是常见于个体与个体之间的民间借贷，它也是一种不需要银行中介的直接融资方式。民间借贷具体指自然人之间、自然人与非金融组织之间直接进行的货币借贷，一般是不经国家金融行政机关批准的借贷途径，是民间较为原始的、基于熟人社会的一种借贷方式，而后又发展为个人与企业组织间的借贷形式。民间借贷满足了人民群众日常生活、调剂小额资金的需要，作为一种资源多样、操作灵活便捷的融资手段，在一定程度上缓解了中小企业与个人难以从银行获得信贷资金的问题。近几年，中国的一大金融奇观是：一方面，流动性过剩，甚至是泛滥；另一方面，金融服务的结构性问题日益突出，大量对资金价格不敏感的国企和政府平台占用了低价资金，而急需资金的中小企业却被加速挤出银行的表内授信。由于中小企业融资金额小，有些尚不能达到银行的最低额度需求，而且银行对于中小企业的发展方向和盈利能力无法估计，银行现有的机制使它们倾向于追求风险较小的、有政府背景的企业。因此，中小企业多数不能通过银行贷款这个途径来满足自身的融资需求（水名岳、符拓求，2016）。

但是，由于民间借贷是基于熟人社会发展起来的，借贷形式、利率等都很不完善，存在很多无法判断的诚信问题和偿债能力不足等风险。民间借贷出现纠纷，大多数是因为过期仍未偿还、口头协议后借方不承认以及欠条不规范引起的。所以，传统的民间借贷具有范围受限、需求匹配难、风险高等特点，一般只能限于熟人圈子，规模受到限制。随着互联网的发展，互联网的连接作用使数量众多的借款人与投资人能够建立跨区域和跨熟人圈子的联系，使民间借贷关系发生的范围得到扩展，也打破了规模限制。民间借贷搭上互联网快车，便形成了 P2P 网贷这一创新模式，即由某个企业搭建一个互联网平台，由需要借钱的人发布需求，投资人参与竞标，由平台撮合双方完成交易并收取一定费用的借贷模式（水名岳、符拓求，2016）。但是，P2P 网贷并没有从根本上解决借贷双方的信息不对称、道德风险等问题，而是将问题与风险以更大的规模集中到了 P2P 网贷平台上。

2005 年 3 月，英国的 Zopa 平台成为全球第一家提供 P2P 金融服务的公司。2007 年，中国第一家 P2P 网贷平台拍拍贷成立。拍拍贷最初按照严格的 P2P 模式，平台仅作为信息中介存在，只提供中介服务，不承诺本息保障。出现贷款违约后，出借人自行承担项目的违约风险。信息中介的定位符合 P2P 的本质，也有助于分散风险。但国内的投资人偏好"刚性兑付"的平台，这导致拍拍贷发展速度慢于后来成立的几家承诺保本保息的平台。拍拍贷起步早但发展缓慢的现实让一些后起平台放弃了纯粹信息无担保模式，不得不探索本息保障的模式，即计提平台风险准备金划款垫付给出借人。平台本息保障模式在一定程度上提升了投资人对平台的信任度，也正是本息保障模式在一定程度上使 P2P 成为国内普通居民的重要投资渠道（陈文，2016b）。2013 年是 P2P 网贷行业进入野蛮生长的一年，网贷平台数量几乎以每天 1~2 家的上线速度增长（水名岳、符拓求，2016）。截至 2017 年 12 月 31 日，我国累计上线的 P2P 网贷平台已达 6113 家，累计交易规模 6.07 万亿元（零壹财经，2019）。

但本息保障无疑改变了 P2P 信息中介的性质，平台实际上扮演了类似银行的信用中介角色，投资者的放贷风险不再取决于个别信贷项目本身的违约风险，而主要取决于平台自身的兜底能力。这相当于将风险集中到了平台身上，任何个别的风险都有可能危及平台的健康并威胁所有投资人的利益。而小额信贷本身的特点就是风险较大，且在宏观经济形势下滑时坏账会密集暴露，本息保障模式下信贷风险的积聚加大了平台的破产风险。本息保障使平台承担更多的贷后管理和催收义务，由此产生的居高不下的成本束缚了平台的盈利能力（陈文，2016b）。

在"刚性兑付"的模式中，实际上是由 P2P 网贷平台在承担还本付息的责任，这就对平台的盈利能力提出了要求。但实际上，大多数 P2P 网贷平台的正常业务盈利能力是很差的。2009～2013 年，中国 P2P 网贷平台提供给出借人的回报率均在 16% 以上，2011 年更是高达 20.79%；之后回报率开始下降，到 2017 年降至 9.64%（零壹财经，2019），但也远高于 Zopa 的年化回报率（三年期债权年化利率为 4%，五年期债权年化利率为 5%）。在提供如此高的年化收益的情况下，还提供项目违约风险兜底，这种兜底能够持续本身就违反了金融规律。从收入覆盖成本的角度来看，P2P 网贷平台的放贷利率只有在 35% 以上才有望实现盈亏平衡，但大部分借款人实际上无力承担如此高的利率。"刚性兑付"导致 P2P 发展陷入怪圈：一方面，合法经营的平台处于微利甚至亏损状态，只能苦苦支撑；另一方面，大量平台以"刚性兑付"吸引出借人，但因坏账率过高或者纯粹诈骗而"跑路"（陈文，2016b）。因"刚性兑付"而集中到 P2P 网贷平台上的风险最终还是会沿着互联网波及每个出借人。

除了"刚性兑付"外，P2P 网贷平台容易带来金融风险的操作方式还有"自融"、"资金池"和"庞氏骗局"。"自融"是 P2P 网贷机构以互联网平台为基础通过虚构的借贷主体或可控制的账户，向社会公众募集资金，而资金的真实流向是机构或机构控制人的关联项目。这种行为会被认定为非法吸收公共存款，也存在难以偿还本金的巨大风险。"资金池"是指 P2P 网贷机构通过期限错配、债权错配、虚假标的等操作，产生资金归集与沉淀。这一做法背离了 P2P 的"点对点"模式，将大量的资金集中于平台，如果平台经营不善，甚至将资金挪用或卷款逃跑，将产生巨大的金融风险（赖丹妮、张亦辰，2019）。

"庞氏骗局"是建立在资金池基础上的诈骗，在中国又被通俗地解释为"拆东墙补西墙"或"空手套白狼"，简言之就是利用新投资人的钱来向老投资人支付利息和短期回报，以制造赚钱的假象，进而骗取更多的投资人（谢溢，2016）。当平台的资金池积累到足够大的规模时组织者就可能"跑路",或者当"借新还旧"的链条断裂后骗局败露。依据投资规律,风险与回报一般成正比,"庞氏骗局"却反其道而行之。骗子们总是力图设计出远高于市场平均回报的投资路径,只是以较高的回报率吸引不明真相的投资者,而绝不揭示或强调投资的风险因素。由于没有实际投资渠道来取得收益或投资收益率远远小于承诺的投资回报,所以对于老客户的投资回报,只能依靠新客户的加入或其他融资安排来实现。新增资金源源不断的流入,不仅使攫取的利益更为可观,而且使资金链断裂的风险大为降低,以此达到骗局持续时间延长的目的(王文娟、陈璜睿雯、何翠,2017)。尽管不能说大多数 P2P 网贷平台都是"庞氏骗局",但在"刚性兑付"和"庞氏骗局"抬高出借人收益率的压力下,还是有相当多的 P2P 网贷平台采用了"借新还旧"的套路,当资金链断裂时,网贷平台也只好"爆雷"。

P2P 网贷平台所具有的两个属性使上述风险在互联网空间中被极度放大。首先,P2P 网贷平台存在严重的信息的不对称问题。互联网虽然降低了交易主体之间的交易成本,但也增加了信息不对称,主要包括:互联网金融产品的创新性和复杂性,使信息不对称在产品市场上广泛存在,众多 P2P 产品的消费者对产品缺乏足够的专业知识和辨别能力,销售人员可以很容易地通过不实宣传和不当销售把产品卖给消费者(冯乾、王海军,2017)。比如,很多 P2P 网贷机构宣传自己有国资背景、银行存管等,但其实该机构与国资并无实际关系,银行对其资金使用也没有实际的约束能力。另外,与传统金融相比,P2P 网贷机构的物理结构和建筑的重要性大大降低。网络金融服务方式的虚拟性使交易、支付的双方互不见面,只是通过网络发生联系,这加大了对交易者的身份、交易的真实性验证的难度,增加了交易者之间在身份确认、信用评价方面的信息不对称,从而增大了信用风险(张玉喜,2002)。

其次,P2P 网贷运转于一个互联网流动空间中,这使金融风险很容易跨越时空界限。P2P 网贷平台打破传统金融的分支机构及业务网点的地域限制,只需开通网络金融业务就可能吸引相当大的客户群体(张玉喜,2002)。这使 P2P 网贷加剧了信贷风险的集聚。在传统线下民间借贷模式里,借贷行为具有属地性、分散性,很难存在过大的、覆盖全国的民间借贷中介机构。而在互联网金融时代,累计成交额过百亿的大型 P2P 网贷平台并不少见,平台的出借人和借款人的分布具有全国性。在平台实质承担"刚性兑付"的信用中介责任情况下,信贷风险的集聚程度大大增加(陈文,2016b)。互联网金融跨区域的经营特点,使互联网金融消费者遍布全国各地,一旦发生风险事件,消费者常常面临维权困难,难以与组织严密的互联网金融企业相抗衡(冯乾、王海军,2017),也难以从网贷平台或借款方找到有价值的公司资产来弥补自己的损失。另外,P2P网贷平台跨越边界的空间流动性也给属地管理的金融风险监管带来了难题。有的P2P网贷平台为了规避监管,在A地注册公司,实际却在B地办公;有的地方监管机构发现某个P2P网贷平台可能有问题后,并不立即采取强有力的措施在本地刺破风险,而是选择将问题平台驱赶出本地,比如要求问题平台变更注册地与搬迁办公地点。

四 风险爆发与风险转化

野蛮生长的P2P网贷行业自然是良莠不齐,这导致该行业有很高的淘汰率并蕴含巨大的风险,政府的监管政策也日益趋紧。尤其是2016年4月启动全国性互联网金融风险专项整治工作以来,更多的P2P网贷泡沫被刺破。2017年12月,P2P网络借贷风险专项整治工作领导小组向各地下发通知,要求各地在2018年4月底前完成辖区内主要P2P网贷机构的备案登记工作,6月底之前全部完成;并对债权转让、风险准备金、资金存管等关键问题做出进一步解释说明。但到了2018年6月,P2P网贷备案工作再次延期,目的是:一方面,要求验收标准被更严格地执行;另一方面,需要较长的周期对网贷平台整体抗风险能力进行全面考验。在这个过程中,大量问题平台无法满足高标准与长周期的考验而纷纷"爆雷"。2018年6~8月,P2P网贷行业爆发了一系列风险事件。大量的问题平台被淘汰,我们可以把它视为类似于市场出清的正常表现,是之前产生的大量泡沫逐渐被挤出,行业从野蛮生长走向规范发展的必经阶段(零壹财经,2019)。但是,P2P网贷平台"爆雷"并不仅仅是一个金融问题,同时还是一个社会问题。市场出清之后,金融行业可能获得更健康的发展,但其所产生的社会成本是不容忽视的。

如前所述,截至2018年底,累计问题P2P网贷机构数高达5409家,问题机构占总机构的比重超过84%(赖丹妮、张亦辰,2019)。P2P网络借贷平台所爆发的所有人跑路、投资人提现困难、被公安机关立案调查等风险事件，不仅导致 P2P 网络借贷的投资人蒙受经济损失，而且扰乱了金融业的运行秩序与社会的和谐稳定（刘红忠、毛杰，2018）。而对于这个行业的创业者、员工以及作为出借人的投资者而言，平台"爆雷"无疑都是巨大的灾难。

作为平台"爆雷"的罪魁祸首，创业者理应受到惩罚，这本不值得同情；但他们从一腔热血到风光无限，再到坠入深渊的结局，也确实令人唏嘘。以"e 租宝"创始人丁宁为例，他在不到两年的时间里就把"e 租宝"做到 700 亿元的规模，有 13 万员工。但这个"高楼大厦"转瞬崩塌。对于就业者而言，从原来稳定的工作跳槽到问题平台，拿到了高薪，就必须完成超乎寻常的任务，骗更多的人加盟，甚至包括自己的同事、同学、室友、同乡、亲戚、朋友，搭上了自己的人脉。这里的教训是：对创业者来讲，不是什么业都可以创；对就业者来讲，不是什么钱都可以拿，什么活都可以干（景素奇，2016）。

最大的社会成本当然落到了千千万万个出借人头上，他们是 P2P 网贷平台"爆雷"事件中最大的受害者。在这场 P2P 网贷平台的"爆雷"潮中，遭殃的绝大多数是以散户为主的普通工薪阶层，用来投放的钱，有孩子的奶粉钱，有退休养老钱，有辛苦攒下买房的首付钱，还有四处拆借甚至变卖家产的钱，少则几万元，多则百万元。2018 年夏天，P2P 网贷平台在以狂飙般的速度增长后成批倒下。为全力保护相关案件投资人的合法权益，当年 9 月 10 日起公安机关开始对网贷平台涉嫌非法集资案件开展集中网上登记。央视采访了几位投资者，下面两个案例展现了他们背后的辛酸故事。

案例一：宋姐是一位"受害的癌症患者"，她投在某平台上用于治病的全部积蓄有去无回，让她成为这个庞大群体中最为特殊的一位。年初刚提出来的 5 万多块钱住房公积金原本打算用来做最后的放疗，考虑到临时放在平台还能有一些利息补贴家用，没有了收入来源的她犹豫了一下就把手里所有的钱归置起来投了进去。总共 12 万块，是她的全部身家，也是家里所有的钱。高达 12.5% 的利率，对于这个不曾了解过半点投资知识，本本分分靠工资生活的女人来说，最终演变成了一场断崖式的风险，甚至没有缓冲的余地。2018 年夏天，P2P 网贷平台在以狂飙的加速度增长后成批倒下。还未等宋姐提出第一笔收益，手机页面上的"赎回"按键就已经变成了灰色。起初她以为只是暂时的无法提现，直到警方立案，平台高管被拘，她才意识到所有的钱没了，不知所措，甚至不敢相信。这个有银行为之背书并且获得过多个行业荣誉认证的平台怎么能说垮就垮了？她不断问自己。几天之后，精神上的焦虑加剧了化疗反应，呕吐、疼痛、彻夜失眠。不敢告诉家里人，压抑让她在黑暗中喘不过气来。她不知道该用什么样的方式来面对癌症术后的又一场打击。这个年近五十，大半辈子生活也未曾有大起大落的中年女人，第一次有了轻生的念头。然而，她不敢。上有四位老人需要照顾，下有一个儿子刚上大学。爱人每个月三四千块钱的工资除去还房贷，余下的她必须得精打细算。（孙晓媛，2018）

案例二：小谢不敢请假，不敢生病，一天24小时中有近20个小时都在拼命工作，拿出一块钱都要好好想一下怎么花，这是她目前的生活状态。今年27岁的小谢，有33万元放在网贷平台中无法取回，其中除了自己和妈妈8.5万元的存款外，有15万元是从亲戚那里借来的，剩下的9.5万元全是来自信用卡。如今所有的钱石沉大海，有去无回。面对信用卡的催账单，她不得已再走老路，继续办新卡套现还账。凌晨十二点半，给孩子喂完奶后，小谢打开电脑开始处理自己从外面接的一些私活。"现在已经很绝望了，只能拼着老命找钱还钱了，逼得太紧只有贱命一条了。"实在无处发泄时，她偶尔也会飙出一两句狠话。2016年，P2P理财广告扑面而来，高于银行利息，随用随取的便捷成了很多并不擅长理财，却又渴望资产增值的人的首选。从一千元、两千元开始，连续两年的陆续存放曾让小谢获得了6万多元不菲的利息收入。在"稳定"的高回报诱惑下，她铤而走险不断借钱，四张信用卡套现，亲戚朋友借了个遍。当她期待着能用这笔到期的收入付个首付给妈妈和孩子换一个好一点的房子时，现实再次给了她重重一击。理财平台"爆雷"，她的生活再次跌入黑暗。一家五口人，父母、奶奶和孩子都需要有人照顾。对于月收入3500元的她来说，二十多万元的债务就像一座大山一样压得她喘不过气来。当她把家里所有的积蓄和孩子的奶粉钱都孤注一掷时，或许她并不曾意识到，这本身就是一个赌局，甚至是死局。（孙晓媛，2018）

这批陷入困境又深感绝望的受害者有很多走上了维权道路，并不惜采取越级上访、制造群体性事件等过激行为，对社会稳定产生了负面影响。在这一过程中，互联网又成为他们沟通信息与群体动员的重要工具。在对典型的 P2P 网贷平台爆雷事件进行分析后，有研究者发现，从爆料的角度来讲，QQ 群和专业的论坛（如网贷之家等）更能占得先机。从传播的角度来讲，微博、微信等社交媒体具有简短快捷、便于转发、类似投票的特点，因此是舆情爆发的较好传播形态。事件爆发后，全国各地的投资人纷纷通过贴吧、微信、QQ 建立维权交流群，互通有无并商讨对策。发起者寻求有共同经历和共同诉求者，通过社交类媒体而成"群"结"队"，成为不可低估的社会动员力量（丁晓蔚、高淑萍，2016）。

五　过度金融化现象

不可否认，当前互联网金融的发展给居民和小微企业带来很大实惠，以 P2P 网贷为主要模式的互联网金融为广大群众拓宽了参与金融投资的渠道，增加了金融投资机会，投融资关系迅速地跨越了地域，参与人数急剧增加，一时间，从广场舞大妈到在校大学生，都涉入互联网金融领域，几乎形成全民参与金融之势（丁俊峰，2016）。然而，普惠金融就是参与金融的人越来越多吗？

自 20 世纪 80 年代以来，以美国为代表的主要经济体表现出明显的金融化趋势：金融资本快速增长，金融资产种类和数量急剧扩张；金融创新层出不穷，金融业在国民经济中的比重大大提升，并占据经济的主导地位。金融化过度则会出现经济活动投机性强、交易频繁、资产价格剧烈波动，金融资源离开实体经济"空转"等风险，并有可能最终导致危机。具体来说，过度金融化是指随着金融化程度的提高，金融化不能进一步促进经济增长，反而阻碍经济发展的现象。从表现形式来看，过度金融化可能表现为：第一，金融发展过快，明显超越实体经济的发展；第二，金融风险随金融业的扩展而增加，金融资产价格剧烈波动；第三，金融服务过度扩张，利润水平明显居高位，挤压其他行业发展空间（刘锡良、文书洋，2018）。

金融占 GDP 的比重可以反映出经济发展的金融化程度。在起步较早、发展成熟的美国金融市场上，金融业在 GDP 中的贡献占 7%。英国在 1694 年建立了世界上第一家股份制银行——英格兰银行，可以说是现代金融业的鼻祖。英国金融市场发展时间最长，但其金融业所占比重亦是 7%。我国金融发展起步较晚，但是金融业占 GDP 的比重已经大于 8%，超过了发达国家的水平。通过深交所和上交所对于上市公司财报的审查也可以发现，部分企业经营存在杠杆过高、经营链条过长的问题，整体发展有"脱实向虚"的趋势。根据国际清算银行的数据，当前我国企业部门债务率大于 180%，远远高出发达国家和其他新兴经济体。企业部门大幅举债，资金利用效率低下，产出转换率较低，导致资产负债率过高。从数据来看，我国或存在一定程度上的过度金融化（盘和林，2018）。

近年来，中国经济进入新常态，增长放缓，实体经济结构性问题突出。在产业结构调整没有取得根本性进展、企业利润持续走低、国际经济环境没有改善的大背景下，资本市场和大宗商品价格相继呈现大幅度波动，房地产市场短暂遇冷后继续火爆，各类资产管理平台规模快速扩张，A 股市场在 2015 年达到近 8 年历史高点后发生"股灾"，与此同时，2013 年以来快速发展的众筹、P2P 等互联网金融模式多现"庞氏骗局"，大量涉嫌非法集资，等等。上述问题意味着我国经济的稳定性下降，金融投资脱离实体产业。总体上看，在中国实体经济疲软的同时，金融增加值占国内生产总值的比重却逐年上升，表现为实体投资萎缩、金融投资增加、资本市场剧烈波动、企业债务高企、以房地产为代表的资产价格泡沫膨胀。这些现象意味着中国正面临过度金融化的风险（刘锡良、文书洋，2018）。

上述讨论是从经济学的角度分析经济的过度金融化，从全民参与互联网金融到风险爆发的教训中，我们也可以从社会学的角度分析社会的过度金融化问题。社会的过度金融化是指政府、企业、家庭和个人等各行为主体都日益受到金融市场的指引和重塑，金融市场力量空前发展并无所不在，之前保护社会的国家力量、工会力量及市民社会力量日益受到强大金融市场的侵蚀，加剧了就业危机、贫富分化和结构性的不平等。社会的过度金融化是金融资本对政治、经济、社会、文化的全面形塑及重构，金融市场改变了政府运作模式、企业治理规则和家庭理财方式，使人们形成了新的金融投资文化理念。金融资本将金融、信贷思维和投资理念推向整个市场和单个个体，深刻地影响和改变着民族国家的政府政策、劳动力雇佣原则、社会关系和家庭生活。这意味着经济金融化的影响并不限于经济领域，而是一个政治、经济和社会全面扩张的过程，以经济领域内的金融资本积累为核心辐射到政治、社会、文化等各个领域（杨典、欧阳璇宇，2018）。

从全球来看，自20世纪80年代以来，金融资本逐渐从实体经济部门的支持者转变为依靠自身交易获得高额利润的"自赢利者"，金融资本摆脱了地理界限的束缚，全球金融资产呈现爆炸式增长态势。金融衍生品种类繁多、数量巨大，还可经过层层包装和复杂的金融操作合成新的金融工具，尤其是借助互联网和计算机等新技术进一步加速金融资本在全球的流动，相应地也加快了金融风险的全球扩散速度。20世纪90年代至今，以P2P网贷、股权众筹、互联网理财等互联网金融直接融资模式在全球主要经济体中快速发展，互联网金融在投资、融资双方之间建立起直接的金融联系，"去中介化"特征更加明显，金融市场的力量进一步增强。移动互联网的出现使投资者可以通过手机移动端随时随地在全球各地进行金融市场投资和各种金融衍生品买卖，金融资本运作的这种便利性和灵活性，加大了金融市场的投机性、流动性和短期导向，也加剧了金融市场的风险。同时，社会各部门、各行为主体都追求短期投资收益最大化，导致所有行为主体（国家、公司、家庭、个人）尽可能地冒风险、加杠杆（借贷投资），以致全社会的负债率和杠杆率大增，也使金融市场的不确定性和风险性大大提升（杨典、欧阳璇宇，2018）。

过度金融化的社会本质上是一个高度经济理性、高度世俗化、高度价值通约的社会，纯粹的经济理性已导致人与人之间关系的疏离，最终使人也成为被深度开发的金融衍生品（张雄，2018）。这里发生的是金融系统对生活世界的殖民化过程，哈贝马斯在他的"生活世界殖民化"理论中指出，社会形态的演进是系统与生活世界相互依存、相互促进的动态发展过程。但是，在现代化进程中，系统与生活世界产生了严重的脱节。更有甚者，已获相对独立地位的系统凭借作为系统媒介的货币和权力所具有的控制功能，充分发挥工具理性的优势，通过自身的合理化发展反过来渗透到生活世界的核心领域并片面取代生活世界的合理化，日常生活中原本属于交往理性的关系也为系统遵循的工具理性原则所主宰，从而导致一种系统侵占生活世界的殖民化现象（王卉珏，2012）。

一是金融逐利与人性贪婪的契合，导致人的内在精神朝着货币化、资本化和世俗化的方向发展。不可否认，现代人的日常生活程式已离不开现代金融工具及其衍生品的支撑，更灵活的财富管理、更有效的资源配置、更多样的需求选择等，这是生存质量有重大提升的显现。但另一方面，资本金融的偏好——唯利是图、金钱至上，会导致人性的裂变。金钱本身并非生来即坏，但对它追求过甚就会产生物欲化的金钱拜物教，产生单向度的人。二是过度的"衍生化"金融偏好与人性嗜赌的契合，导致个体生命的自我意识沉浸在"投资—交易—风险"的生存范式中：生命的定在，被日复一日、年复一年的股票流转、资金流转、数字流转而固化、而激活、而冲动、而沮丧，这种充满风险的游戏最能产生生命的节奏感和抗争力，但也会带来精神的堕落性、奴役性和分裂性（张雄，2018）。

再回到普惠金融是否等于全民参与金融的问题，答案应该是否定的。基于以下三种情况可判断全民金融是不经济的：一是大量上班族投入过多的精力去辨别P2P网贷平台的优劣和投资项目的优劣，事实上大多数人无法做到也不具备那种技能，反而会降低社会专业分工的效率；二是大量的P2P网贷平台出现跑路和停业事件，使不少"金融弱势群体"遭受被"割韭菜"的痛苦而不是获得共享金融的价值增值的收益；三是互联网金融进入校园后，一批当前无收入者透支未来预期产生一批信用违约者，从而对信用环境造成创伤（丁俊峰，2016）。所以，基于以上三点，普惠金融并不等于"全民金融"，后者有明显的"过度金融化"问题。

六 总结：机制与启示

（一）网络化机制

网络化机制是一种跨地域传导机制，即个体的、分散化的金融交易违约风险通过互联网扩散成大规模的、具有广泛社会影响力的金融系统风险；风险的空间流动性挑战属地管理模式，使专业监管机构无法有效地将金融风险的破坏力控制在有限的范围内。

互联网金融风险的网络化集聚与扩散产生的巨大社会影响力和难以

控制的破坏性说明，互联网金融应回归金融本质。既然是金融，就应该加强监管，明确业务范围与业务开展对象。《关于促进互联网金融健康发展的指导意见》（以下简称《指导意见》）早在 2015 年就已经明确，互联网金融本质仍属于金融，没有改变金融风险隐蔽性、传染性、广泛性和突发性的特点。科学合理界定各业态的业务边界及准入条件，落实监管责任，明确风险底线，保护合法经营，坚决打击违法和违规行为。《指导意见》指出，个体网络借贷要坚持平台功能，为投资方和融资方提供信息交互、撮合、资信评估等中介服务。个体网络借贷机构要明确信息中介性质，主要为借贷双方的直接借贷提供信息服务，不得提供增信服务，不得非法集资（中国人民银行，2015）。

（二）金融的技术侵蚀机制

金融的技术侵蚀机制是一种跨领域传导机制，即专业领域的金融风险扩展到普通人的日常生活领域，形成社会风险。建立在移动互联网基础上的社会空间本质上是一个社会交往的空间，人们对移动互联网的碎片化使用也是对日常生活中时间的一种打发与消遣。金融的技术侵蚀是金融系统对社会交往空间和日常生活中时间的侵入与主宰，导致生活世界的异化以及金融风险的扩张与转化。

金融的技术侵蚀现象说明，应该让金融的归金融、生活的归生活，给金融划定明确的边界，防止金融系统向生活世界的过度扩张。《指导意见》已经明确了 P2P 网贷平台的信息中介地位，但长期以来，P2P 网贷平台却在开展信用中介的业务。P2P 项目的违约风险并不低，但 P2P 网贷平台一般都会强调其本息保障模式下投资的安全性，国内投资人也将P2P 投资的关注点集中在平台自身的兜底能力上。然而，平台并不具备兜底的资质和能力，所谓的兜底承诺只不过是将风险后移。P2P 债权产品天然的高风险性，使其显然不适合作为普通大众的理财渠道。在过度金融化的浪潮下，大量的普通人参与了 P2P 投资理财，甚至部分 P2P 网贷平台通过线下理财店吸引以老年人为主的离网人群，这些人群对于风险的防范意识更为淡薄，且风险承担能力更低，一旦平台出事，更容易造成社会问题。就国外经验而言，P2P 等垃圾债券的投资主体应为机构投资人与专业投资人，同时严格限制普通个体投资人的过度参与（陈文，2016b）。

参考文献

陈文，2016a，《"e 租宝"事件，折射 P2P 现实及未来》，《金融博览（财富）》第 2 期。

陈文，2016b，《P2P 向死而生》，机械工业出版社。

陈勇、杨定平、宋智一，2015，《中国互联网金融研究报告（2015）》，中国经济出版社。

程维妙，2019，《被曝"714 高炮"黑幕，融 360 称无七天和十四天产品》，《新京报》3 月 16 日。

丁华艳、陈雪琪，2016，《中国 P2P 平台规模是美国 4 倍 2018 年电商规模将占全球 1/2》，http://www.chinanews.com/cj/2016/04 - 11/7829501.shtml。

丁俊峰，2016，《基于共享金融视角的互联网金融发展及理论分析——以 P2P 行业为例》，《农村金融研究》第 5 期。

丁晓蔚、高淑萍，2016，《互联网金融典型事件舆情研究——基于对 e 租宝、中晋系等事件舆情大数据的分析》，《编辑之友》第 12 期。

冯乾、王海军，2017，《互联网金融不当行为风险及其规制政策研究——以市场诚信、公平竞争与消费者保护为核心》，《中央财经大学学报》第 2 期。

国务院办公厅，2015，《国务院关于积极推进"互联网 +"行动的指导意见》，http://news.xinhuanet.com/politics/2015 - 07/04/c_1115815944.htm。

景素奇，2016，《13 万人为何跳进 e 租宝深渊?》，《中外管理》第 3 期。

赖丹妮、张亦辰，2019，《P2P 网贷机构的问题、诱因与可持续发展对策》，《中国经贸导刊（中）》第 3 期。

林永青，2015，《顺势而为，势是什么?》，载张晓峰、杜军主编《互联网 +:国家战略行动路线图》，中信出版集团。

零壹财经，2019，《中国 P2P 借贷服务行业发展报告（2018）》，中国经济出版社。

刘红忠、毛杰，2018，《P2P 网络借贷平台爆发风险事件问题的研究——基于实物期权理论的视角》，《金融研究》第 11 期。

刘锡良、文书洋，2018，《中国存在过度金融化吗》，《社会科学研究》第 3 期。

宁家骏，2015，《"互联网 +"行动计划的实施背景、内涵及主要内容》，《电子政务》第 6 期。

盘和林，2018，《经济发展须谨防"过度金融化"》，http:/baijiahao.baidu.com/s? id = 1602202798677049774&wfr = spider&for = pc。

水名岳、符拓求，2016，《中国式 P2P 网贷》，东方出版中心。

孙晓媛，2018，《P2P 爆雷后，我没了所有的钱却不敢跟别人说》，http://news.cctv.

com/2018/09/28/ARTIYWyLmK9VXoQ1EQTNv5BL180928. shtml。

唐彬，2015，《"互联网＋"与金融》，载张晓峰、杜军主编《互联网＋：国家战略行动路线图》，中信出版集团。

王卉珏，2012，《从哈贝马斯的生活世界殖民化理论看网络空间中的入侵行为》，《马克思主义与现实》第 4 期。

王文娟、陈璜睿雯、何翠，2017，《"E 租宝"事件背后折射的"庞氏骗局"》，《经济师》第 1 期。

谢湲，2016，《解读互联网金融中的"庞氏骗局"或"跑路公司"——以"e 租宝"和"中晋系"事件为例》，《经济师》第 10 期。

杨典、欧阳璇宇，2018，《金融资本主义的崛起及其影响——对资本主义新形态的社会学分析》，《中国社会科学》第 12 期。

张雄，2018，《金融化世界与精神世界的二律背反》，《中国社会科学》第 1 期。

张玉喜，2002，《网络金融的风险管理研究》，《管理世界》第 10 期。

赵大伟，2015，《共享金融视角下的 P2P 网络借贷》，《南方金融》第 12 期。

郑志来，2015，《互联网金融对我国商业银行的影响路径——基于"互联网＋"对零售业的影响视角》，《财经科学》第 5 期。

中国互联网络信息中心，2019， 《第 43 次中国互联网发展状况调查统计报告》，http://www. cnnic. net. cn/hlwfzyj/hlwxzbg/hlwtjbg/201902/P020190318523029756345. pdf。

中国人民银行，2015，《人民银行等十部门发布〈关于促进互联网金融健康发展的指导意见〉》，http://www. gov. cn/xinwen/2015－07/18/content_2899360. htm。

金融与社会思想 ————

金融与社会 第一辑

第 83~98 页

货币与现代性体验

——对马克思和齐美尔货币理论的初步分析

王建民[*]

摘　要: 在古典社会学视野中, 现代社会变迁一方面是政治体制、经济制度和社会结构的变动, 另一方面则是内心世界的调整, 尤其表现为人心的躁动不安。马克思和齐美尔的社会学理论回应了这两方面的变迁, 其重要交汇点是关于货币的讨论。马克思遵循历史唯物主义路径, 关心作为商品的货币; 齐美尔则采取心理主义路径, 关心作为文化现象的货币。马克思和齐美尔货币理论的当代意义在于, 在消费主义和互联网社会兴起的背景下, 有助于认识和反思"精神体验的浅尝辄止"和"外部导向的碎片化生活"等问题。

关键词: 货币　现代性体验　货币理论

"一切等级的和固定的东西都烟消云散了, 一切神圣的东西都被亵渎了。"(马克思、恩格斯, 2014: 31)

"金钱只是通向最终价值的桥梁, 而人是无法栖居在桥上的。"(西美尔[①], 2010a: 11)

---

[*]　王建民, 中央财经大学社会与心理学院教授。

[①]　Georg Simmel, 中译为齐美尔、西美尔或西梅尔, 本文引注时沿用相应文献的译法, 但在叙述时用齐美尔。

一 引言

长期以来，货币（money，currency）主要是经济学研究的课题，其基本含义是"一般等价物"，用以衡量不同物品的价值，以减少以物易物带来的不便。随着商品经济和市场经济的发展，货币的含义变得更加丰富，如指人们普遍接受的用于支付商品、劳务和清偿债务的物品，或财产所有者与市场关于交换权的契约，而关于货币的事务、货币的管理、与金钱有关的财源等则被称为"金融"（finance），与资本市场和资产行情等密切相关。

货币本身不会自然演化、自发流动和增值，必须由人来操作和推动。在货币由最初的商品成为"货币"时，本身就具有社会内涵，即交换者之间的接受和认可。货币形态和类型实际上隐含了社会关系和社会情境，并具有文化和历史内涵。甚至可以说，货币及其功能的变迁深刻影响了人类文明的进程（戈兹曼，2017）。因此，货币可以成为透视社会结构与社会变迁的一个窗口，诸如城市、人口、战争、官僚体制等问题，往往都与货币密切相关。

从宏观的角度来看，通过货币形态的变化透视社会变迁可以发现，直到以工业革命和资本主义为核心的现代社会的兴起，货币才成为塑造社会生活的核心力量。或者说，虽然关于货币的现象由来已久，但货币社会的来临则是一种"现代性的后果"。这是因为，相对于传统的农业社会而言，工业社会或资本主义社会具有极强的变动性，如人口流动频繁、商品流通迅速、市场变动剧烈等。而货币化质为量，将众多差异性事物纳入一个统一的标准中，在应对现代社会的复杂性的同时，也改变了社会关系的特质和人的认知，甚至人的情感、审美、劳动等也都转化为货币价格，统统被纳入一个抽象化、客观化的结构中。

在微观的意义上，货币社会的兴起也在改变人际关联的方式和人的情感体验。首先，人所面对的不再是商品生产者的个人特质，而是名目繁多的商品及其价格；其次，货币往往是对结果的衡量，以至于物品或商品生产的过程以及其中所包含的主观因素和人格因素被忽略了；最后，人越来越以数量化的方式审视自己和他人，如"手艺值多少钱"、"文凭值多少钱"甚至"感情值多少钱",由此货币的影响也从外部世界渗入人的内心世界。

因此,现代货币社会的兴起及其影响,具有明显的社会理论内涵。在古典社会理论家中,马克思、齐美尔较为明确地讨论了资本主义社会中货币经济的性质及其影响。相较而言,马克思试图从商品入手分析资本主义的宏观社会结构,包括对商品的使用价值、交换价值以及货币资本化的讨论;齐美尔则侧重于在微观层面揭示货币经济影响下人的精神世界和现代性体验。本文拟从现代性理论的视角出发,将两位理论家的不同路径看作社会学回应货币社会的两种范式,并围绕"货币与现代性体验"这一主题对关键文本进行初步的梳理和解读。

二 现代性的两个维度

一般认为,现代性是指文艺复兴特别是启蒙运动以来的西方历史和文化,其特征是人勇敢地用自己的理智来评判一切(佘碧平,2002)。这又可从两个方面进行理解。其一,现代性是一种历史状况,它与文艺复兴和启蒙运动的历史背景直接相关。相对于传统社会或前现代的农业经济、宗教观念、封建政治及社会结构而言,现代性意味着一种新的社会历史条件。如吉登斯(2000:1)认为,"现代性指社会生活或组织模式,大约17世纪出现在欧洲,并且在后来的岁月里,不同程度地在世界范围内产生着影响"。在阿尔布劳(2001:86)看来,现代性是由理性、领土权、扩张、发明、应用科学、国家、公民身份、官僚组织、资本主义及许多其他成分组成的结合,它们合在一起,为芸芸众生的实际活动提供了一种框架。

在马克思那里,现代性的兴起尤其体现为生产力的迅速发展,并引发了全方位的社会变迁。在《共产党宣言》中,马克思和恩格斯简明扼要地描述了现代社会的总体性变化:生产的不断变革,旧观念的失效,人们社会地位的变化,社会关系的调整,工业、商业、航海业和铁路的扩展,国家、民族之间关系的变化,等等。最能概括这种巨变的一句话是:"资产阶级在它的不到一百年的阶级统治中所创造的生产力,比过去一切世代创造的全部生产力还要多,还要大。"(马克思、恩格斯,2014:32)

其二,现代性表现为人的经验与体验的变化。现代性理论的著名研究者马歇尔·伯曼（2013：15）曾概括地说："今天，全世界的男女们都共享着一种重要的经验——一种关于时间和空间、自我和他人、生活的各种可能和危险的经验。我将这种经验称作'现代性'。"在伯曼看来，这种经验常常是否定性的，即它不再体现为统一和恒定的特点，而是充满差异和变化，他引用马克思和恩格斯的名言概括这种特点——"一切等级的和固定的东西都烟消云散了"。这种现代性体验常常以现代主义的艺术形式表现出来，如卡夫卡的《变形记》，以充满荒诞感的人物和情节反映了个体心灵和人际情感的异化状态，表达的是艺术家的悲观、失望、愤怒等情绪，实际上是一种"现代性的隐忧"。这个维度的现代性也被称为"美学现代性"或"审美现代性"。

马克思和恩格斯所说的"一切等级的和固定的东西都烟消云散了"，其实也包含了审美现代性的内涵。也就是说，现代性不仅表现为生产力迅速发展、资本主义兴起这种统一性，而且表现为打破传统性、确定性的多元差异的特点，无论宗教虔诚、艺术修养还是睦邻情感，都笼罩在金钱利益下，简言之，资本主义经济改变了人的群己关系和内心体验。异化的现代性体验尤其表现在工人的劳动过程当中，工人"在自己的劳动中不是肯定自己，而是否定自己，不是感到幸福，而是感到不幸，不是自由地发挥自己的体力和智力，而是使自己的肉体受折磨、精神遭摧残"，"人（工人）只有在运用自己的动物机能——吃、喝、性行为，至多还有居住、修饰等等——的时候，才觉得自己在自由活动，而在运用人的机能时，却觉得自己不过是动物。动物的东西成为人的东西，而人的东西成为动物的东西"（马克思，2000：54、55）。

如果说马克思理论的侧重点是资本主义社会结构及其运作逻辑，那么齐美尔的理论则对现代人的情感体验着墨更多。或许正是这个缘故，齐美尔往往以随笔的形式和文学化的笔调刻画现代人的内心世界。例如，在《玫瑰：一个社会学假设》中，齐美尔虚构了一个地方，那里的人们存在惊人的不平等，有些人拥有玫瑰花而有些人没有，但对彼此的东西丝毫没有嫉恨。后来，一位煽动者呼吁大家改变这种状况，成立了平等主义政党并取得革命胜利，于是人们都拥有了一小块盛开玫瑰的土地。然而，在平等到来之后，人类灵魂的一种奇怪本性却为此忧心忡忡（西美尔，2010b：105）。这篇短文反思了高举进步和平等主义大旗的现代性观念所引发的问题，即平等主义并没有宣告胜利，而是使人在平等的平庸中陷入乏味无聊，也在持续存在的相对差异中躁动不安。

马克思和齐美尔的现代性理论呈现不同的风格，前者长于社会历史分析，后者则以文学想象为突出特点。这种差异，同样体现在他们的货币理论中。马克思通过对商品与货币的分析，逐步过渡到对资本主义社会结构及其运作机制的探讨；而在齐美尔那里，现代性的本质是"心理主义"（弗里斯比，2013：51），他细致入微地捕捉了现代人夹杂着满足与失落、激情与厌倦的情感体验。

三 商品、货币与社会的抽象化

对商品的分析是马克思揭示和批评资本主义社会结构的起点。他说："资本主义生产方式占统治地位的社会的财富，表现为'庞大的商品堆积'，单个的商品表现为这种财富的元素形式。因此，我们的研究就从分析商品开始。"（马克思，2004：47）由商品入手，马克思得以揭示资本主义尤其是资本主义社会关系和阶级结构的本质。在马克思那里，商品不是简单的物质性对象，而是带有现代性意味的事物，即商品堆积和商品体系表征了资本主义时代与过往时代的本质区别。

（一）商品及其价值

商品首先是一个外界的对象，一个靠自己的属性来满足人的某种需要的物。人们在与自然和他人的互动中生产他们生存所需之物，这些物品由使用者本人或者其他人生产，"物的有用性使物成为使用价值"（马克思，2004：48）。物品具有价值，是因为有抽象的人类劳动对象化或物化在里面。社会必要劳动量，或生产使用价值的社会必要劳动时间，决定该使用价值的价值量（马克思，2004：52）。例如，在英国使用蒸汽织布机以后，把一定量的纱织成布所需要的劳动可能比过去少一半，而英国的手工织布工人把纱织成布仍旧要用和以前同样多的劳动时间，但这时手工织布工人一小时的个人劳动的产品只代表半小时的社会劳动，因此价值也降到了它以前的一半。

使用价值是交换价值的物质承担者，交换价值表现为一种使用价值同另一种使用价值相交换的量的关系或比例。比较关键的是，"作为使用价值，商品首先有质的差别；作为交换价值，商品只能有量的差别"（马

克思，2004：50）。一般而言，不同的使用价值之间难以比较，例如面包
具有满足饥饿的使用价值，鞋子具有保护双脚的使用价值；很难说一种
使用价值比其他使用价值更有价值，因为它们在性质上是不同的，没有
明确的可供比较的基础或标准。此外，使用价值与商品的物理特性相关，
鞋子不能满足饥饿，面包不能保护双脚，因为它们的物理特性不同，这
是显而易见的。

但是，在商品交换的过程中，商品之间是可以比较的，例如，一双
鞋可以交换六个面包，或者，如果用钱衡量的话，一双鞋的价格是一个
面包的六倍。不同的交换价值在数量上是不同的，可以说一双鞋比一个
面包具有更多的交换价值，或者说，交换价值可以通过不同的数量来表
达和比较。此外，交换价值与商品的物理特性相分离，根据前面的例子，
面包具有满足饥饿的使用价值，鞋子具有保护双脚的使用价值，但任何
商品都可以具有交换价值，并根据交换价值进行比较。

交换价值的广泛存在对资本主义经济体制的运行发挥了至关重要的
作用。交换价值使不同特质的产品可以化"质"为"量"，进行相互比
较，并以数量化方式体现出来。交换价值不仅仅使人摆脱了物与物交换
的限制、明晰了交换的尺度，更重要的是，它将难以数量化的事物——
人的劳动，也商品化了。在资本主义社会中，劳动也成了商品，抽象的
劳动和丰富的个人特质，都可以用数字符号加以衡量，而且表面上看，
通过劳动换取工资是一种天经地义的等价交换。"商品形式的奥秘不过在
于：商品形式在人们面前把人们本身劳动的社会性质反映成劳动产品本
身的物的性质，反映成这些物的天然的社会属性，从而把生产者同总劳
动的社会关系反映成存在于生产者之外的物与物之间的社会关系。"（马
克思，2004：89）这里面隐藏着资本主义社会运行的秘密，对这种秘密
的分析，也是对现代世界运行逻辑的秘密的分析。

（二）商品与货币的拜物教

商品是人的劳动产品，但它们可以与其创造者的需要和目的相分离。
在资本主义条件下，生产使用价值的过程表现为一种新的形式，即生产
者不是为自己或他们的亲密伙伴生产，而是为资本家生产；不仅一般的
产品变为商品，甚至连工人的劳动也成了商品，资本家支付给工人工资
以购买工人的劳动。因为交换价值可以自由地游离于实际的商品之外，

似乎存在于与任何人的使用相分离的数量化的王国里，以至于人们会相信，这些物品以及交换物品的市场是独立存在的。在高度发达的资本主义社会里，随着物品和物品市场成为真实的、独立存在的现象，这种信念也变为现实。商品成为独立的，几乎是神秘的外部现实，马克思称之为"商品拜物教"（马克思，2004：88～90）。"拜物"的意思是，一种东西是我们自己制造的，但我们却像对待神一样对其顶礼膜拜。也就是说，在商品拜物教的信念下，资本主义商品经济体系具有一种不容置疑的客观性和权威性，俨然是一种高高在上的事实。

在资本主义条件下，人们制造的产品、产品的价值以及交换经济似乎都具有自己的独立生命，而与一切人的需要和决定相分离。在马克思看来，劳动使人成为真正意义上的人，但在资本主义社会中，劳动成了可以在市场上买卖的商品。人们的劳动获得一种与人相分离的交换价值，它变成了抽象之物，即被资本家用来制造统治我们的物品。因此，商品是异化的重要根源，甚至个体经营的商品生产者也是异化的，因为他们必须根据市场而不是他们自己的目的和需要来决定生产什么、生产多少和如何生产。

在资本主义条件下，人们之间特定的社会关系呈现事物之间的关系。一件物品的真正价值在于：劳动生产了它，而有人需要它，它的价值代表了人与人之间的社会关系。当现实变成商品和市场，个体在资本主义条件下便逐渐丧失了对它们的控制。实际上，真正重要的不是表面上物与物的关系，而是其背后人与人的关系，只是在资本主义经济体系中，人与人的关系常常表现为物与物的关系并被后者掩盖。

马克思对商品和商品拜物教的讨论，将我们从个体层面带到宏观的社会结构层面。商品拜物教使人们将经济体系看作独立、客观的现实，这种现实对行动者而言是外在的、强制性的。商品拜物教是将人造的社会形式看作自然的、普遍的和绝对之物的过程，它导致一种信念，使人们相信社会结构在自身力量的控制之外，而且是异常强大而不可改变的。一旦这种信念成为"自我实现预言"，社会结构便真的具有了人们所赋予的客观性。

在资本主义经济体系中，人们被貌似具有客观性和权威性的经济迷惑。表面上看，很多变化都是经济的后果，例如，人们就业或失业，工资高或工资低，企业盈利或亏损，似乎都是出于经济的原因而不是某个人或某些人的力量。但在马克思看来，经济并非客观自然之物，而是一种隐蔽的统治方式，关于工资、利率和解雇的决定往往也是政治性的决定，而且往往使一个群体受益，而使其他群体受损。资本主义经济体系就像一张强大的无形之网，使身处其中的人们难以察觉，更难以改变。

（三）货币资本化与社会抽象化

在马克思的分析思路中，商品可以通约并不是因为货币的存在，相反，一切商品作为价值都是对象化的人类劳动，所以它们能共同用一个独特的商品来计量自己的价值，这个独特的商品就是货币，"货币作为价值尺度，是商品内在的价值尺度即劳动时间的必然表现形式"（马克思，2004：114）。讨论商品交换价值的社会学意义在于，这一无处不在的衡量尺度将"一切向来受人尊崇和令人敬畏的职业的神圣光环"，将以往富有差异性的个性、价值、想象力等统统抹杀，变成一套客观的数量化的标准。这正是"一切神圣的东西都被亵渎了"的真正含义。如马克思和恩格斯所言：

> 资产阶级在它已经取得了统治的地方把一切封建的、宗法的和田园诗般的关系都破坏了。它无情地斩断了把人们束缚于天然尊长的形形色色的封建羁绊，它使人和人之间除了赤裸裸的利害关系，除了冷酷无情的"现金交易"，就再也没有任何别的联系了。它把宗教虔诚、骑士热忱、小市民伤感这些情感的神圣发作，淹没在利己主义打算的冰水之中。它把人的尊严变成了交换价值，用一种没有良心的贸易自由代替了无数特许的和自力挣得的自由。总而言之，它用公开的、无耻的、直接的、露骨的剥削代替了由宗教幻想和政治幻想掩盖着的剥削。（马克思、恩格斯，2014：30）

在资本主义社会中，货币的秘密是资本——可以生产更多钱的钱，资本增值的过程正是马克思劳动价值理论所揭示的。作为货币的货币和作为资本的货币的区别，在于它们不同的流通形式。商品流通的直接形式是 W—G—W，商品转化为货币，货币再转化为商品，为买而卖。另一种形式是 G—W—G，货币转化为商品，商品再转化为货币，为卖而买。"在运动中通过这后一种流通的货币转化为资本，成为资本，而且按它的使命来说，已经是资本。"（马克思，2004）货币占有者要把货币转化为资本，就要从商品的消费中取得价值，必须在流通领域内发现一种商品，它的使用价值本身具有成为价值源泉的独特属性，这种商品就是劳动力。"只有当生产资料和生活资料的占有者在市场上找到出卖自己劳动力的自由工人的时候，资本才产生。""劳动力的消费过程，同时就是商品和剩余价值的生产过程。"（马克思，2004：189、204）

在资本主义条件下，劳动是一切价值的源泉，也是资本家剥削工人的秘密。资本家支付给工人的工资少于工人所创造的价值，余下价值被资本家占有。马克思有个精彩的比喻："资本是死劳动，它像吸血鬼一样，只有吮吸活劳动才有生命，吮吸的活劳动越多，它的生命就越旺盛。"（马克思，2004）工人没有意识到这种剥削，有时资本家也无法意识到这种剥削。资本家认为，这种额外的价值来自他们的聪慧、资本投资和对市场的操纵，等等。任何社会都有剥削，而资本主义的特殊性在于，剥削通过非人格的、客观的经济制度来实现。看不到货币资本化过程中所包含的生产关系，是货币拜物教的根源，也是资本主义体制被视若当然的根源。

四 货币社会的自由、犬儒主义与厌腻

和马克思的历史唯物主义路径不同，齐美尔深受尼采、叔本华、柏格森的意志哲学的影响，更多地在意志、情感、生命体验的层面探究货币社会的后果，以此对现代性进行"诊断"。在齐美尔那里，货币本身也具有一定价值，而当经济发展到比较高的程度时，它便越来越成为一种抽象的符号（Simmel，2004：129－130、201；西美尔，2018：90～91、177）。货币不仅是一种商品和物质现象，而且是一种文化现象，从中能够透视时代的精神状况和人们的心理世界。齐美尔理论的社会学意义在于，揭示工业社会和资本主义兴起过程中与经济发展、科技进步、物质繁荣相伴随的人的内在世界的空虚无着和个体性缺失问题（西美尔，2003：182～183）。

（一）货币由手段变为目的

与马克思、涂尔干和韦伯更多关注宏观社会历史变迁不同，齐美尔

的社会学经常讨论的是时代变迁下的个性和心理。当然，他并不是单纯地分析人的心理世界，而是在社会历史背景下进行讨论。齐美尔认为，可以从社会学的角度表达现代与中世纪的对立，中世纪的人被束缚在一个居住区或者一处地产上，从属于封建同盟或法人团体；他们的个性与真实的利益群体或社交的利益圈融合在一起，这些利益群体的特征又体现在直接构成这些群体的人们身上。现代社会则摧毁了这种统一性：

> 现代一方面使个性本身独立，给予它一种无与伦比的内在和外在的活动自由。另一方面，它又赋予实际的生活内容一种同样无可比拟的客观性：在技术上、在各种组织中、在企业和职业内，事物自身的规律越来越取得统治地位，并摆脱了个别人身的色彩……现代使主体和客体相互独立，从而两者都完完全全地找到属于自己的发展道路。我们要说明的就是这种分化过程的双方怎样受到货币经济的影响（西美尔，2010a：1）。

货币经济在人和财产之间造成了一段距离：它将两者之间的关系变成一种被中介联系起来的关系。例如，人在柏林，却能从美国铁路、挪威药铺和非洲金矿获取收入。货币制造了一种渗透到所有经济活动中的前所未闻的非人格性，也创造了一种同样提高了人格的独立性和自主性。在齐美尔看来，货币做出了无可估量的贡献：使存在多方分歧的个人与团体能够协调起来。货币使生产的分工成为可能，只有所有人的劳动才能创造全面的经济统一体，这样的统一体补充了个体的片面生产。货币使人与人之间产生了许多联结，最终为所有人创造出一种广泛的共同利益基础。

人们不再像过去那样，只有极少数的人相互依赖，而且这极少数人往往是明确的、固定的，在货币经济中，我们对每一位确定的人的依赖小得多，这样一种关系会产生强大的个人主义，因为人们彼此疏远，迫使每个人只依赖自身，这样导致的并非与他人的隔离，而是与他人的联系。因此，在货币经济的影响下，现代文化之流往两个截然相反的方向奔涌：一方面趋向于夷平、平均化，产生包容性越来越广泛的社会阶层；另一方面趋向于人的独立性和自主性（西美尔，2010a：5~6）。

在肯定货币积极影响的同时，齐美尔指出，人们常常忽视了经济活动的对象还有不能用金钱来体现的方面，而这正是现代社会不安与不满的深刻根源。现代文明拉伸了目的链条，很多事无法一步到位，而需要一系列环节和手段。根据齐美尔的论述，货币经济的显著影响在于手段对目的的遮蔽，或者说，造成行动者与其目的的中介化。货币的价值体现在它作为手段而具有的度量、交换功能上，手段是货币的绝对价值。

而当货币介入目的链条时，主体与目的间的联结就发生变化，"……→A→B→C→……→D"简化为"……→货币→……→D"，或者说，链条中的"→"被货币填满了。这样，如果在目的实现过程中存在"强化手段地位"倾向的话，那么，货币的作用会在心理上被极大地放大，尤其当 D 不再是一个具体的、可明确规定的目的时，人们在对货币威力的强化下，极有可能认为货币可以像购买其他东西一样"购买"幸福，换言之，拥有货币就意味着拥有幸福本身。这也就是齐美尔所说的，货币从纯粹手段成为目的本身，"货币是一种绝对的手段；对大多数人来说，货币因此在心理上成为一种绝对目的"（Simmel，2004：207 - 208；西美尔，2018：183～184）。"越这样越容易导致这样的危险：陷于这些手段的迷宫中并由此遗忘了最终目标。"（西美尔，2010a：11）

货币经济始终要求人们根据货币价值对对象进行估价，最终让货币价值作为唯一有效的价值出现。鉴于事物自身与对任何东西都起作用的交换手段等价，事物本身也贬值了，丧失了其更高的意义。这是一种"夷平"的悲剧——最高因素总是能下降到最低因素的位置，但最低因素几乎不会升到最高因素的位置，因此当千差万别的因素都能兑换成金钱时，事物最特有的价值就受到了损害。

（二）犬儒主义与厌腻态度

在齐美尔看来，把生活中的具体价值化约为货币的中介性价值导致一系列后果，如贪财或拜金主义。金钱成了我们时代的上帝：一方面是不同事物的共同中心，就像上帝的观念超越了所有相对的事物，是终极性的抽象综合（一般性），生活的矛盾获得了统一，生命中不可调和的东西找到了和谐；另一方面带来可靠性和安全感，相信一切价值都交汇在金钱上，相信金钱可以获得一切（西美尔，2010a：13）。

此外，还有犬儒主义（Cynicism）和因享乐而厌腻（the blasé attitude）的态度，在齐美尔看来，这几乎是货币文化发展到鼎盛时所特有的通病。社会生活中最崇高和最低贱的东西都可以出卖，被化约为一个共同的标尺——金钱，我们可以"购买"美丽、忠诚或才智。既然没什么不能用钱买，事物之间也就没有本质区别。于是，"人们越来越迅速地同事物中那些经济上无法表达的特别意义擦肩而过……产生了那些沉闷的、十分现代的感受：生活的核心和意义总是一再从我们手边滑落；我们越来越少获得确定无疑的满足，所有的操劳最终毫无价值可言"（西美尔，2010a：8~9）。

现代犬儒主义与古代犬儒主义不同。古代犬儒主义对生活有一种非常确定的理想，即有一种心灵上的积极力量和个人道德上的自由，代表人物是第欧根尼。而现代犬儒主义的关键在于，这里不存在价值上的差别，而且那些在价值上被高度评价的东西唯一的意义在于其被降低为最低水平的价值，而这种对价值差异的夷平与理想的道德目的已无甚关联。齐美尔举例说，富裕阶层的麻木不仁就是这一事实的心理反映：因为他们现在拥有了一种手段，尽管它千篇一律，但他们用这种手段可以换取各种各样的东西，"什么东西有价值"的问题越来越被"值多少钱"的问题取代（西美尔，2010a：9）。

相比之下，犬儒主义者还愿意做出高低判断，而厌腻者则对价值差异完全失去兴趣。"在他们眼中，生活中的一切都是一样的枯燥无味，都涂着一层灰色，都不值得为之激动不已……当越来越多的对象被金钱所包围的时候，以及它们在价值上的差异实际也被化约了的时候，这种情况就发生得越多。"（Simmel，2004：256；西美尔，2018：246~247）厌腻者感受不到事物的价值，对一切无动于衷，甚至金钱也激不起他们的欲望。

这种厌腻态度很典型地体现在大都会生活中。大都会一直是货币经济的中心，因为商业活动的多面性和集中性赋予交换中介以重要性。正是货币经济使这么多人的日常生活都充满了权衡、算计、清点，以及把质的价值化约为量的价值。在齐美尔看来，货币经济所造成的现实生活的计算精确性对应自然科学的理念，也就是说，把整个世界转化成一个算术问题，把其中的每一部分都固定在一个数学公式中。厌腻态度的本质在于对事物之间的区别漠不关心。这并不意味着它们未经感知，而是事物之间的区别之意义和价值，以及事物本身之意义和价值，都交给了无目的、无意义的体验。它们在厌腻者看来是一种均一、单调、灰暗的色彩，没有哪一个比另一个更让人喜欢（齐美尔，1991）。

齐美尔在其他地方以社会几何学的关键概念——距离，分析了这种内心状态："一个东西之所以对我们来说充满魅力，令我们渴望，经常是因为它要求我们付出一定代价，因为赢得这个东西不是不言而喻的，而是需要付出牺牲和辛劳才能成就的事情。"（西美尔，2010c：158）也就是说，事物的价值由它与行动者的距离决定：太近，太容易获得，就没有价值或价值很小；太远，太难以获得，也没有价值，因为没有追求的动力或获得的可能。就发达的货币经济而言，当货币作为无所不能的符号越是轻而易举获得事物或达到目的，其结果的吸引力越会降低，行动者的内在热情和动力就越少，于是出现不断实现一个个目标又一次次陷入厌腻的循环的现象。

齐美尔被称为"社会学的印象主义者"，如前所述，其现代性分析是心理主义的，但齐美尔不是追求一种对心理规律的探究，其真正含义是一种生命哲学诉求，即"如何恢复对事物有差异的魅力的细腻感受，使主体灵魂仍然保持高雅、独特、内在"（刘小枫，2010：17）。在齐美尔看来，理性认知不足以使人们把握自身及所处的时代，作为理性认知能力的激发者的情感、意志才是真正支配现代人生存的原初力量，也唯有通过对这两种力量的了解和调动，现代人才有可能对抗物化的侵蚀，保持自身人格的整全（李凌静，2018）。

五 总结：货币社会与人心秩序

按照吉登斯（1998）的说法，社会学是关于现代性的科学，是对现代社会变迁的回应。这种变迁一方面是政治体制、经济制度和社会结构的变动；另一方面则是人心秩序的调整，尤其表现为现代人的焦虑和躁动不安。马克思和齐美尔的社会学正是沿着这两条路径分别展开。两位理论家存在多方面差异：马克思关心作为商品的货币，齐美尔关心作为文化现象的货币；马克思遵循历史唯物主义的路径，对资本主义制度进行社会历史分析，齐美尔则采取心理主义和印象主义的路径，洞悉现代人的生命体验；对马克思来说，货币经济引发的问题是资本主义社会所特有的，而齐美尔将他所处时代的经济问题看作一种文化问题，是普遍存在的文化悲剧的一部分。

尽管存在这样的区别，但在货币的"现代性后果"上，两位理论家的分析都涉及对货币经济影响下的现代性体验的讨论，且都受到现代浪漫主义的影响，只是马克思濡染的是早期浪漫主义，而齐美尔心仪的则是叔本华的悲观浪漫主义（刘小枫，2010：18）。相较而言，马克思侧重在宏观上揭示现代性冲击下"一切神圣的东西都被亵渎了"，并以批判的立场审视资本主义体制下工人阶级的异化状态，而齐美尔则试图"走进"微观的个体内心世界，剖析种种苦闷、无聊、厌腻和患得患失态度的文化心理根源。

回应和剖析人的现代性体验是古典社会学的题中之义，也是其重要的理论品格。一般而言，古典社会学理论有几个鲜明特征：其一，具有广阔的整体性视野；其二，确立了基本的问题意识和研究范式；其三，在思考外部世界的同时关注"人心"。关于第三个方面，孔德将时代危机看作一种精神危机，试图以实证精神拯救社会；涂尔干关注危机重重、疑影重重的失范状态，寄希望于以职业伦理重建国家与社会的关系；马克斯·韦伯则担忧"狭隘的专家没有头脑，寻欢作乐者没有心肝"，呼唤禁欲的守护神；而托克维尔揭示了民主社会中隐藏在心灵焦虑和人格平庸中的专制状态，强调了民情与"心灵的习性"对于现代政治的基础意义。

在众多理论家中，托克维尔的民主社会理论似乎介于马克思和齐美尔之间，即将社会政治分析与心灵分析结合起来。就托克维尔特别关注的平等问题来说，他既指出了平等的"好处"（如激励进取、完善自我、消除隔膜，为把公民团结起来参与公共事务、服务国家奠定精神基础），也看到了平等趋势的盛行催生了人能无限趋于完善的自我信念，使人的灵魂陷入躁动不安。"这种完全的平等，总是在人们以为得到它的瞬间，便从他们手中溜走和消逝了。"（托克维尔，1988：224）平等还带来了平庸：当很多古老的价值被打破后，对物质财富的热望便日益膨胀，而"相互扯平"的嫉妒之心导致了大量千人一面的驯服个体（托克维尔，1992：35）。当"平等的货币"驱逐了多样的价值和意义而只剩下对物欲和财富的追求时，民主时代的心灵便陷入单调贫乏的状态，而现代政治也因为缺少心灵的自由丰盈而根基不牢。

我们可以延续这些理论家的现代性分析来讨论当代社会状况。例如，在消费主义盛行和互联网社会兴起的背景下，货币在从宏观到微观的多个层面产生影响，其面孔多种多样，发挥作用的方式也各不相同，不仅货币政策、金融工具会导致社会再结构化（王水雄，2017），而且货币借助互联网和智能终端日益渗透到个人的日常生活中，如网络购物、网络借贷、网络投资等。在一定程度上，我们都生活在一个"货币社会"或"金融社会"中。引入"货币社会"或"金融社会"的视角，可以发掘以往主要被看作经济现象的议题，而揭示货币形式、资本运作、金融制度与金融活动的社会意涵。

在微观层面，消费主义和社会生活网络化的影响之一是将人们推向同质性的、外部导向的生活方式中，日常经验的碎片化和重复性使人陷入浅尝辄止的精神体验，而轻松快捷的网络消费和手机支付无非是这种生活方式的典型方面。于是，人心秩序问题再次凸显。如刘小枫（2010：14）所言："现代人在追求种种伪造的理想：在这些名目繁多的理想中，生活的所有实质内容变得越来越形式化地空洞，越来越没有个体灵魂的痕印，生命质地越来越稀薄，人的自我却把根本不再是个体生命感觉的东西当作自己灵魂无可置疑的财富。"以齐美尔的话结束本文或许是合适的："假如生命缺少内在差异，以至于人们害怕天堂里持久的幸福变成了持久的无聊，那么，不管生命在何种高度、以何种深度流淌，对于我们来说，都显得空洞和无谓。"（西美尔，2010a：105）

参考文献

阿尔布劳，2001，《全球时代》，高湘泽、冯玲译，商务印书馆。

弗里斯比，2013，《现代性的碎片：齐美尔、克拉考尔和本雅明作品中的现代性理论》，卢晖临、周怡、李林艳译，商务印书馆。

戈兹曼，2017，《千年金融史：金融如何塑造文明，从 5000 年前到 21 世纪》，张亚光、熊金武译，中信出版集团。

吉登斯，1998，《社会的构成》，李猛、李康译，生活·读书·新知三联书店。

吉登斯，2000，《现代性的后果》，田禾译，译林出版社。

李凌静，2018，《货币之桥上的迷失者——齐美尔论货币与现代性体验》，《社会》第 5 期。

刘小枫，2010，《金钱、性别、生活感觉——纪念西美尔〈货币哲学〉问世 100 周年》，载西美尔《金钱、性别、现代生活风格》，顾仁明译，学林出版社。

马克思，2000，《1844 年经济学—哲学手稿》，人民出版社。

马克思，2004，《资本论》（第1卷），人民出版社。

马克思、恩格斯，2014，《共产党宣言》，人民出版社。

马歇尔·伯曼，2013，《一切坚固的东西都烟消云散了：现代性体验》，徐大建、张辑译，商务印书馆。

齐美尔，1991，《大城市与精神生活》，载齐美尔《桥与门——齐美尔随笔集》，上海三联书店。

佘碧平，2002，《现代性的意义与局限》，上海三联书店。

托克维尔，1988，《论美国的民主》（上），董果良译，商务印书馆。

托克维尔，1992，《旧制度与大革命》，冯棠译，商务印书馆。

王水雄，2017，《人情机制、金融工具与社会再结构》，载邱泽奇、陈介玄、刘世定主编《当代社会的金融化与技术化》，社会科学文献出版社。

西美尔，2003，《宗教社会学》，曹卫东等译，上海人民出版社。

西美尔，2010a，《现代文化中的金钱》，载西美尔《金钱、性别、现代生活风格》，顾仁明译，学林出版社。

西美尔，2010b，《玫瑰：一个社会学假设》，载西美尔《金钱、性别、现代生活风格》，顾仁明译，学林出版社。

西美尔，2010c，《卖弄风情的心理学》，载西美尔《金钱、性别、现代生活风格》，顾仁明译，学林出版社。

西美尔，2018，《货币哲学》，陈戎女、耿开君、文聘元译，华夏出版社。

Simmel, G. 2004. *The Philosophy of Money*, trans. by Tom Bottomore and David Frisby. London：Routledge.

金融与社会　第一辑
第 99～117 页
© SSAP，2020

国家治理的组织模式与金融的两张面孔*

王修晓　郑雪娇　徐文丽**

摘　要： 从技术本质来看，金融是一种中性的时间技术和数学工具，能够帮助我们平滑风险，降低未来的不确定性，其本身没有好坏善恶之分。戈兹曼给我们呈现了金融两张极为不同的面孔：在早期欧洲，金融扮演了对个体的增权赋能角色；而在传统中国，这种积极作用受到了大一统政治和官僚体制的挤压和抑制。通过全面比较金融在中西社会的大分流再到重回大合流的历史过程，本文提出了一个基于国家治理组织模式和金融不同属性之间的理想分析框架。未来我们应该立足中国特色的集权式治理模式，同时充分发挥金融的增权赋能作用，积极建设美好的社会。

关键词： 国家治理　组织模式　文官集团　超稳定结构普惠金融

---

* 本文曾在北京郑杭生社会发展基金会第四届青年学者论坛、中央财经大学社会与心理学院午间沙龙、上海财经大学首届金融社会学工作坊等活动上分别报告，感谢评论人和与会者的批评意见。文责自负。本文受到以下课题资助：教育部第二期来华留学英文授课品牌课程"中国经济与社会"、北京市哲学社会科学基金一般项目（15SHB027）、中央财经大学社会与心理学院学科推进计划。特此鸣谢。

** 王修晓，中央财经大学社会与心理学院副教授；郑雪娇，中央财经大学社会与心理学院硕士研究生；徐文丽，中央财经大学社会与心理学院硕士研究生。

一 理解金融的两条路径

在给威廉·戈兹曼（William N. Goetzmann）的《千年金融史——金融如何塑造文明，从5000年前到21世纪》（*Money Changes Everything: How Finance Made Civilization Possible*，以下简称《千年金融史》）中译本所写的序中，陈志武指出，儒家文化倡导"钱财如粪土，仁义值千金"，见利忘义的人，非君子乃小人。这在某种程度上造成传统乃至现当代中国金融工具极其匮乏。他回忆计划经济时代出差时需自带粮食、被褥，极为不便。如果有货币，人们出门旅行就不必携带笨重累赘的行囊，会大大提高人的自由度。货币具有身份中性、地位中性和高流动性等特征，是一种反阶层的制度安排。在这个意义上，以货币为基础的金融具有某种增权赋能的神奇效果。戈兹曼（2017：ⅩⅥ-ⅩⅦ）也开宗明义地强调，"金融是人类文明的特殊工具……推动知识的发展"。在漫长的历史进程中，金融极大地促进了人类社会良性发展，发挥了不可替代的积极作用。

与此同时，历次金融危机，尤其是让人记忆犹新的2008年次贷危机，导致人们更多地关注金融的消极后果：债务、市场泡沫、经济危机、资本贪婪、社会不平等、帝国主义、全球化等。

对比来看，不难发现，人们对金融的功能存在两种不同的理解路径。有意思的是，《千年金融史》一书花了极大篇幅介绍早期中亚、古希腊和古罗马的各种金融思想和货币工具创新，如契约、利息、货币、有限责任、金融中介等，然而在第二部分介绍中国的金融遗产时，内容却集中呈现中国的大一统和官僚体制。这是否意味着，在不同文化背景和制度环境下，金融有着各自独特的发展路径，从而塑造不同的文明形态？

本文的目的是，沿着上述假设，考察金融在中西方不同社会与文明背景下如何分化出两种截然不同的功能面向，尤其侧重讨论国家治理的组织模式与金融的两种不同面向之间的复杂关联。

二 金融的技术本质

究其本质，金融是一种中性的时间技术和工具，其本身没有好坏善恶之分。在人类文明演进的漫长历史过程中，我们需要复杂的（数学）工具来管理时间和风险，金融技术就是一个我们自己建造的时间机器（戈兹曼，2017：X）。在金融的帮助下，人类得以跨越时间配置稀缺资源，从而在很大程度上降低生存风险和各种不确定性。例如，随着海洋贸易的发展，原先相互隔绝的地方开始产生紧密的经济联系，这既是空间上的跨越，也是时间上的延续。远程贸易的产生造成时间上的分割，跨期契约在应对海洋贸易的收益风险问题上产生，这正是理解金融工具产生与演化的关键：一种应对外部压力而产生的技术力量，一种创造性的工具。

在戈兹曼（2017）看来，金融由四个关键要素构成：在时间上重新配置经济价值；重新配置风险；重新配置资本；扩展资源重新配置的渠道和复杂程度。这四个要素是理解金融技术本质的核心。基于这种时间技术，金融就可以把两种人撮合到一起达成契约和交易：一种是希望将价值折现的人；另一种是希望将价值转移到未来的人。所以，金融发展出四种功能：一是对时间的创造性想象和运用，在最大限度上"榨取"时间的价值；二是实现资源再配置，对冲当下和未来的剧烈波动，平滑风险；三是降低不确定性，提高人们对未来的稳定预期，从而增强人们的安全感；四是增权赋能，无差别地为人们提供杠杆工具，帮助人们摆脱对各种（压制性）社会结构的依赖，提升个体自由度。金融的产生以及持续演化离不开其上述价值和功能。对时间价值的创造性利用以及与之相伴随的风险，导致金融契约的产生，帮助人们应对诸多问题的复杂性与多维性。

三　金融的文明后果

在此基础上，戈兹曼（2017）将金融划分为硬件和软件两个维度。所谓的硬件主要囊括金融契约、企业、银行、市场、货币和法律制度等，他将其称为金融架构。而软件则是指一种抽象的思想体系，一种解决有关金钱、时间和价值等复杂问题的方式。从文明演进视角来看待金融，它的贡献远远超越经济领域。金融技术直接或间接地催生了不同的文明产物。

1. 金融与时间的世俗化

如前所述，金融的本质是一种时间技术。从中世纪神学的角度出发，时间具有神圣性。韦伯（2007）在《新教伦理与资本主义精神》中说，人的生命是上帝给的，故生命也是神圣的。一个新教徒无权自主决定使用其时间的方式。在加尔文教的教义里，劳动是神允许的使用时间最为神圣的方式，故金钱也只能通过劳动来获取。相比之下，诸如高利贷和债券等的金融工具，都是把时间货币化、商业化，这就意味着把时间从上帝手中偷走了。货币是人造物，将时间转化为甚至等同于货币，其实是一个世俗化的过程。这种立足于世俗经济活动对时间的重新定义，被神学家们理解为是对上帝的极大侮辱。故中世纪神学和相对保守的天主教，在早期都极力压制、排斥和抵制以信贷（当然也包括高利贷）、抵押为代表的金融活动。

考古学家发现，为了便利世俗经济活动的考虑（比如计算利息），早在公元前 3000 年，美索不达米亚平原上的苏美尔人就已经开始区分经济时间和自然的天文时间（Englund，1988）。前者是 360 天（12 个月），可以被更方便地划分成某几个整数时间，以利于更精确地计算利息（比如月底、季息）；而后者的 365 天，只能被 5 和 73 整除，对于利息计算的便利性，显然差了很远。这表明，世俗经济活动对人造时间的需求，已经凌驾于自然、天文的神圣时间之上了。

类似地，时间的去神圣化和金融化，在早期欧洲，尤其是意大利的威尼斯、佛罗伦萨等商业活动极其活跃的地区，也在悄然进行。莎士比亚的《威尼斯商人》所描绘的高利贷商人，就是一个生动的侧影。在某种意义上，金融对时间世俗化的推动，是人类走出神学时代的诱因之一。

2. 金融与现代人格

戈兹曼特别关注金融工具对于经济独立个体的促进作用。他发现，在早期中亚，出现了一个专门从事金融投资的个体阶层，他们独立运作，不是政府的代理人。金融投资活动使他们经济上能够独立，可以凭借投资资产来保障未来的经济安全，不再依靠国家或家人来养老。同时，有学者发现，在公元前 2000～前 1800 年，古巴比伦时期的美索不达米亚北部主要城市，比如西帕尔城（Sippar），许多妇女能够依靠自身的经营活动获得经济独立（Goddeeris，2002）。这些经济独立个体作为一个阶层出现，对于当时的社会权力结构意义非凡。

韦伯（2004）在其支配社会学中把权威的来源分为两种类型，一种是以利益为基础的交换性权力，另一种是倚仗行政科层（上下级）命令的强制性权力。两种权力都可能导致一个个体对另一个个体的依附关系：就前者而言，如果交换的一方给了对方一种东西（比如特别稀缺的资源）使对方无以回报时，对方就只能选择以人身依附作为交换物；后者则相对容易理解，正所谓"官大一级压死人"，下级对上级的服从，是科层体系的制度规定，一般情况下无从反驳。当然，两种依附结构有可能相互交织嵌套，形成一种更为复杂的复合型依附人格。

按照戈兹曼的理解，金融工具的创新和普及，有助于把个体从上述依附结构中解放出来，为现代独立人格的萌芽奠定基础。他说："金融给了人们创造自己经济未来的权利，而不是依靠政府或家庭机构。古代美索不达米亚的投资者受到法律框架的保护，其财产免受国家的扣押。如果这种投资的数量达到足够大的规模……人们对政府的依赖程度，甚至国家的力量，都可能会被削弱。"（戈兹曼，2017：34）当经济交易的潜在价值被量化指标定义时，人们变得更加自主，更少地依赖传统社会互助机构，而更多地依赖最终由利润来衡量的激励结构（Seaford，2004）。在这个意义上，金融可以同时用一种微妙的方式削弱国家和传统基于血缘的社会结构的力量，促进现代独立人格的产生。

3. 金融素养作为一种民主政治支柱

戈兹曼（2017）认为，金融素养和投资能力主要包括两个方面：一是从经济角度来理解抽象的时间，二是需要具备复杂计算的能力。公元前4世纪毕达哥拉斯学派哲学家阿契塔（Archytas）曾经指出：

> 计算的发现结束了民事纠纷，增进了和谐。哪里有计算，哪里就有平等，也就不会出现不当得利，因为我们通过计算在交易中达成一致。（转引自Seaford，2004：204）

在这个意义上，"计算能力不只是商业成功的必备技能，还是民主进程的根本依靠……（因为）尽管调和观点多样性的标准可能存在巨大分歧，但数字是很难驳斥的"（戈兹曼，2017：66）。西弗德（Seaford，2004）同样指出，货币对古雅典社会的民主思想具有重要作用。

4. 政府债券与现代国家

戈兹曼（2017）发现，在中世纪晚期和文艺复兴时期的欧洲，政府一直诉诸赤字财政，热衷于发行各种债券，极大促进了国家能力的建设。比如早在 12 世纪，威尼斯就采取了一种在当时相当新颖的方式来融资——发行公债，以为对外战争（与拜占庭帝国）筹措资金。通过抵押政府的未来收入获得贷款，由所有威尼斯人共同承担融资带来的痛苦，民众被承诺可以在贷款还清前收到 5% 的利息。这种新型借款方案的一个意外后果是，它使政府和市民之间形成了一种贷款人 - 借款人关系，而不是使对债权的控制权集中在少数投资者手里。

因为不可抗力和突发事件（比如瘟疫）的影响，威尼斯不幸战败，导致这次政府公债无法如期偿还。但后续发展却更为有趣。1262 年，威尼斯的债务在《债权法》（*Ligato Pecuniae*）中被固定下来，形成两个主要约定：债券可以在投资者之间转让；政府不能通过偿还本金来偿还贷款。其中，可转让性意味着被迫购买了债券的市民可以将债券转移。债券转让后，其收益将归下一个债券持有人所有。限制政府通过偿还本金来撤回贷款意味着，债券将是一个永久性的金融资产。这样，威尼斯人就同时成了政府债券的贷款人和借款人。

从现代政治角度来看，这标志着市民与政府通过债券和契约的方式，结成了一个命运共同体，双方互相负有相应的责任和义务，在法律意义上相对平等，不再是封建体系下主仆之间的依附关系。

5. 封建作为一种金融工具

戈兹曼（2017）从金融的角度对封建社会的契约做了重新解读。他引用加州大学伯克利分校中世纪契约和社会史专家托马斯·N. 比森（Bisson，1984）的研究，发现 1151 ~ 1213 年加泰罗尼亚皇室的财政档案里，有相当比例的皇家贷款，都是以辖区为抵押基础。拍卖辖区是国王获得收入的一种主要方式，而投资人通过支付现金获得辖区的管理权，意味着得到了该地区的收税权，以换取未来的收益。

这是一种基于领地封建权力的货币化操作，为后来欧洲许多金融体系提供了基础。12 世纪初的市政和主权资金主要来源于基于土地的封建收入的货币化：租金、农业收入、过路费、税收、航海关税、采矿权，以及传统的劳动力劳役。

综上，跳出关于金融的狭隘印象——一种抽象的技术工具，立足于金融所根植的社会与文化背景，能够更好地理解金融本身及其文明后果。不难发现，在早期中亚和欧洲，金融更多扮演了增权赋能的角色，极大地促进了这些地区，尤其是欧洲向现代社会的转型。

四 传统中国与金融大分流

1. 古代中国的金融思想

传统中国的金融创新同样层出不穷，最早的金属货币和纸币（交子、汇票）都出现在中国。但戈兹曼（2017）在谈到中国的金融遗产时指出，中国虽然也创造了债务工具和计算利息的数学方法，但在三个方面与早期中亚和欧洲存在显著差异。第一，中国早期货币同样演变为一种成熟而抽象的技术，货币工具和理论的发展深刻形塑了中国的思想和价值观。比如，从金融思想上说，古代中国强调，货币是治国理政的一种工具。《管子》有载："三币握之则非有补于暖也，食之则非有补于饱也，先王以守财物，以御民事，而平天下也。"意思是：货币才具有管理人民、为世界带来和平的能力，而军队、法律条规、虔诚或哲学，则不然。货币不是经济政策的目标，而仅是一个媒介。《管子》又说"刀币者，沟渎也"，即把钱币比喻为将水引向天地的沟渠，或者引导血液的血管，可以用来引导经济活动。控制了沟渠的统治者就控制了国家的全部财产。

第二，中国很早就建立了一套成熟的官僚政治体系。上文提到，封建曾被欧洲作为一种金融工具。相比之下，传统中国在项羽（代表封建制）和刘邦（倡导中央集权的郡县制）的楚汉之争后，就开始"寓封建于郡县"，早于欧洲多年建立了大一统的中央集权体制。对于这个疆域辽阔的中央帝国来说，从各地收取税费到中央，或从中央发放资金到地方，是首要的管理问题。因此，传统中国的财政和金融问题，在很大程度上被转换为如何管理、激励和控制这样一个偌大的官僚机构以使整个国家得以稳定发展（戈兹曼，2017：104）。

第三，政府在市场活动和企业管理中扮演了主导角色。金融工具经常被政府用来维护自身利益，而非保护民众的利益。这在很大程度上挤压、抑制了民间的金融（创新）活动。

此外，古代中国虽然发明货币早于欧洲，但（政府）债券的出现却晚至19世纪，且主要面向国际债务市场而非国内民众。在戈兹曼（2017：105）看来，借贷不仅不会给国家的长期发展造成麻烦，反而能带来两个好处：一是使对未来的承诺有了交易的可能，帮助企业和国家将未来的现金流资本化；二是为私人存款和金融预期提供一种稳定的机制。如前所述，威尼斯发行的政府公债，就极大地提升了政府应对（战争）危机的能力，还（间接）促进了该地区向现代国家的转型。

2. 官僚体制与传统中国的金融活动

然而，因为政府很早就掌握了其他若干更加得心应手的金融工具，所以传统中国很少面临向民众借款的窘境。郭建龙（2017）在其《中央帝国的财政密码》里指出，对于一个集权国家来说，如何创建一套复杂的官僚制度管理和控制社会，维护统一和稳定，是首要任务。其次是要从民间经济中抽取足够的财政收入来养活这个官僚体系。于是，国有企业（山海专营）、土地公有制和垄断货币发行，就都成为政府筹措财政资金的一种手段。换句话说，金融工具主要服务于官僚体制。在金融与独特官僚体制的相互作用下，传统中国的个人和国家之间形成了一种特别的关系。金融工具被大量用于解决中国的财政问题，逐渐为中国官僚体系所用，成为中国财政体制的关键手段。

由于政府垄断或主导企业经营活动（比如官督商办），民间金融中介机构发育不良（McDermott，2014），大量资本利润被政府吞噬。例如，在唐朝，各省在都城长安都设有进奏院，类似于今天的驻京办，主要为了与中央政府保持强有力的联系，负责一些迎来送往、政治游说和信息沟通的事务①。同时，进奏院还承担了一定的金融功能，类似于中转银行。四川的商人到长安做生意，会把所获钱银存进本省的进奏院，后者会开具一份收据，成为"飞钱"。飞钱分为两个部分：一半由商人持有，另一半由进奏院留存。等商人回到原籍故地，就可以到当地政府出示持有的一半飞钱收据，取走自己之前存的钱。在交通不便的金属货币时代，这是一个多方共赢的金融创新：进奏院获得了在都城开支的现金，商人减轻了运输负担和潜在被盗风险，中央政府避免了货币流向地方，保证了都城的货币供应（戈兹曼，2017：133～134）。这个看似完美无缺的方案，从金融的角度来看，却隐藏着一个不为人知的分利秘密：因交通不便，飞钱的存取时间差少则几个月，多则一年半载，这就让它成为各省政府的一个无息贷款服务。故飞钱就成了一个攫取民间财富的隐秘工具，与今天的支付宝等靠资金沉淀获取（巨额）无息贷款的商业模式异曲同

---

① 此外，地方商会、同乡会也会承担类似功能（白思奇，2018）。

工。这导致其他政府机构，如户部和军队，都竞相仿效，利用自己在地方的"条条"分支，给商人和民众提供类似的金融服务。

3. 传统中国的财政体制

在与早熟的官僚体制的复杂互动中，传统中国的金融与财政互为表里，逐渐融合，难分彼此。例如，黄仁宇（2015）在《十六世纪明代中国之财政与税收》中专辟第五章，讨论作为一种财政工具的专卖制度（国有企业）。曾小萍（2005）在《州县官的银两：18 世纪中国的合理化财政改革》里通过雍正年间的火耗归公改革，考察最基层政府组织的财政状况及州县官的收入，发现清朝的中央政府总是试图绕过所有中间环节，尤其是地方政府和基层官僚，直接与民众建立税收关系。瞿同祖（2003）在《清代地方政府》里指出，除了完成上缴的包干税款之外，州县官还需要想方设法用地方财政和各种陋规及杂色收入供养书吏、衙役、长随和幕友等庞大的助手群体。

郭建龙（2017）从新自由主义视角出发，较为系统地梳理了传统中国采用过的几种主要财政工具，其中垄断金融活动，无节制地滥用货币工具掠夺民间财富，是历朝统治者在财政捉襟见肘时常用的隐蔽手段。在基于土地（农业税）和人口（徭役、人头税）的常规税收体制之外，众多金融工具都是作为"第二财政"出现。在这个意义上，传统中国的金融活动大多被政府主导，民间的金融创新相对凋敝。

4. 金融大分流

比较而言，在早期欧洲，国家和市场借助金融这一增权赋能工具，不断发展和扩张。与此同时，由于缺乏金融工具的支持和刺激，传统中国的发展和转型逐渐陷入一种"高水平均衡陷阱"（Elvin, 1973）或"内卷化"（黄宗智, 2000）。技术经济史学家阿伦（Allen, 2005）倡导从金融的角度来解释"李约瑟难题"，认为只有具备用高额利润奖励投资者的金融系统，才能促进科技进步。然而，中西方在金融架构（硬件）和金融理念（软件）两方面发展的差异，远远早于技术进步的差距。传统中国很少用组织的方式和金融的机制来联结个人资本和有技术优势的企业，资本市场相对落后。欧洲资本市场的出现，要比蒸汽机的发明及其他工业化技术的应用早 200 多年。

周绍明（McDermott, 2014）在考察公元 900～1600 年徽州宗族档案的基础上，发现前现代时期的中国经济发展受制于商业法规和成熟银行业的缺乏，家族的财务状况长期处于破产边缘。在年利率常常浮动 20%~30%的情况下，获得资金的成本十分高昂，这是商业发展的一大阻碍。虽然政府有时会参与这种形式的投资，但大多数商业合伙关系仍缺乏政府资助、管控和专业知识。在缺少支持性法律和政策环境的前提下，历史上中国的商人通常通过宗族和亲友网络来维持生产经营，获得商业利润。

要而言之，缺乏稳定、可持续的金融工具和杠杆机制，使传统中国没能保持住领先的优势，逐渐落后于世界发展大势。其中最主要的原因之一，恐怕就在于金融活动长期受大规模复杂官僚体系的压制，得不到充分的释放和培育。

五　从传统到现代

1. 传统中国的治理模式

所谓国家治理的组织模式，简单来说，是指在维持政体统一、处理央地关系和国家－社会关系等问题上，一个国家所采用的组织机制和治理结构。关于传统中国国家治理的组织模式，黄仁宇（2006）在《万历十五年》里概括为基于"潜水艇三明治"结构的道德治国，上面是一块长面包，大而无当，此乃文官集团；下面也是一块长面包，也没有有效的组织，此乃成千上万的农民。瞿同祖（2003）则立足基层，认为清朝的地方是"一人政府"，代表皇权治理一方的，仅有州县官一人而已，少则几十人、多达成百上千的四个助手群体（书吏、衙役、长随和幕友），并非吃皇粮的财政供养雇员，都是州县官私人雇用。黄宗智（2008）指出，中国地方行政实践广泛地采用了半正式的行政方法，依赖由社区自身提名的准官员来进行县级以下的治理。

对于上述治理模式，周雪光（2019）敏锐地观察到：一方面，秦汉以来郡县制上的中央集权，政令自中央出，一统威严；另一方面，国家规模和行政架构有限，向下渗透有限，表现出简约国家的特点。这一组织形态随不同朝代的统治力度而起伏波动，但历经两千年而大致不变。他把这种"官僚体制内外正式与非正式制度的双向渗透和互构，国家与基层社会上下名与实的仪式性连接"的组织现象，称为"黄仁宇悖论"，并试图从基于科举考试的观念一体化来回答这个悖论长期存在的原因。

这与金观涛和刘青峰（2011a，2011b）的"一体化"理论不谋而合，即中国传统社会的组织机制表现为，上、中、下三个层次的权威由儒家意识形态组织起来，连为一体。在中国封建社会中，国家官僚机构、乡绅自治、宗法家族三种组织层次，均认同儒家意识形态，他们称之为"宗法一体化结构"。在此基础上，他们进一步将中国传统社会的组织模式概括为"超稳定结构"。"从西汉到清末，中国社会都是由上、中、下三个层次整合而成的。社会上层是以王权为中心的大一统官僚机构，中层是士族缙绅对地方和农村事务的管理，下层是宗法家族组织。中国传统社会最不可思议之处在于：不仅这三种形态完全不同的社会组织在漫长的历史变迁中保持着罕见的稳定，更重要的是这三层次大致能够实现良好整合。正是因为它们间的互相整合，中国才能成为人类历史上唯一一个存在了两千年之久的大一统帝国。"（金观涛、刘青峰，2011a）

2. 官僚的两种形象

这种超稳定结构，以及高度集权却又试图尽可能保持简约的中央政府，是中华帝国的简约治理遗产，有一部分持续存在于民国时期、计划经济时期和现今的改革时代（黄宗智，2008）。按照黄仁宇（2006）对1537年前后中国开始落后于西方的制度根源解释，传统中国的国家治理总是用抽象的（儒家）道德和伦理来代替法律和技术，导致文官集团缺乏数目字管理（mathematically unmanageable）的能力，以至于普通小农每亩地要缴纳的田税也要精确到小数点后十几位，整个国家的税收结构极其复杂，财政管理也是稀里糊涂（黄仁宇，2015）。为此，黄仁宇（2006）不无痛心地指出，由于文官集团极其保守意识形态的阻碍，官僚组织不仅与高度商业化的组织不相容，而且无法做技术上的和法制上的改造，去迎合商业习惯的变数。

然而，现有文献没有回答的一个问题是：文官集团或者中国官僚制，为什么在传统中国成为社会进步和商业创新的阻碍，而在当下却是经济增长的主要推动力？对比古今，我们不难发现，官僚存在两种鲜明的不同形象：在传统中国，官僚墨守成规、僵化守旧，自觉或无意识地阻碍商业/金融/科技的创新和进步；而在当下社会，"政府即厂商"（Walder，1995），在"晋升锦标赛"（周黎安，2007）和"压力型体制"（荣敬本、崔之元等，1998）的作用下，积极向上、奋发有为，创造了改革开放四十年的"中国奇迹"。

3. 从大分流到大合流

戈兹曼 (2017：147～148) 观察到，中国早在宋朝就拥有非常先进的用于记录和转移所有权的造纸技术，非常抽象的价值概念也已经产生，理解而且利用了一张纸可以有效地作为价值符号并且拥有不记名证券功能的概念。这与公司资本主义的发展在理念上只有一步之遥……中国还拥有高度发达的信息管理系统，用会计记录和证明文件……对企业管理人和代理人进行有效监督。中国金融技术唯一缺失的点在时间维度上。如前所述，羸弱的欧洲政府在中世纪晚期和文艺复兴时期就开始并一直诉诸赤字财政和发行债券，但中国却没有……中西方金融制度出现分流的原因就在于，在欧洲国家意识到人们对于债券的惊人需求时，当时处于宋朝的中国还没有发展出国债机制。

这个现象一直到 19 世纪才开始改变。经过了漫长的几百年大分流之后，中国在工业革命浪潮的晚期，又一次与世界大势重新合流。为了应对外敌入侵和镇压叛乱，1877 年闽浙总督左宗棠以海关关税作为抵押担保，由 1865 年成立的汇丰银行承销，向国际资本市场融资 500 万两白银。这次政府债券的发行，标志着中国政府过渡到现代赤字财政阶段，虽然这次主要面向国外资本，而非向本国民众开放 (戈兹曼，2017：332)。之后，中国政府的一系列债券在伦敦、比利时、巴黎、圣彼得堡和世界其他国家发行，用于资助 19 世纪末 20 世纪初的铁路和其他基础设施建设，开启了中国近现代社会转型的历史进程。

4. 国家治理模式与金融的属性

那么，是什么促进了中国官僚集团的形象转变，从而把现代中国重新拉回到世界金融版图中来的呢？我们可以从前文的讨论中提炼出两个维度，交互对应，建立一个理想型分析框架 (见表1)。

其中，在早期欧洲，国家治理的组织模式采用封建制和城邦制，故相对分权，与金融的增权赋能属性相互促进，孕育了现代人格和民主政体；相较之下，传统中国由于过早完成了大一统的中央集权建设，以儒家伦理为意识形态基础、以文官集团为基本纲目的超稳定结构，在某种程度上排斥或阻碍了金融的创新和发展，导致在个体经济上无法自给自足，不得不长期依附基于血缘的家庭、宗族和政府，没能分化出独立、理性的现代人格特质。

到了近现代时期，由于中央帝国无法维持有效治理，超稳定结构内部开始出现各种裂缝，地方社会的积极性得到部分释放，在官督商办的合作模式下，中国的金融活动开始向西方合流，但在很大程度上限于（地方）政府和企业层面，民众仍无法充分享受金融的增权赋能功能。

表 1　国家治理模式与金融的双重属性：一个理想型分析框架

		金融的属性	
		赋权	排斥
国家治理的组织模式	集权	当代中国 政府主导、普惠民众？	传统中国
	分权	早期欧洲	市场寡头垄断

六　余论：金融之于未来中国

1. 金融在当代中国

在上述讨论的基础上，让我们把眼光移到当下，看看当代中国的金融属性，到底是个什么样子。2019 年，我国居民可投资资产规模突破 200 万亿人民币，其中储蓄存款是家庭金融资产配置中最大的一块，占半壁江山；其次是银行理财产品，总规模 18.55 万亿元，占 15% 左右；股票、债券、基金等资本市场投资占居民总投资的 14.52%，保险投资占 10%；其余是现金和其他高风险投资（林采宜，2019）。可见，虽然财富得到大幅增长，但相对高收益的资本市场投资在我国占比依然较低。

其中原因之一，是我国的资本市场发展相对滞后。虽然在绝对规模上，我国资本市场已多年稳居世界第二，但对比四个主要经济体股票市场市值占 GDP 的比重，2017 年美国依旧最高，达 164.8%，日本次之，中国最低，仅为 71.4%。2018 年，四个主要经济体股票市场规模占 GDP 的比重较 2017 年均有所下降，其中美国降幅最小，为 16.3 个百分点，中国降幅最大，为 25.1 个百分点（见图 1）。[①] 此外，2019 年，英国股市总市值占 GDP 的比重为 106%，法国股市总市值占 GDP 的比重为 109%，印度股市总市值占 GDP 的比重为 76.6%，加拿大股市总市值占 GDP 的比

① 转引自清华大学证券科技研究中心《对标国际资本市场系列第 3 期：中美股票市场规模与结构对比（三）》，https://www.sohu.com/a/340115187_117965，最后访问日期：2020年 2 月 20 日。

重为 123%。① 这说明，我国资产的证券化率还相对较低，居民可资利用的金融工具在种类和数量上还有很大局限。

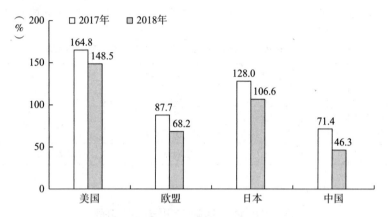

图 1 股票市场市值占 GDP 的比重

资料来源：SIFMA，OECD，Bank of Japan，ECB，World Bank，World Federation of Exchanges，清华大学证券科技研究中心。

从资本市场参与者的构成模式来看，美国和德国是以机构投资者为主，大量借助量化交易技术，追求极致的金融杠杆。日本则是大公司之间交叉持股，即所谓的株式会社。相比之下，中国是以散户为主，一般法人和自然人投资者分别占 62% 和 22%，而专业机构只占 16%。在信息严重不对称和市场高度不确定的情况下，散户投资者极为弱势。加上资本监管体系相对不成熟，资本市场成为众多散户的伤心地。有研究表明，与中长期银行定期存款和国债收益相比，中国 A 股股市并不占多大优势。沪深 300 股息率，还显著落后于 10 年期国债收益率。

在金融杠杆层面，西南财经大学中国家庭金融调查与研究中心、蚂蚁金服集团研究院于 2019 年 10 月 17 日联合发布的《中国家庭金融调查专题——中国居民杠杆率和家庭消费信贷问题研究》显示，中国人的负债率相对还比较低，但由于缺乏投资渠道等原因，中国家庭的近 6 成债务集中在房贷上，结构性问题突出。数据表明，中国家庭债务占 GDP 的比重为 49.2%，远低于美国的 77.1% 的水平。同时，在信贷参与程度上，中国的信贷参与率只有 28.7%，也低于美国的 78.0% 的水平。其中，家

---

① 参见《美国股市的总市值是 GDP 的 166%，日本为 120%，中国呢?》，https://www.sohu.com/a/354511122_440500，最后访问日期：2020 年 2 月 20 日。

庭消费信贷的参与率更低，2019 年只有 13.7％的水平，更是不到美国的 1/4。可见，一方面，民众财富日益增长，投资欲望强烈；另一方面，我国的金融市场相对落后，财富资本化比例还相对较低。金融对于个体的增权赋能作用，还没有发挥到理想水平。

与此同时，政府收入（含一般公共预算收入、政府性基金收入、土地出让金、社保基金预算、国有资本经营预算收入和预算外收入）占 GDP 的比例却在逐年上升，近年来已经达到 37.45％（见表 2）。

此外，经历了前 30 年的放权和去组织化改革后，中国社会正在经历一个重新收权和再组织化的过程。一个显著的例子是，非公企业的党组织覆盖率，从 2007 年的不到 10％，上升到了 2017 年的约 3/4；社会组织的党组织覆盖率，也从 2012 年的不到 40％，上升到 2017 年的超过 50％。[①] 这说明，政府（财政）收入和对社会的控制水平都逐年提升。

表 2　政府"四本预算"

单位：亿元，%

年份	一般公共预算收入	政府性基金收入	土地出让金	社保基金预算	国有资本经营预算收入	预算外收入	合计	占 GDP 的比重
1994	5218.10		649.7	742		1862.53	8472.33	17.58
1995	6242.2		388.06	1006		2406.5	10042.76	16.43
1996	7407.99		349	1252.4		2826	11835.39	16.54
1997	8651.14	1586.6		1458.2		3082.29	14778.23	18.61
1998	9875.95	1784.5	507.7	1623.1		3385.17	17176.42	20.24
1999	11444.08	2038.1	514.33	2211.8		3826.43	20034.74	22.21
2000	13395.23	2138.1	595.58	2644.9		3893.34	22667.15	22.72
2001	16386.04	1970.6	1295.89	3101.9		4300	27054.43	24.53
2002	18903.64	2523.5	2416.79	4048.7		4479	32371.63	26.75
2003	21715.25	3296.8	5421.31	4882.9		4566.8	39883.06	29.2
2004	26396.47	4093.4	6412.18	5780.3		4699.18	47381.53	29.48
2005	31679.29	5189.9	5883.82	6975.2		5544.16	55242.37	29.72
2006	38760.2	6810.0	8077.64	8643.2		6407.88	68698.92	31.56

---

① 根据中共中央组织部发布的历年中国共产党党内统计公报数据整理而成。

续表

年份	一般公共预算收入	政府性基金收入	土地出让金	社保基金预算	国有资本经营预算收入	预算外收入	合计	占GDP的比重
2007	51321.78	26236.5		10812.3	139.9	6414.65	94925.13	35.42
2008	61330.35	15636.35		13696.1	443.6	6617.25	97723.65	30.85
2009	68518.3	18335.04		16115.6	988.7	6820.32	110777.96	32.05
2010	83101.51	35781.94		19276.1	558.7	5794.42	144512.67	35.34
2011	103874.43	41359.63		25153.3	765.02		171152.38	35.35
2012	117253.52	37517.01		30738.8	1572.84		187082.17	35.03
2013	129209.64	52238.61		35252.9	1651.36		218352.51	37.13
2014	140349.74	54093.38		39186	2023.44		235652.56	37.45

资料来源：焦长权、焦玉平（2018）。

2. 传统治理模式的当代遗产

如前所述，虽历经若干剧烈革命，但传统中国的治理遗产（黄宗智，2008）和超稳定结构（金观涛、刘青峰，2011b），有（相当）一部分延续到了当下的改革时代。就国家治理的组织模式而言，当代中国有效汲取了历史教训，加强了对社会全方位的控制。在革命阶段，把基层社会"组织起来"，是共产党取得一个又一个胜利的法宝之一。当下，如何动员和激励庞大的官僚集团，使之克服形式主义、官僚主义和惰政懒政的消极习气，在保持中国特色治理模式的基础上，充分调动和发挥普惠金融的强大赋能作用，造福人民，是时代交给我们的一个重大命题。

史学家顾立雅（Creel，1964）曾写道：大规模的复杂组织是当代社会的突出特征，在这个方面，中国在历史上有重要贡献。但令人惊诧的是，迄今为止还没有人关注中国早已建立的"现代的、集权的官僚国家"（the modern, centralized, bureaucratic state）。有鉴于此，我们应该系统考察官僚体制与金融之间的复杂互动，剖析两者在中国历史上所经历的起伏波动过程。在此基础上，我们应该汲取经验，立足当下中国具体社会情境，探索集权式国家治理的组织模式与金融的积极赋能价值有机结合的可能道路。

3. 金融与美好社会

最后，回到国际比较的视角。芝加哥大学布斯商学院教授 Luigi Zingales（2015）在 2015 年就任美国金融学会主席时的演讲中指出，金融学界不合时宜地高估了金融可能给社会带来的好处，现实情况是，并没有理论或实证方面的研究能够严格地证明，过去 40 年来金融部门的发展真正对社会是有益的。他列举了金融部门的五大罪状：一是诱骗缺乏足够知识的投资者；二是鼓励与怂恿代理人问题；三是欺诈已经成为一种行业特征；四是政府扮演着扭曲性的角色；五是上述罪状产生了极其不利的经济后果，例如监管套利导致了大量的福利损失、诱骗与欺诈导致了不利的财富再分配等。

然而，正如本文开篇讨论戈兹曼的观点时反复强调的那样，从技术角度来看，金融本身并没有善恶，它是一种利用跨时间周期效应，平滑风险的数学工具。就中国而言，我们的金融化和资本化水平相对较低，民众的金融需求还远远得不到满足。我们切不可因为民间借贷和互联网金融的乱象，就因噎废食，把孩子连同洗澡水一起倒掉。就像 2013 年的诺贝尔经济学奖得主罗伯特·希勒（2012）在《金融与好的社会》一书中指出的那样，中国正在经历的改革有可能带来全新的金融基础设施，但我们没有理由相信好的结果会自动发生，中国的金融发展存在的不确定性不比其他国家小，尤其是需要采取措施调节那些可能加剧社会不平等性的不公正金融制度，同时为弱势群体提供必要且足够的财政保障。只有充分发挥金融的增权赋能作用，让金融积极造福更大范围的人群，我们才有可能拥抱未来更美好的社会。

参考文献

白思奇，2018，《地方在中央：晚期帝都内的同乡会馆、空间和权力》，秦兰珺、李新德译，中国社会科学出版社。

郭建龙，2017，《中央帝国的财政密码》，鹭江出版社。

黄仁宇，2006，《万历十五年》（增订纪念本），中华书局。

黄仁宇，2015，《十六世纪明代中国之财政与税收》，生活·读书·新知三联书店。

黄宗智，2000，《长江三角洲小农家庭与乡村发展》，中华书局。

黄宗智，2008，《集权的简约治理——中国以准官员和纠纷解决为主的半正式基层行政》，《开放时代》第 2 期。

焦长权、焦玉平，2018，《"大政府"的兴起：经济发展与政府转型——中国政府公共收入水平研究报告（1980—2014）》，《开放时代》第 3 期。

金观涛、刘青峰，2011a，《兴盛与危机：论中国社会超稳定结构》，法律出版社。

金观涛、刘青峰，2011b，《开放中的变迁：再论中国社会超稳定结构》，法律出版社。

李山注解，2009，《管子》，中华书局。

林采宜，2019，《2019 中国居民理财：可投资资产规模突破 200 万亿 存款占半壁江山》，https：//finance. qq. com/a/20191226/031729. htm。

刘守刚，2015，《财政文献经典九讲——基于财政政治学的文本选择》，复旦大学出版社。

刘志广，2007，《财政制度变革与现代国家的构建——关于国家治理模式的新政治经济学分析》，上海市社会科学界第五届学术年会文集（2007 年度）青年学者文集。

罗伯特·希勒，2012，《金融与好的社会》，束宇译，中信出版社。

马克斯·韦伯，2004，《韦伯作品集 II：经济与历史支配的类型》，康乐等译，广西师范大学出版社。

马克斯·韦伯，2007，《韦伯作品集 XII：新教伦理与资本主义精神》，康乐、简惠美译，广西师范大学出版社。

毛捷、吕冰洋、陈佩霞等，2018，《分税的事实：度量中国县级财政分权的数据基础》，《经济学（季刊）》第 2 期。

瞿同祖，2003，《清代地方政府》，范忠信、晏锋译，法律出版社。

荣敬本、崔之元等，1998，《从压力型体制向民主合作体制的转变——县乡两级政治体制改革》，中央编译出版社。

威廉·戈兹曼，2017，《千年金融史——金融如何塑造文明，从 5000 年前到 21 世纪》，张亚光、熊金武译，中信出版集团。

西南财经大学中国家庭金融调查与研究中心、蚂蚁金服集团研究院，2019，《中国家庭金融调查专题——中国居民杠杆率和家庭消费信贷问题研究》，https：//chfs. swufe. edu. cn/uploads/20191121/3b0ff520ad1a2bb797b988afd1809a30. pdf，11 月 21 日。

曾小萍，2005，《州县官的银两：18 世纪中国的合理化财政改革》，董建中译，中国人民大学出版社。

周黎安，2007，《中国地方官员的晋升锦标赛模式研究》，《经济研究》第 7 期。

周雪光，2019，《黄仁宇悖论与帝国逻辑：以科举制为线索》，《社会》第 2 期。

Allen, R. C. 2005. *Capital Accumulation, Technological Change, and the Distribution of Incomes during the British Industrial Revolution. Discussion Paper.* Department of Economics, University of Oxford.

Bisson, T. 1984. *Fiscal Accounts of Catalonia under the Early Count Kings.* Berkeley：University of California Press.

Creel, H. G. 1964. "The Beginnings of Bureaucracy in China：The Origin of the Hsien. "

Journal of Asian Studies 23 (2): 155 – 184.

Elvin, M. 1973. *The Pattern of the Chinese Past.* Stanford University Press.

Englund, R. 1988. "Administrative Timekeeping in Ancient Mesopotamia. " *Journal of the Economic and Social History of Archaeology* 84 (3): 339 – 358.

Goddeeris, A. 2002. *Economy and Society in Northern Babylonia in the Early Old Babylonian Period (ca. 2000 – 1800 BC.)* . Leuvin, Belguim: Peeters.

McDermott, J. P. 2014. *The Making of a New Rural Order in South China: Village, Land, and Lineage in Huizhou*, 900 – 1600. Cambridge University Press.

Schurmann, F. 1969. *Ideology and Organization in Communist China.* University of California Press.

Seaford, R. 2004. *Money and the Early Greek Mind: Homer, Philosophy, Tragedy.* Cambridge: Cambridge University Press.

Walder, A. G. 1995. "Local Governments as Industrial Firms: An Organizational Analysis of China's Transitional Economy. " *The American Journal of Sociology* 101 (2): 263 – 301.

Zingales, L. 2015. "Presidential Address: Does Finance Benefit Society. " *Journal of Finance* LXX (4): 1327 – 1363.

金融社会工作 ————

金融与社会 第一辑
第 121~141 页
© SSAP, 2020

提升青少年金融能力的社会工作实务研究

——以 C 项目为例

方 舒[*]

摘 要: 随着现代社会日益金融化,金融能力成为人们必备素养之一,但在消费主义盛行的当下,青少年人群因金融能力不足而屡遭不必要的风险和损失。根据金融赋能视角,个体金融能力与专业的教育和引导相关。Y 社工事务所执行 C 项目时,面向一个初二班全体学生探索实施金融社会工作,由专业社会工作者开展了系列金融教育及相关活动,青少年金融能力得到明显提升。本研究梳理了金融能力教育的实践框架,也讨论了本土金融社会工作实务模式。

关键词: 社会金融化 金融能力 社会工作干预 金融赋能

一 社会金融化与青少年的金融脆弱性

现代社会对系统具有高度依赖性,其中金融体系就是现代服务系统之一,并日益渗透到人们日常生活的方方面面,这种趋势即社会金融化。

---

[*] 方舒,中央财经大学社会与心理学院副教授。

社会金融化是当今社会的一个全新变迁进程，意味着金融服务在人们的生活中发挥着日益重要的作用，民生福祉日益离不开金融服务系统。然而社会金融化是一把"双刃剑"，尤其当金融服务"插上互联网翅膀"，一方面对民生福祉提升发挥了重要作用，如手机支付、互联网信贷等金融手段让公众生活（消费）变得更加便捷；另一方面随着系统的金融服务体系深入日常生活，一旦个体的金融能力、可及的金融机会不足，社会金融化和金融网络化也会带来诸多社会（金融）风险，如金融诈骗、P2P爆雷和非法集资等，往往就是披着互联网金融"外衣"行违法犯罪"之实"。

随着生活水平提高和外出求学频繁，青少年大多拥有一定的零花钱，但很多青少年尚未树立科学消费观念，不懂得理性消费知识，未掌握合理规划开支能力，甚至频频误入"金融陷阱"，具有明显的金融脆弱性（financial vulnerability）。同时，网络化使青少年群体在社会生活中的金融脆弱性更加凸显。互联网技术飞速发展以及移动支付方式的普及，让青少年成为智联化金融服务的主要使用者。共青团中央维护青少年权益部、中国互联网络信息中心（CNNIC）联合发布的《2018年全国未成年人互联网使用情况研究报告》显示，我国未成年网民规模达1.69亿人，未成年人的互联网普及率达到93.7%，明显高于同期全国人口的互联网普及率（57.7%）；从各学历段情况来看，小学、初中、高中和中职学生上网比例分别达到89.5%、99.4%、96.3%和99.0%；手机成为未成年人的首要上网设备，使用比例达到92.0%；未成年人拥有属于自己的上网设备的比例也不低，比如69.7%有手机，24.6%有平板电脑，13.9%有笔记本电脑。① 当下金融服务融入互联网大潮，使青少年生活、教育、休闲和发展产生深刻变化。一方面，购买商品和获取消费信息格外便捷，诱发其消费的行为和心理发生巨大变化，超前消费、信贷消费及非理性消费都可能对其产生负面后果；另一方面，随着网络时代使用电子邮件、社交网络、网络游戏、网络聊天等工具或平台的频率日益增长，网络诈骗、非规范网络信贷、非法互联网博彩甚至成瘾性网络游戏消费等，给青少年及其家庭带来一系列前所未有的风险。比如修改分数、游戏盗号、

---

① 《2018年全国未成年人互联网使用情况研究报告》，http://www.cnnic.net.cn/hlwfzyj/hl-wxzbg/qsnbg/，最后访问日期：2020年2月20日。

抢红包、扫二维码、汇款和充话费以及网络打赏等，已成为青少年近年来遭遇的主要网络金融陷阱。[①] 近年媒体报道的准大学生被骗光学费后羞愤自杀，大学生缺乏正确的金融决策误入"网贷旋涡"，都是青少年金融能力不足的极端案例。

种种实例反映了青少年金融能力（financial capability）的缺乏，可能会阻碍他们的长远发展；当前网络化社会情境使青少年在成长中需要提高金融能力，金融能力是他们当前和未来求学、就业创业、规划理财和生活消费等方面的必备能力之一。在分析 2008 年全球金融危机爆发的原因时，很多学者指出国民金融能力不足，因此当前许多国家都认识到金融能力的重要性，将金融能力作为青少年"为生活做好准备"的必备技能（刘勇、田杰、李敏，2017）。青少年时期属于个体生命历程的关键转折期，诸如人力资本发展、生存策略选择、亲密关系建立等人生议题既是每位青少年人生中的"规定动作"，也是决定他们能否长远发展的重要因素，需要在这一时期逐一完成甚至叠加完成，从而促进他们正常社会功能的实现。但不少研究指出，青少年金融能力现状堪忧。北京师范大学中国教育创新研究院发布的《2017 年中国青少年财经素养调研报告》显示，青少年掌握的财经知识普遍较少，小学、初高中、大学各阶段学生金融知识都有不足，导致各类金融风险的存在。[②] 可以说，青少年社会化过程需要金融能力的长足发展，金融社会化是个体社会化的重要维度，也是确保青少年发展需求（包括求学、就业、财富管理、人生规划和必需消费）得到合理满足的重要主体条件。

因此，具备一定金融能力不仅使青少年能积极面对经济困难，帮助他们做出合理的经济决策，而且有助于养成良好消费习惯；尤其当他们面对金融风险和金融诈骗时能够及时察觉并防范，进而能对钱财进行科学的规划与管理，实现其个人成长和福祉提升。然而，我国青少年金融能力的重视和培养力度还不够，尚未将金融教育纳入国民教育体系，大部分青少年尚未接受过系统化金融知识教育（周晓春，2018）。在现有学校教育体系中，绝大多数青少年处于中小学学习阶段，有限的金融知识

[①] 《净网 2019　六种典型的网络诈骗，青少年要小心了!》，http://www.cyberpolice.cn/wfjb/html/aqts/20190621/4617.shtml，2019 年 6 月 21 日。

[②] 《北师大发布中国青少年财经素养调研报告》，http://www.sohu.com/a/151169677_287574，最后访问日期：2020 年 2 月 21 日。

仅来自历史、语文、政治等学科，以生活故事或名人故事形式出现，数学科目虽涉及利息和日常消费支出计算，但涉及面普遍较窄。国外经验显示，社会工作在提升青少年金融能力上有着独特功能（Johnson & Sherraden，2007）。社会工作专业的使命在于助人自助，协助弱势群体满足基本需求、解决现实问题、实现自我成长，其中包括个体和家庭的经济需求与金融问题，因此金融服务与金融能力是社会工作干预无法回避的内容。而且，由于金融服务部门是以营利为目的，经济弱势人群无法享受到合适的金融服务，而金融社会工作依据金融赋能理念（Financial Empowerment），提供社会化、公共性的普惠服务，能够直接与服务对象接触，运用专业知识提升服务对象的金融能力，协调和促进个体与所处金融环境的关系，进而促进服务对象的可持续发展（Sherraden & Huang，2019）。金融社会工作国际经验对我国青少年金融赋能具有积极借鉴意义，因此需要通过具体实践推动其在中国本土的落地，发挥现实的社会功能。

据此，本文从金融社会工作的视角出发，以青少年金融能力为研究对象，首先利用问卷调查掌握青少年金融能力现状及其存在问题，通过开展一系列金融能力教育等赋能实践活动，然后通过观察法、前后测和个别访谈法评估小组工作介入效果。研究表明，金融社会工作的介入对青少年金融能力的提高有显著作用，主要表现在青少年金融知识水平和金融技能得到提高，以及形成合理的金钱观和消费观、理性管理金钱和消费的意识，同时也提高了其掌控未来生活和应对人生风险的能力。

二　文献综述

（一）青少年金融能力相关研究

国内外对青少年金融能力与金融风险的研究文献，多是从分析现代社会复杂的金融化变迁过程着手的。玛格丽特·谢若登等（Sherraden & Grinstein-Weiss，2015）指出，社会金融化在全球化时代日益明显，青年人在面对日常生活中的金融议题时，通常需要应对三大社会变迁趋势：一是日常生活中金融决策的复杂性与他们金融能力匮乏之间形成供需矛盾；二是普遍比父母一辈更早做出较大难度的金融决策；三是缺乏子女教育、健康、养老等多方面的保障和储蓄。谢若登的另一项研究（Johnson & Sherraden，2007）具体阐述了美国青少年日益复杂的金融状况。比如，与庞大的信用卡消费市场的体量相比，青少年极少掌握做出理性消费决策所需的金融知识，美国的大学生群体中大部分都存在信用卡负债的金融风险，而很多青少年缺少储蓄账户。遵循青少年金融脆弱性的逻辑，相关研究将原因归结于青少年金融能力的不足。例如，有研究指出，不负责任的理财行为和匮乏的财务技巧是金融危机中个人紧急举债不断上涨的主要原因，这种现象在青年人群中亦是如此，因为他们在经济危机中也是特别脆弱的人群（Amagir et al.，2018）。又如，美国一家非营利组织 Jump Start 对青少年的金融能力开展调查发现，只有 10.2% 的青少年能够回答 75% 的金融问题。国内研究近年来也关注了青少年金融能力现状（Mandell，2008）。江西省金融学会课题组（2018）对该省农村中小学生调查发现，中小学生金融能力不足，金融风险意识淡薄，且金融规划意识较为薄弱。此外，另一调查发现（梁曦文，2017），青少年对金融知识正确掌握率较低，对零花钱进行规划的比例为 20%，且 20% 的青少年在设置密码时会使用自己的出生日期，安全意识较弱。与金融知识和能力普遍欠缺相对应的是，不少研究都指出了青少年获得金融服务较少的问题。有研究指出（李婧萌，2016），在青少年获得的金融理财服务中，80% 是青少年商业保险，随后是教育储蓄，其他青少年金融理财服务很少且功能趋同，无法起到理财和培养财商的作用。周晓春（2018）对此总结指出，正规金融服务机会不足与自身金融素养不足，都是青少年频频陷入金融风险的主要原因。

更多的研究讨论了金融能力的概念、指标体系和测量方法等。首先，关于概念的界定，金融能力早期被称作金融素养或财经素养（financial literacy），源于西方国家的金融知识普及运动（肖经建，2014），最初主要是一个面向消费者群体的经济概念。在很多研究中，金融素养最基本的含义就是金融知识，而所谓的金融知识指涉个体对基础金融概念的理解，标志着个人能力的金融维度，金融知识和金融素养往往交替使用（Huang et al.，2013）。除了知识层面之外，金融素养概念还发展出知识—行为观（刘勇、田杰、李敏，2017）。例如，Lois Vitt 等（2000）认为，金融素养是人们读取、分析、管理和交流与其物质福祉息息相关的个人财务状况的能力；Atkinson 等（2006）认为，金融素养应该包括收支平衡、财务记账、提前规划、选择产品和确保知晓度五个方面的技能、行为和知识；Lusardi（2015）定义金融素养是人们在财富积累、财务规划和负债等方面掌握知识信息、做出决策行为的能力。在知识—行为观基础上，还有研究融入了人的生命周期视角和可持续发展视角，将金融素养定义为"运用知识和技能有效管理财务资源的能力，在不损害未来几代人满足其自身财务需求的情况下，使其一生财务状况良好"（Warner & Agnello，2012），使金融素养概念的内涵更加丰富。但新近完整的金融素养概念框架已从"知识—行为"发展到"知识—行为—心态"。在这个框架下，金融素养是知识与理解、技能与行为、态度与信心三者的有机结合（Amagir et al.，2018），"是对金融概念和金融风险的知识和理解，以及在一定的金融环境下，为了做出有效决策而运用这些知识和理解的技能、动机和信心，以提升个体、社会的经济福祉和人们对经济生活的参与度"（OECD，2014）。

虽然前期使用金融素养的称谓，但后来理论出现社会学转向。2015年，美国社会工作学部委员会将"推动全民的金融能力与资产建设"列为未来美国社会和社会工作专业面临的十二大挑战之一。为此谢若登及其团队专门撰写报告，全面阐述了金融能力与资产建设（Financial Capability and Asset Building）理论框架，提出社会模式的金融能力概念，主张金融能力并不完全是一个改变个体行为的事物，而是关于人与其环境关系的概念，包括个体（经济）行为和制度性（金融）机会两层含义（Sherraden et al.，2015）。社会模式的金融能力有三部分，即个体金融知识和技能，个人可及的金融机会，以及金融知识与技能、金融机会二者间的互动效应（Huang et al.，2013）。

国内外研究还阐述了金融能力对青少年的重要性，Lusardi 和 Mitchell（2011）指出，良好金融能力能帮助个人做出理性科学的金融决策，促使其积极参与金融市场，增强其风险防范意识。尹志超等（2014）也指出丰富的金融知识有助于提高个体金融市场的参与程度、增强其投资风险资产的倾向。李苏南（2015）发现金融能力是一项特定的人力资本，金融能力的提高能够有利于扩大家庭财富规模，在金融市场投资中降低成本。关伟、张小宁、黄鸿星（2013）指出金融能力水平影响金融业的发展，而青少年金融教育的缺乏会削弱金融体系的健康与安全。

（二）青少年金融能力干预策略研究

金融能力是金融社会工作的核心概念，国内外在金融社会工作介入青少年金融能力方面有着丰富的理论与实务的研究。在理论方面，如前所述，谢若登等提出社会模式的金融能力，是个人内在金融能力与外在金融机会的结合（Sherraden & Huang，2019）。个体能力是由他们成长过程中习得的东西形塑而成，金融方面的知识和行动力也能通过金融教育、金融指导和金融训练等方式得以提升，其中金融教育是迄今为止最为普遍的提升（金融）行动力的策略（Sherraden et al.，2015）。很多研究指出，金融（能力）教育在全球范围日益为世人所重视。李哲（2011）指出，金融教育的结构性缺失是反思金融危机的重要维度之一；而周晓春（2018）指出，我国家庭对青少年的金融教育不足，教育系统也缺乏相应的教学模块。也有研究重点关注了青少年对金融知识和能力的学习意愿。一项调查发现，有60%的青少年希望能够学习理财基础知识和技能、获得与生活相关的投资建议；有50%的青少年认为学习金融知识有助于他们合理安排收支、积累财富、提高生活质量、对学习生活进行长远规划（阚盈盈，2016）。这说明青少年是有意愿去学习金融知识的。

已有研究指出（OECD，2014），金融教育（financial education）是一种旨在提高金融素养水平的干预过程，最终目的是增能和激励人们去改变自身的金融行为，因此金融素养和金融教育有三个要素：知识和理解、技能和行为、态度和信心。此外，有学者主张从增能（empowerment）的角度去理解金融能力教育（Farnsworth et al.，2011），与社会模式的金融能力概念高度一致。金融教育能够以多种群体为对象，包括父母、儿童和青少年、职员和社会大众，还可以面向穷人、移民、罪犯、残障人士及无家可归者等社会弱势群体（Sherraden et al.，2015）。很多公共部门和私人机构开展了丰富的金融教育项目（Bell & Lerman，2005）。比如在20世纪90年代以前，美国就有88%的大型雇主企业提供了一系列的金融教育项目，包括打印的资料和课程等（Douglas & Garrett，1996）。此外，高校也是重要平台，例如台湾辅仁大学成立了金融社会工作教育推广中心，为青少年开展金融资产管理或理财知识培训或咨询，帮助其建立个人发展账户，为其提供短期的免费创业课程培训以及咨询（郭登聪，2016）。已有研究主要介绍了资产为本（Asset-based）的金融教育和学校为本

（School-based）的金融教育。

资产为本金融教育模式主要来自谢若登夫妇及其团队在美国乃至全球倡导实施的资产建设项目，例如美国 SEED OK 儿童发展账户政策，该团队就实施了针对家庭的金融教育活动（Huang et al. , 2013）。作为该团队的核心成员之一，Jami Curley（2015）主持过另一项实践——先行资产计划。该计划前期是用美国政府资助费用促进 3～4 岁儿童所在家庭的入学准备；中期是金融能力教育与训练，对家庭实行资产登记；后期是完成后续调查，从匹配的储蓄账户中获取财务资源。此外，在美国的一些州，社会工作者提供金融知识和指导推动青年人从接受照料到成年的过渡，帮助他们开通银行账户，并为其教育、居住和交通专门配款储蓄（Sherraden et al. , 2015）。在国内研究中，童星（2011）也认为，可以对青少年启动个人发展账户，社工和家长引导他们参与账户投资，以及教导他们规划未来账户的使用。吴世友等（2016）介绍了上海 G 机构的低保家庭资产建设干预项目，指出可以开设青少年教育专项家庭发展账户，对干预的家庭进行亲职教育、理财规划及管理、青少年成长与生涯规划、家庭管理等方面的培训和指导，提升青少年的自我效能感，帮助贫困家庭摆脱现状。

关于学校为本金融教育，有研究总结了四大类（Amagir et al. , 2018）：一是关注短期和长期的、经过深思熟虑和获得充分信息的金融角色，促进受众形成良好的金融习惯；二是以培养和提升学生可转化的金融技能为主要目标，使其懂得运用习得的金融知识改变其金融决策和金融行为；三是关注个人人力资本发展，通过教学让学生掌握如何挣钱、管理和储蓄金钱，以及为高中、大学教育树立内在动机和期望；四是关注问题解决能力的培养，强调通过讲授如银行、个人预算、问题解决以及更高级商业和理财方面的技巧，提升青年人的财务能力。在美国，类似于 Bank-at-school、Save for American 和 Illinois Bank-at-school 都是银行在学校开设的金融教育项目（Johnson & Sherraden, 2007）。

关于金融教育具体操作的研究主要涉及两方面。一方面是关于金融教育的内容和焦点。研究指出，规划和预算、获得收入和就业、储蓄和投资、消费和信用、保险和银行服务，都是不同水平层次上金融教育项目的核心要素（Amagir et al. , 2018）。该研究还总结：在小学阶段，金融教育主要关注规划和预算、储蓄、消费支出和信用等概念；在中学阶段，金融教育主要关注消费支出和信用、储蓄与投资，以及预算的概念；在大学阶段，金融教育主要关注预算、信用卡使用、必要的消费决策等。在国内研究中，周晓春（2018）建议，可以从提升个人金融素养和增加金融服务机会两个方面对青少年的收入、资产建设、消费管理、信用管理和金融保障五个领域进行干预。另一方面是关于金融教育的方式和技巧。Schreiner 等（2001）认为，一项成功的金融能力教育项目，必须能够将复杂的金融/财务语言转换成具体和简单的术语，此外还必须为特定的市场群体如儿童、妇女和单亲家庭的父母制定独特的技能和文化。因此，在实践中，有些金融教育的素材使用丰富的教学方法，比如角色扮演，小组讨论，以及从网络、阅读材料、面谈、绘画和个案分析等方面收集信息，体现了体验式教学的优势。体验式教学能够使学生意识到财务规划的概念，并证实如何在日常生活中运用这些概念（Danes & Haberman，2007）。在国内研究中，万飞（2018）介绍了某中学通过学校课本、学科融合、社团实践、课题研究、文化建设等途径，将学校的课程建设与金融教育有机结合起来的实践过程。而辛自强（2019）指出，仅仅在青少年时期进行金融教育是完全不够的，由于所处环境时刻都在变化，需要通过终身的金融能力教育才能解决金融环境复杂与个体金融能力弱之间的矛盾。

在金融教育效果研究上，有研究指出，雇主提供的金融教育项目能够对参与员工的退休金计划、整体储蓄额和退休储蓄额，产生积极和明显的影响，同时也能成为影响参与员工储蓄率的重要因素（Douglas & Garrett，1996）。对于低收入和受教育程度低的家庭来说，自身金融能力不足容易造成更多的金融决策失误，因此他们更易于从金融教育中获得最大好处；而少数族裔、单亲家庭的父母和妇女等群体也是（金融教育）受益较大的人群（Martin，2007）。在金融能力与资产建设相关研究中，一项 SEED OK 项目的研究表明，项目参与父母接受金融能力教育后，掌握的金融知识对其持有账户时长、储蓄行为等具有积极影响，而这种影响同时也与制度性储蓄刺激机制有很强的关联（Huang et al.，2013）。另一项研究也证实：在 1~6 小时的金融教育课程中，每增加 1 小时课程时长，则个人发展账户参与者每月能平均增加 1.24 美元存款；而在 7~12 小时的金融教育课程中，每增加 1 小时课程时长，则参与者每月的储蓄存款会增加 0.56 美元（Clancy et al.，2001）。此外，面向中学生尤其是初中生的金融教育效果的研究表明，在学校开展的金融教育项目对参与学生的储蓄（流动性）和财产（固定性）两项结果有一定影响，他们在 5 年后的结果比未参与者平均高出 1.5%（Martin，2007）。

（三）已有研究述评

已有研究从不同侧面为金融社会工作干预青少年金融能力提供了思路。

第一，系统展示了金融能力从"知识论"向"能力论"的演进过程。最初在国际上金融能力也被称为金融素养（financial literacy），但这过于侧重个体知识掌握、行为和态度层面，其后 financial capability 则将微观个体的金融素养与宏观金融机会结构有机结合，为本研究提供了全方位的理论支撑。

第二，明确了金融能力干预的社会工作介入框架，即已有文献肯定了学校为本的金融教育模式，并通过文献综述的形式系统梳理了全球范围内金融能力教育的干预形式、传授内容和评估方法及具体操作技巧等一系列知识（Martin，2007），为国内相关实务开展提供了丰富素材。

第三，从实证研究和定性研究多个维度，全方位验证了金融能力教育的开展对各类社会群体尤其是青少年的积极效应。在已有研究中，有的从资产建设项目出发进行了评估研究，有的基于学校的金融教育项目进行了实证研究，还有的则通过文献综述对教育效果进行了系统梳理。上述研究均能为本研究的开展及结果的讨论提供参考。

第四，已有研究提供了基于青少年能力提升主题的丰富视角。不少已有的研究以青少年作为主要的人群，其中还有部分文献提出了从生命周期、赋能理论、可持续发展等视角，分析和处理青少年群体劳动、财富，金融与人生规划等事项，以及金融与青少年发展的关系。这些研究为后续理论和实务的推进提供了丰富和有益的启示。

然而，由于金融社会工作是一个刚刚兴起的领域，国内有关金融社会工作的实务及其研究更是屈指可数，由此可见本文以 C 项目为研究对象，依据国外经验结合国内情况，以青少年为服务对象对其进行金融赋能从而提升其金融能力，可以说具有独特的研究价值。

三　提升青少年金融能力的社会工作实务过程

（一）研究背景与项目概述

2018 年，Y 社工事务所在北京市某区面向青少年进行抽样入户调查，从青少年家庭经济情况、身心发展、学习生活、社会交往等方面全面评估其目前面临的困难和服务需求。调查发现，该区青少年及其家庭存在的问题有：家庭经济自足能力弱影响了青少年学业，并且缺乏实现教育目标的财务能力和储蓄意识；青少年金融意识和相关知识严重不足，对自身及其家庭的经济状况、未来发展缺乏明确认知，长期来看不利于青少年人力资本的发展。在此调研基础上，Y 社工事务所结合其掌握的金融社会工作实践框架，开展了青少年金融赋能的 C 项目。该项目在该区团区委的协调下，最终选定 M 中学初二某班全体学生为干预对象，致力于运用学校为本金融能力教育模式，结合金融社会工作专业手法提升青少年的金融能力。在项目实施中，项目组通过组织专业人士为服务对象开展金融能力教育和实施金融技能训练，引导他们树立更高的成长信心，协助他们做好人生规划，提高他们在心理、智力、行为和社会交往等方面的能力，实现助力青少年摆脱成长困境、促进长远发展的目标。

该项目遵循"金融脆弱性—金融赋能（提高金融技能与拓展金融机会）—增进经济福祉"的逻辑主线，开展包括金融知识教育、金融困境咨询、金融风险防范以及金融与生涯发展规划多重内容的社会工作干预服务。在青少年金融赋能 C 项目中，Y 社工事务所不是单方面传授金融知识，而是注重引导、鼓励青少年参与，以社会工作的专业价值来引导实际项目的开展，确保项目的专业性。本项目以金融能力教育活动为主体，辅之以咨询和实训的方式，包括金融知识教育、理财及理性消费训练和生涯规划咨询指导等，促使青少年形成正确的金钱观和消费观、理性管理金钱和消费行为的意识，以及防范金融诈骗的自我保护意识，从而提升其掌控未来生活和应对人生风险的能力。

（二）C 项目的干预过程

具体来说，本项目的青少年金融赋能社会工作服务主要包括金融教育（financial education）、金融咨询（financial counseling）、金融实训（financial coaching）三大环节，一方面弥补现有教育内容对金融知识和技能传授的不足，另一方面也考虑从初中阶段尽早干预，对青少年的积极影响可能更为深远，也更有利于探索本土化的金融社会工作服务模式。

第一个环节——金融教育体现为形式灵活的系列课程。课程是由 Y 社工事务所联系中国建设银行北京分行志愿者与专业社工一道为该班学生（32 人）开设的，每次课程持续 90 分钟，其中一半是金融知识讲授，一半是分组讨论和模拟演示。主要课程内容包括四部分。课程一是"正确认识金钱"，课程目的是解决青少年模糊或偏差的金钱观问题，使青少年对金钱形成正确的认识，从而为其理性消费奠定思想基础；课程内容有：①为什么会有金钱？②金钱从哪里来（区分不同财富来源）？③不同职业之间的收入区别是怎样的？课程二是"如何理性地消费"，课程目的是帮助服务对象形成正确的消费观；课程内容有：①必需品与想要得到的东西之间的区别有哪些？②它真的值那么多钱吗？③我真的需要它吗？课程三是"预防金融诈骗"，课程目的是向参与者揭示常见的金融骗局，提高服务对象的警惕性；课程内容有：①如何辨识金融诈骗常见的"套路"？②为什么会有人上当？③在骗子面前如何做个理智的人？课程四是"怎样管理我的金钱"，课程目的是使青少年能够合理地使用和管理自己的金钱，并形成节约和储蓄的意识；课程内容有：①我的钱到哪儿去了？②怎么做好预算？③如何让我的钱变得更多？所有课程内容都是 Y 社工事务所的专业社工根据国内外最新实务进展精心设计的。

第二个环节是金融咨询的活动，主题是"金融与职业生涯规划"，活动主要采取沙盘游戏的方法，活动目的是在青少年已经对各种职业有全面认识的基础上，激发和引导他们正确认识内在的兴趣、动机和能力，进而主动关注和规划自己的人生，并思考金融能力与生涯发展之间的紧密关联，从而通过增强金融能力来提升青少年对未来的自我期望。

第三个环节是金融实训的活动，主要开展"跳蚤市场"和"积分圆梦计划"两大活动。"跳蚤市场"活动是鼓励和发动青少年将自己闲置的书籍、玩具及其他物品，在班级内进行以物易物或自愿交易，使其从中理解财富来源和平等交易，并培养青少年的节约意识和绿色消费观。此外，在实际开展此次活动且临近结束时，社工提议所有同学可以将手上暂时未出售的闲置物品捐赠给同区困境家庭的青少年学生，同学们纷纷响应。另外，"积分圆梦计划"活动从项目伊始就启动并贯穿始终，社会工作者为全班每位学生建立"名义积分账户"，并通过与学生协商，确定他们的"心愿单"和积分范围与标准，比如参加一次课程可以积 20 分，在"跳蚤市场"成功售出一件物品将按照售出价1∶1积分，等等。最终结项前统计每位同学的积分数，并允许他们按照一定的"价格"把各自的积分"当钱花"——购买心愿物品来"圆梦"，让他们在活动体验中理解储蓄的"魅力"。

此外，在干预服务实施前后，项目组还采取专业评估工具收集过程性资料和青少年在金融方面的知识、行为、态度和期望等维度的现状与变化，把握一系列活动对青少年的影响。项目组通过文献回顾并结合学生实际，研制"互联网时代青少年金融能力量表"，从金钱、消费、网络生活、理财和人生规划等板块，对青少年金融知识和技能及与之相关的行为和态度等内容进行测量，并开展实施前的预估和实施后的评估。此外，项目组选取 M 中学初中二年级另一个班作为对照组，通过前后测收集干预组、对照组两个班学生的基线数据、过程性资料和评估结果，完成项目实施有效性的对比分析。

（三）小组评估与总结

1. 小组目标评估

该项目服务旨在通过金融知识的讲授和金融技能的培训提升青少年的金融能力。该项目活动提升了青少年在成长和受教育过程中正确看待和处理金钱，合理消费和科学理财等方面的能力，也增强了他们未来在规划财富上的信心，促进其身心健康和长远发展。由于青少年自身也有金融能力提升这方面的需求，所以其参与积极性较高，整个班级气氛十分活跃，基本达到了预期目标。

2. 小组组员评估

在金融知识讲授中，组员们非常配合老师和社工，面对提问积极举手回答，在案例讨论中也踊跃发言，提出自己的意见与想法，现场活动氛围十分融洽。在对青少年进行访谈的过程中也收到了其良好反馈，很多组员对我们课程的安排与创新给予了肯定，表示经过这一系列活动的开展，他们的金融能力有所提升，对他们的生活有较大帮助，并且希望类似的活动能够多多开展。

3. 社工评估

在小组活动中，社会工作者的角色为讲授者、组织者和服务提供者。在活动过程中专业社工保持温和的态度，观察每个参与者的表现，营造了融洽的活动氛围；在课程的设置上，考虑到青少年的年龄，为了不让课程显得枯燥无味，执行人员使用通俗易懂的语言为其进行知识讲授，并且穿插许多案例，辅之以多次实操的模拟活动，比如"跳蚤市场"的海报设计、物品宣传，"积分圆梦计划"中为每位学生进行积分等。一系列活动都让服务对象积极地参与到活动中。

四 金融社会工作的干预效果评估

C项目采取前后测设计，随机选取了一个初二班级为干预组，提供项目干预服务，在干预实施前后，该班级学生接受问卷调查，测试他们的金融知识、消费观、理财情况、人生规划等方面的状况与变化。本文通过对干预组干预前与干预后的数据进行比较，得出两组数据差异，从而进行研究项目干预的效果评估。

（一）干预前青少年的金融能力状况

1. 金融知识水平较低

在设置的金融知识板块中，项目组发现被调查者普遍存在金融知识匮乏的现象，正确率仅为34%，其中金钱的来源这一题正确率为23%，说明大部分被调查者对金钱产生的背景及原因缺乏了解；另外，对劳动收入和非劳动收入两者的区别这一题，有68%的被调查者能够分辨清楚；最后，对不同职业之间的收入区别这一题，只有13%的被调查者回答正确，说明他们对收入的影响因素与职业性质不是很了解。可见，被调查者的金融知识水平不高，需要对其进行金融知识教育从而解决其模糊或偏差的金钱观问题，使被调查者对金钱形成正确的认识，为其理性消费奠定思想基础。

2. 消费支出结构不合理

在零花钱的消费上，一周零花钱为0～50元的被调查者占比为84%，其零花钱的消费率为82%；一周零花钱为51～200元的被调查者占比为16%，其零花钱的消费率为50%。在每月消费项目上，仅有50%的零花钱用于购买文具和学习资料，还有30%用于购买零食，有8%用于追星和游戏充值、支付网吧费，有6%用于购买小说，"其他"选项中有人是购买动漫周边和喜欢的小物品（见图1），这表明被调查者在消费项目上还未很好地区分必需品与想要得到的东西之间的不同。

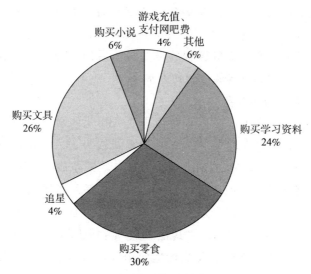

图1 干预前被调查者消费情况

3. 金融规划意识欠缺

随着经济社会的发展，青少年对零花钱的处理方式也呈现多元化。调查显示，在拿到一个时期的零花钱时，能够进行消费预算的被调查者占比仅有48%，而有20%的被调查者直接将零花钱用于购买自己想要的东西，这表明被调查者普遍缺乏金融规划意识，特别是对于零花钱的消费预算意识明显不足。当遇到自己心仪的商品但手上钱不够时，只有54%的被调查者选择制订计划攒钱购买，还有17%的被调查者选择向父母求助，这说明被调查者的储蓄意识不足，大部分的被调查者不会对自己的零花钱进行预算与管理。

（二）干预后青少年金融能力的变化

在项目执行后，项目组再次对服务对象进行后测问卷调查，后测共收集有效问卷32份，分析结果如下。

1. 金融知识水平有所提升

经项目组干预后，被调查者的金融知识水平有所提高。在设置的金融知识板块中，正确率由原来的 34% 提高到了 66%，表明金融赋能的介入提高了服务对象近一倍的金融知识水平。其中金钱的来源这一题的正确率为 62%，较之前增加了 39 个百分点，这说明经过金融课程讲授，被调查者对金钱的来源有了更大程度的了解。另外，关于劳动收入和非劳动收入两者的区别这一题，有 94% 的被调查者回答正确。最后，对不同职业之间的收入区别这一题，有 51% 的被调查者回答正确，较之前提升了近 3 倍。总的来说，金融课程的设置与一系列咨询和实训活动，在一定程度上提升了被调查者的金融知识水平。

2. 消费支出结构改善

在零花钱的消费上，一周零花钱为 0 ~ 50 元的被调查者占比提高到 90%，其零花钱的消费率为 70%；一周零花钱为 51 ~ 200 元的被调查者占比降低到 10%，其零花钱的消费率为 35%。零花钱的消费率有所降低，说明被调查者开始有意识地进行储蓄行为。在每月消费项目上，有 64% 用于购买文具和学习资料，还有 22% 用于购买零食，用于追星和游戏充值、支付网吧费减少到 2%，"其他"选项中是用来集邮和吃饭（见图 2），被调查者基本上能够合理均衡地使用零花钱。这说明项目组设置的理性消费课程促进了被调查者良好消费观的形成。

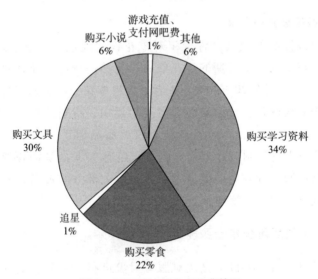

图 2 干预后被调查者消费情况

3. 金融规划意识有所增强

服务对象开始能够合理地使用和管理自己的金钱。调查显示，在拿到一个时期的零花钱时，进行消费预算的被调查者占比增加了20个百分点，且直接将零花钱用于购买自己想要东西的被调查者占比减少到16%。当遇到自己心仪的商品但手上钱不够时，选择制订计划攒钱购买的被调查者占比增加了20个百分点，选择向父母求助的被调查者占比减少了11个百分点，这说明被调查者的储蓄意识增强，对于自己想要的东西不是向父母要钱而是通过储蓄来购买。

4. 闲置物品处置方式转化

闲置物品的处置方式也与初中生的日常消费紧密相关。项目组设置的"跳蚤市场"活动使服务对象感受到物物交换的便捷与环保，因此在闲置物品的处置上，在后测问卷问答者中，选择与其他人进行物物交换，换来自己需要的物品这种方式的被调查者由9%提高到34%，是原来选择人数的近3倍。

5. 金融机会增加

金融赋能除了提升金融技能，还涉及拓展金融机会。Y社工事务所通过与当地团区委的沟通和合作，结合全区初中年级学生实际需求，已将"青少年金融素养教育"列入全区中学生综合素质选修课"七彩课堂"的课程目录，供感兴趣的学校、班级和学生选修。同时社会工作者还积极与青少年所在社区联系，计划今后开展"送课程进社区""社区儿童青少年金融知识教育"等活动。该项目的开展使青少年金融机会增加，有更多的途径提升自身的金融能力。

五　结论与建议

（一）结论与反思

本文以C项目为研究对象，结合其实施过程和实务效果，分析了青少年金融能力的现状、问题及其干预，同时也梳理了金融社会工作的实践框架，探索本土青少年金融赋能服务模式，有以下结论。

第一，由于缺少系统的金融能力教育，我国青少年金融能力水平较低，表现在金融知识匮乏、金融技能掌握与应用能力不足、缺乏科学规划的意识、消费行为不理智等方面；同时，青少年也意识到金融能力弱的问题且渴望提升金融能力，希望学习如何理财与规划来管理自己的零花钱。

第二，金融社会工作是提高青少年金融能力的有效途径之一。金融社会工作从金融教育、金融咨询、金融实训三部分进行干预，青少年金融能力获得显著的提升，主要表现在青少年金融知识水平和金融技能的提高，正确的金钱观和消费观、有效管理金钱和理性消费观念的形成，以及金融赋能机会的增加等，此外还提高了其掌控未来生活和应对人生风险的能力。

然而，由于金融社会工作是一个全新的领域，C 项目也是国内少有对此领域的探索性研究。因此干预活动的设计与实施，要求执行团队除了掌握社会工作理论与方法之外，还要懂得更多的经济学和金融学知识，才能给服务对象更多的帮助与支持。虽然项目组的专业社工在干预过程中，每次都会提前进行金融知识的学习储备，且广泛参考国内外已有经验和做法，但在知识讲解和灵活运用上难免生涩，有可能影响到干预效果的进一步显现。

（二）提升青少年金融能力的建议

第一，拓展青少年金融赋能干预形式。C 项目还只是通过学校途径开展的金融教育与实训，但提升青少年金融能力是一个长期和多方努力的过程，应该积极拓展服务途径。比如，在社区开展金融教育课堂与活动，鼓励青少年与其父母一起参加，对青少年父母也进行一定干预，改善青少年所处的社会金融环境；让父母给青少年一定金钱进行财务管理训练，且作为青少年的督导随时纠正孩子们不合理的消费行为，从而为青少年构建积极的家庭支持网络。

第二，完善青少年金融赋能主体系统和支持网络。金融社会工作的实务不应仅包括改善青少年的金融知识、技能和行为等微观部分，更应该在中观和宏观方面去拓展青少年群体的金融服务机会。比如，在收入方面，金融社会工作可以帮助家庭贫困的大学生链接资源，实现顺利就业或成功创业并获取收入；在金融服务方面，金融社会工作可以积极与银行等金融服务机构联系，结合青少年自身的需求，推出适合的金融产品，如"零花宝"等账户服务；在教育方面，金融社会工作可以与学校联系，推动建设系统的金融教育体系。

第三，从政策层面积极呼吁政府的政策与资金支持。建议政府出台发展金融社会工作的顶层设计，出台普惠金融的政策法规以及支持社会工作参与普惠金融的政策法规，为金融社会工作的发展提供一个良好的政策环境。此外，政府应该提供足够的资金支持。金融社会工作应争取政府和社会的认可，得到政府对自身项目的资金支持，更好地提高服务质量。

　　总之，当前中国处于经济社会高速发展和快速转型时期，社会金融化和金融网络化的时代背景深刻地影响着青少年的金融素养、金融行为和金融机会，他们也面临比以往更多的金融选择和金融风险。因此，加强青少年金融能力教育，运用金融赋能的专业社会工作实践框架，帮助青少年提升其金融能力，改善其金融行为，对个体、家庭和社会具有重要意义。而实践结果显示，金融社会工作在青少年金融能力提升方面起着独特的作用，推动金融社会工作实务的开展具有重要的现实意义，但金融社会工作的发展和应用还任重而道远。

参考文献

关伟、张小宁、黄鸿星，2013，《金融消费者保护：存在问题与监管优化》，《财经问题研究》第 8 期。

郭登聪，2016，《金融社会工作：老问题新手法》，《社区发展季刊（台湾）》第 155 期。

江西省金融学会课题组，2018，《农村中小学生金融能力教育的困境与应对策略——基于江西 2302 个样本调查》，《金融与经济》第 10 期。

阚盈盈，2016，《对青少年金融教育现状分析及对策建议》，《中国银行业》第 12 期。

李婧萌，2016，《浅议青少年金融理财服务》，《经贸实践》第 12 期。

李苏南，2015，《金融素养与教育水平对家庭金融行为影响的实证研究》，《金融纵横》第 5 期。

李哲，2011，《金融教育结构性缺失：对金融危机的一个反思》，《江西财经大学学报》第 5 期。

梁曦文，2017，《加强青少年金融教育的调查与思考》，《河北金融》第 2 期。

刘勇、田杰、李敏，2017，《金融能力：概念界定与经验分析的简要评述》，《理论月刊》第 2 期。

童星，2011，《以资产建设的思路拓展社会保障》，《山东经济》第 2 期。

万飞，2018，《初中财经素养教育的实践思考——以广东省东莞市松山湖实验中学为例》，《课程教学研究》第 8 期。

吴世友、朱眉华、苑玮华，2016，《资产为本的干预项目与社会工作实务研究设计——基于上海市 G 机构的一项扶贫项目的试验性研究》，《社会建设》第 3 期。

肖经建，2014，《消费者金融能力的培养和教育：美国的经验与启示》，《清华金融评论》第 12 期。

辛自强，2019，《金融社会工作要聚焦公众财经素养提升》，《社会建设》第 2 期。

尹志超、宋全云、吴雨，2014，《金融知识、投资经验与家庭资产选择》，《经济研究》第 4 期。

周晓春，2018，《大学生金融风险与社会工作介入研究》，《中国社会工作》第 31 期。

Amagir, A., et al. 2018. "A review of financial-literacy education programs for children and adolescents." *Citizenship, Social and Economics Education* 1.

Atkinson, A., McKay, S., Kempson, E., & Collard, S. 2006. "Levels of Financial Capability in the UK. Results of a Baseline Survey." *Bristol: University of Bristol.* Retrieved February 26, 2020 from: http://www.pfrc.bris.ac.uk/completed_research/fincap_baseline.html.

Bell, E. & Lerman, R. I. 2005. "Can Financial Literacy EnhanceAsset Building?" *The Urban Institute, Opportunity and Ownership Project Work Paper No.* 6, September.

Clancy, M., Ginstein-Weiss, M., & Schreiner, M. 2001. "Financial Education and Savings Outcomes in Individual Development Account." Working Paper 01 – 02, Center for Social Development, Washington University in St. Louis.

Curley, J. & Robertson, A. S. 2015. "Head Start Family Financial Capability: 2013 – 2014 Annual Report of the ASSET Project." *CSD Research Report No.* 14 – 27, Center of Social Development, Washington University in Saint Louis, October.

Danes, S. M. & Haberman, H. 2007. "Teen Financial Knowledge, Self-efficacy, and Behavior: A Gendered View." *Journal of Financial Counseling and Planning* 2.

Douglas, B. & Garrett, D. 1996. "The Determinants and Consequences of Financial Education in the Workplace: Evidence from a Survey of Household." *NBER Working Paper No.* 5667, Cambridge, Mass.: National Bureau of Economic Research.

Farnsworth, V., et al. 2011. "Students' Production of Curricular Knowledge: Perspectives on Empowerment in Financial Capability Education." *Education, Citizenship and Social Justice* 2.

Huang, J., Nam, Y., & Sherraden, M. S. 2013. "Financial Knowledge and Child Development Account Policy: A Test of Financial Capability." *The Journal of Consumer Affairs* 1.

Johnson, E. & Sherraden, M. S. 2007. "From Financial Literacy to Financial Capability among Youth." *The journal of Sociology and Social Welfare* 3.

Lusardi, A. 2015. "Financial literacy: Do People Know the ABCs of Finance?" *Public Understanding of Science* 3.

Lusardi, A. & Mitchell, O. S. 2011. "The Outlook for Financial Literacy." *NBER Working Paper* 17077, Cambridge, MA: National Bureau of Economic Research.

Mandell, L. 2008. "Financial Education in High School." in Lusardi, A. (ed.). *Overcoming the Saving Slump: How to Increase the Effectiveness of Financial Education and Saving Programs*, Chicago: University of Chicago Press, pp. 257 – 279.

Martin, M. 2007. "A Literature Review on the Effectiveness of Financial Education." *Federal Reserve Bank of Richmond Working Paper No.* 03 – 07, June 15.

Organization for Economic Co-operation and Development (OECD). 2014. "PISA 2012 results: Students and money: Financial literacy skills for the 21st century." (Vol. VI). In: *PISA*. Paris: OECD Publishing. Available at: http://dx. doi. org/10. 1787/9789264208094 – en (accessed 26 February 2020).

Schreiner, M., Sherraden, M., Clancy, M., Johnson, L., Curley, J., Grinstein-Weiss, M., Zhan, M., & Beverly, S. 2001. "Savings and Asset Accumulation in Individual Development Accounts: Downpayments on the American Dream Policy Demonstration St. Louis." Center for Social Development, Washington University in St. Louis.

Sherraden, M. S. & Grinstein-Weiss, M. 2015. "Creating Financial Capability in the Next Generation: An Introduction to the Special Issue." *The Journal of Consumer Affairs* 1.

Sherraden, M. S. & Huang, J. 2019. "Financial Social Work." In C. Franklin (Ed.), *Encyclopedia of Social Work*. New York: National Association of Social Workers Press and Oxford University Press. 2019. DOI: 10. 1093/acrefore/9780199975839. 013. 923.

Sherraden, M. S., et al. 2015. "Financial Capability and Asset Building for All: Grand Challenges for Social Work Initiative." *CSD Working Paper No.* 13, Center of Social Development, Washington University in Saint Louis, October.

Vitt, L. A., Anderson, C., Kent, J., Lyter, D. M., Siegenthaler, J. K., & Ward, J. 2000. "Personal Finance and the Rush to Competence: Financial Literacy Education in the U. S. " Available at: http://www. isfs. org/exec-summ. html (accessed November 21, 2020).

Warner, C. K. & Agnello, M. F. 2012. "Intergenerational Financial Literacy: The Case for Teaching Sustainable Financial Decision Making in Schools." *Citizenship, Social and Economics Education* 3.

金融与社会　第一辑

第 142 ~ 165 页

金融治疗的理论、实践与发展

樊欢欢[*]

摘　要：金融治疗是一个新兴领域，指金融和心理健康专业人员，通过整合认知、情感、行为、关系和经济诸因素促进金融健康，处理金钱的人际和个人内在层面议题。金融治疗是金融社会工作的五大干预手法之一。本文通过对相关文献的梳理，分析了美国金融治疗的应用领域、发展历程、理论和模型研究，探讨了金融治疗的核心议题——金钱紊乱，以及对形成金钱紊乱行为的"金钱脚本"的评估、识别和改变，最后介绍了四种金融治疗模型。

关键词：金融治疗　金钱紊乱　金钱脚本　金融治疗模型

金融社会工作是社会工作的一个新兴学科和实务领域，由 Reeta Wolfsohn 女士在 2003 年创立。她认为，金融社会工作主要聚焦于处理驱动案主的金融行为（如储蓄、借贷、投资等）的思想、情感和态度，在金融治疗和金融知能的运用上，协助案主厘清与金钱的关系，发展管理金融压力的技巧，减少破坏金融福祉的行为，解决影响其金融行为的情感问题，进而达到个人和社会的整体福利（林典，2019）。

这里提到的金融治疗（Financial Therapy）和金融教育（Financial Ed-

---

* 樊欢欢，中央财经大学社会与心理学院讲师。

ucation)、金融咨询（Financial Counseling）、金融训练（Financial Coaching）、资产建设（Asset Building）并列为金融社会工作的五大干预手法。

金融治疗工作者主要由金融和心理健康专业人员组成，他们通过整合认知、情感、行为、关系和经济诸因素促进金融健康，处理金钱的人际和个人内在层面议题。金融治疗的目标不仅仅是改善案主的财务状况，更是提高其生活质量（Archuleta et al.，2012）。

金融治疗仍处于萌芽阶段，即使在它的诞生地美国，真正开始形成学术共同体也只有十年时间，在我国还未见有关金融治疗的研究和阐述。因此，本文尝试通过对相关文献的梳理，探讨美国金融治疗的应用和发展现状、理论议题和实践模型，以期推动我国金融治疗领域的发展。

一　金融治疗的应用领域和发展历程

与金融治疗相近的领域有金融规划、金融咨询、金融训练等，常常令人难以分辨。Archuleta 和 Grable（2011）认为，金融规划是利用产品和服务来实现个人和家庭的金融目标。相比金融治疗，金融规划具有明确的价值导向（追求何种目标），更具有前瞻性、推动性，朝向未来。金融咨询往往侧重于债务和信贷咨询，主要致力于帮助个人和家庭改变消极状况和行为，以实现财务稳定，其重点是财务方面的具体目标。

Klontz 等（2008a）创建了"金融促进决策树"，帮助金融专业人员区分金融规划、金融训练和金融治疗服务。当案主寻求专业的财务建议时，如果其财务压力与重大的心理困扰（如焦虑、抑郁、关系问题）无关，那么传统的金融规划可能帮助案主实现金融健康。如果金融规划建议无法促成金融行为发生长期稳定的转变，那么金融训练（可能需要识别和探索金钱脚本）或许会有帮助。如果案主的金融压力与重大心理困扰有关，或金融训练不足以促进财务健康，那么建议采用金融治疗，它聚焦于"使不适应的行为固化的未解决情感和失功能认知"（Klontz et al.，2008a）。金融规划和金融训练项目则一般不涉及驱动金融决策的行为和态度。

"金融治疗"一词最早出现在 2001 年，其后随着实践和研究越来越多，金融和精神健康从业者开始联合起来，在 2010 年成立金融治疗协会

（Financial Therapy Association，FTA），以提供一个分享观点的平台。随后，FTA 创办了《金融治疗杂志》（*Journal of Financial Therapy*），它在发表前沿性研究和最新理论发展方面发挥着重要作用。到 2013 年，与金融治疗相关的学术文章超过 1500 篇，经验数据和学术著作的积累使金融治疗在学术领域拥有了一席之地（Klontz et al.，2015）。

作为一个新兴的领域，迄今为止金融治疗培训项目在美国还很少。堪萨斯州立大学（Kansas State University）拥有唯一的专门针对金融治疗的学术课程，可授予金融治疗研究生学位证书。佐治亚大学（University of Georgia）和堪萨斯州立大学的学者们从事围绕金融治疗模型的多学科研究，还经常与美国各地的金融治疗从业人员一起探讨理论模式和技术应用（Klontz et al.，2015），是目前美国金融治疗发展的重要推动力量。堪萨斯州立大学的 Klontz 教授和两位同事编著的《金融治疗：理论、研究和实践》（*Financial Therapy：Theory，Research and Practice*）于 2015 年出版，收录了美国金融治疗领域最新的代表性研究成果和实践模型。

二 金融治疗研究：理论整合与技术折中主义

金融治疗理论可以为研究者探索金融态度、金融行为及其后果提供视角，是金融治疗干预发展、修改和评估的基础。

在金融治疗这样一个多元化的领域，心理健康临床医生、金融从业者的专业培训和背景非常不同，可能会用不同的理论视角来看待同一种情况。即使在心理健康领域内部，临床理论也非常多样，这就决定了金融治疗师可以依据多个理论模式开展工作。

迄今为止，经过效果验证的金融治疗研究还很少。第一项将心理治疗与金融规划相结合的研究发表于 2008 年，Klontz 及其团队在为期 6 天的项目中，将个人金融教育与体验式团体治疗相结合，开展了一项关于治疗金钱紊乱行为的研究。该研究运用以存在人本主义哲学为基础的体验式心理治疗的实践框架，其独特贡献是将现有框架（体验式疗法）应用于新问题（财务问题）（Klontz et al.，2015）。

事实上，这是目前金融治疗领域构建理论框架的主要模式，即以叙事疗法、焦点解决疗法等心理流派的实践框架为基础，融入金融规划和教育。毋庸置疑，发展专门用于金融治疗的新理论是未来的方向，但需要投入大量的工作，尚需时日。

心理治疗师在与案主的工作中很少仅依托一种心理治疗理论，即使基于单一的理论基础，也常常从其他流派中借用技术，理论和技术整合主导了心理治疗的实践（Consoli & Jester, 2005）。金融治疗，是金融规划概念与心理治疗理论的结合。借鉴一种或多种成熟的心理治疗理论，以折中的方式使用临床技术，就成为金融治疗的当下选择。例如，一个治疗强迫性购买障碍的模型（Stopping Overshopping Model）是一个为时12周的团体实验，综合借鉴了心理动力学疗法、认知行为疗法，辩证行为疗法、动机式访谈、正念、接纳与承诺疗法（Benson & Eisenach, 2013）。

金融治疗的研究尚处于起步阶段，虽然目前的一些金融治疗方法已有经验数据证明其有效性，但仍需使用更大、更多样化的样本进行测试，只有经过严格的测试，模型的有效性才能得到证实，最终形成基于证据的实践模型。《金融治疗：理论、研究和实践》介绍了六个基于研究的实践模型，它们已经过初步的测试，有希望通过进一步的研究发展成为金融治疗理论框架，包括体验式金融治疗、焦点解决金融治疗、认知行为金融治疗、合作关系模型、福特金融赋能模型和停止过度消费模型（Klontz et al. , 2015）。它们均展示了如何利用已有的心理治疗理论来开发新的金融治疗模型。

三　金融治疗的核心议题：金钱紊乱

金融治疗中的"治疗"一词较具包容性，不限于与金钱有关的精神障碍的诊断和治疗（Klontz et al. , 2015）。尽管金融治疗理论和技术可以整合到任何金融专业角色中，包括金融规划、金融咨询、金融训练，但其专有工作领域仍然是针对特定的金钱紊乱行为的金融心理治疗（如赌博障碍、囤积障碍、强迫性购买障碍等）。

金钱紊乱是指与金钱和物品相关的病理性、强迫性症状以及严重的关系问题。金钱紊乱会干扰日常生活，导致经济崩溃，还会干扰一个人发展所需的人际关系，一般始于童年经历、文化影响和早期学习。

金钱紊乱是"持续的、可预测的、通常是僵化的、自毁性的金融行为模式，这些行为会在一个人生活的主要领域造成重大压力、焦虑、情绪困扰和损害"（Klontz & Klontz, 2009：129）。有金钱紊乱症状的人通常对金钱有错误的信念,即使他们知道应该改变自己的行为也无法改变(Klontz & Britt, 2012)。对一些人来说,金钱紊乱是情感困难的结果,这些困难导致他们在经济上采取行动,以避免感觉到未解决的情绪(Gallen, 2002)。

Klontz 等(2012)以 422 人为样本,运用 Klontz 金钱行为量表(KM-BI)进行测试和研究,分析出强迫性购买障碍(Compulsive Buying Disor-der, CBD)、赌博障碍(Gambling Disorder, GD)、工作狂(Worka-holism)、囤积障碍(Hoarding Disorder, HD)、财务否认(Financial Deni-al)、财务扶持(Financial Enabling)、财务依赖(Financial Dependence)、财务纠缠(Financial Enmeshment)、财务不忠(Financial Infidelity)九种金钱紊乱行为。以下是对这九种金钱紊乱行为的简要介绍。

(1)强迫性购买障碍。强迫性购买者对购买有着强烈的、不可控制的关注,这会导致严重的个人和人际困扰。他们使用购买来增强情绪或缓解痛苦。然而,这些感觉通常伴随内疚和悔恨(Faber, 2011)。绝大多数 CBD 患者为女性,平均发病年龄一般为 30 岁(Lejoyeux & Weinstein, 2010)。

(2)赌博障碍。病理性赌博在 DSM-5(《精神障碍诊断与统计手册(第五版)》)中被归类为成瘾性疾病(APA, 2013)。Grant 等(2010)发现申请破产的人常常成长于功能失调的家庭,他们学习到把赌博用作一种应对消极情绪的机制。Klontz 和 Britt(2012)发现,金钱地位脚本是病态赌博行为的重要预测因子。

(3)工作狂。和热爱工作的人不同,工作狂的驱动力不是享受,而是一种强迫性的力量,这种驱动力是大多数成瘾的特征(Taris et al., 2010)。工作成瘾者花费大量的时间和精力工作,以致妨碍了他们的人际关系、休闲和健康(Andreassen et al., 2012)。工作狂是不安全感,低自我价值感,避免痛苦、恐惧和亲密感的结果(Chamberlin & Zhang, 2009)。

(4)囤积障碍。强迫性囤积者会对自己的金钱和财产产生情感上的依恋,使他们很难花掉积蓄或丢弃积累的物品,财产成为自我的延伸。囤积金钱的人对没有足够的钱非常焦虑,他们甚至可能忽视最基本的身体需求,很难享受到积累金钱的好处(Klontz & Klontz, 2009)。

(5)财务否认。B. T. Klontz 和 T. Klontz(2009)将财务否认描述为一种心理防御机制:最大限度地减少或完全避免考虑自己的金钱问题,以逃避心理上的困扰。财务否认者了解财务管理的重要性，但由于心理原因（如内疚、焦虑），不愿意处理个人财务问题。Klontz 和 Britt（2012）发现，金钱回避脚本和金钱崇拜脚本是财务否认的重要预测因素，包括努力避免思考金钱、试图忘记自己的财务状况、避免查看自己的银行对账单。

（6）财务扶持。Klontz 等（2012）将财务扶持者定义为，即使无力支付也难以拒绝朋友和家人的金钱要求，即当他人不断向自己要钱时，不能说"不"。财务扶持者相信，在他人身上花钱会赋予他们生命意义，并为他们赢得爱和尊重（Klontz & Klontz，2009）。财务扶持者可能会由于包揽自己和他人的费用，而遭遇自身的财务问题，甚至破产（Klontz et al.，2012）。财务扶持也会对被扶持者产生负面影响，被扶持者获得扶持的时间越长，发展自己的财务技能就越困难，导致在情感和经济上都发育不良。财务扶持不仅适用于父母与子女的关系，也适用于伴侣、配偶、朋友关系等。

（7）财务依赖。财务依赖者依赖他人获得收入，对被切断经济来源有恐惧或焦虑，易产生愤怒或怨恨情绪，个人的成功动机、激情、动力受到抑制（Klontz et al.，2012）。财务依赖可被视为与依赖性人格障碍有关。患有财务依赖的人"生活在一个孩子般的世界里，在这个世界里，正常的财务规则是无关紧要的。他们对金钱在日常生活中的运作没有真正的感觉，也不认为他们需要知道"（Klontz & Klontz，2009：195）。

（8）财务纠缠。财务纠缠是指父母缺乏界限感，在经济陷入困境的情况下，与未成年子女分享财务信息，让孩子参与成人的经济问题和决定（Klontz et al.，2012）。这种行为容易引起孩子的焦虑和压力，他们事实上在承担父母的角色，陷入纠缠关系的子女很难去满足自己的需求，常为家庭承担过度的经济责任。另一种可能是，父母和孩子之间的心理界限并没有得到充分的界定和确立，孩子在成长过程中难以与父母分离（Friedlander & Walters，2010）。孩子可能会对父母产生过度依恋，难以正常上学或工作。

财务纠缠和一系列其他金钱紊乱行为有关，包括强迫性购买障碍、赌博障碍、囤积障碍、财务依赖、财务扶持和财务否认（Klontz & Britt，2012）。这表明，有其他金钱紊乱症状的父母更可能与未成年子女分享不适当的财务信息。

（9）财务不忠。财务不忠是对金钱的隐瞒和不诚实，可能包括隐瞒或谎报支出、成本、借款、投资、银行账户和信用卡的余额、信用记录等。这种秘密可以腐蚀任何关系的基础，无论是夫妻关系还是合作伙伴关系。情侣们宁愿谈论性或不忠，也不愿谈论如何处理家庭财务（Atwood，2012）。许多人在没有人谈论金钱的家庭中长大，因此没有受到关于金钱在家庭中扮演什么角色的教育。由于金钱在家庭中是禁忌，人们变成了有非理性信仰、焦虑和不知道如何处理金钱的成年人（Atwood，2012）。

四 金钱脚本：评估、识别与改变

金钱脚本是一个人对金钱的态度，以及其在金钱的使用、与金钱（及其他有形资源）相关活动中的表现方式。B. T. Klontz 和 T. Klontz（2009）提出，金钱脚本是在童年时期发展起来的，在家庭系统中常常代代相传，通常是无意识的、受环境约束的，以及驱动一个人大部分金融行为的因素。一般来说，金钱脚本是在儿童时期从父母、重要他人、环境或整个社会得到的与金钱相关的信息中形成的。

金钱脚本常常源于"与金钱相关的早期生活事件（或一系列事件），这些事件非常强大，它们留下的印记会持续到成年"（Klontz & Klontz，2009：10）。由于早期关于金钱的经历可能是痛苦的，甚至是创伤（Klontz & Klontz，2009），金钱脚本就可能深深地根植于创伤中。创伤可能由个人直接经历，也可能通过父母、祖父母或文化团体间接经历，可能是亲眼所见导致的，还可能是严重忽视的结果。创伤可能是经济性质的，例如在贫困中成长，或经历重大的经济损失，也可能是非经济性的。

创伤后的症状会对一个人与金钱的关系产生负面影响，形成具有偏差的金钱脚本。因此，发生于生命早期的未处理创伤，继而形成的金钱脚本，就成为金钱行为紊乱的一个根本原因。对病理性赌博和强迫性囤积的研究都表明，创伤在这些金钱紊乱行为的发展中起着关键作用。因此，金钱脚本可以预测金钱紊乱（Klontz & Britt，2012）。

（一）金钱脚本的评估与测量

被广泛引用的金钱信念测量工具包括 Yamauchi 和 Templer（1982）

的四因素金钱态度量表（MAS）、Furnham（1984）的六因素金钱信仰和行为量表、Tang（1992）的金钱伦理量表（MES）。Tang（1992）标定了对金钱的六种信念：①货币是好的；②货币是恶的；③货币代表成就；④货币是尊重的标志；⑤预算是重要的；⑥货币是权力。这些金钱信念量表的一个共同主题是，人们可能对货币持有非常强烈的态度，从而导致他们非常迅速地保留或处置货币。

Klontz 金钱脚本量表（Klontz Money Script Inventory，KMSI）借鉴了以上三个量表，不同之处在于，KMSI 的研究是直接从有金钱信念紊乱困扰的案主那里获得量表项目。经效度评估，共确定了 72 个金钱概念，研究团队将这些项目分为 8 类假设的金钱脚本因素：①拜金主义（8 项）；②反富（6 项）；③货币不好（5 项）；④货币不信任/开放（12 项）；⑤节俭/财政责任（12 项）；⑥金钱焦虑（8 项）；⑦金钱地位（18 项）；⑧金钱不重要（3 项）（Klontz et al.，2011）。

这项试点研究的最终样本包括 422 名受访者，Klontz 等（2011）对常见的金钱脚本进行了分类，并分析了金钱脚本与受访者的人口统计学特征的关联。他们发现有四类主要的金钱脚本，包括金钱回避（Money Avoidance）、金钱崇拜（Money Worship）、金钱地位（Money Status）和金钱警觉（Money Vigilance）。

1. 金钱回避

有金钱回避脚本的人常避免处理他们的财务问题，同时拒绝承担个人财务健康的责任（Klontz & Klontz, 2009）。他们认为金钱是坏的或邪恶的来源（Klontz et al.，2011），给富人贴上贪婪的标签。他们相信金钱会导致腐败，少花钱是好的（Klontz & Britt, 2012）。

他们可能极为节俭，缩减开支，放弃娱乐，苛刻地对待自己。有此脚本的人也可能很容易把钱花出去（如慷慨地捐助他人），因为内心深处觉得钱越少越好，这样做使他们难以积攒钱财，甚至破产（Klontz et al.，2011）。

研究表明，金钱回避脚本可以预测财务依赖、工作狂、财务扶持和财务否认行为，包括避免查看银行对账单、试图忘记自己的财务状况、不坚持预算（Klontz & Britt, 2012）。

2. 金钱崇拜（拜金主义）

有金钱崇拜脚本的人相信越有钱越快乐。他们认为，获得钱是解决所有问题的办法（Klontz et al., 2011）。对他们而言，需求永远得不到满足，要不断获得金钱和物品。拜金主义者把钱与安全、幸福、权力联系起来，专注于赚钱、储蓄或消费（Klontz & Britt, 2012）。

金钱崇拜脚本可能导致金钱紊乱行为，如囤积障碍、工作狂，以及对金钱或拥有金钱者的无尽追求（Klontz & Klontz, 2009）。

3. 金钱地位

有金钱地位脚本的人相信金钱赋予他们地位，自我价值等同于净资产（Klontz et al., 2011）。金钱地位与拜金主义的区别在于，拜金主义者关注的是金钱积累的内在价值，而持有金钱地位脚本的人则关注的是将自己的财富展示给他人。

Klontz 和 Britt（2012）发现，金钱地位脚本可预测病态赌博行为，赌博者认为，突然赢得大笔金钱可增加其自身价值，提高社会经济地位。与金钱地位脚本相关的金钱紊乱行为还包括过度购买和过度冒险（Klontz et al., 2011），以及财务不忠（Klontz & Britt, 2012）。

4. 金钱警觉

金钱警觉者对自己的财务状况非常关注，时刻保持警觉、警惕。他们与自己的钱是疏离的，可能产生过度的谨慎和焦虑，并可能在钱的问题上对他人不信任（Klontz & Britt, 2012）。过度的焦虑可能会让他们无法享受金钱提供的好处和保障（Klontz & Klontz, 2009）。

（二）金钱脚本的识别和改变

金钱脚本影响人们处理金钱的方式。金融社会工作的创始人 Wolfsohn 在工作中发现，许多案主表示想要改善他们的金融境况，但内心却难以与金钱建立联系，不愿谈论金钱，害怕管理金钱，以及不愿意改变他们的金融行为（林典，2019）。除非得到处理，否则与未完成事件和问题金钱脚本相关的行为将变得极其难以改变（Klontz & Klontz, 2009）。如果工作者未能认识到根深蒂固的金钱脚本对改变的影响，可能会进一步强化案主的负面金融行为（Horwitz & Klontz, 2013）。

Wolfsohn 认识到人与钱的关系、有关金钱的潜意识更能影响各种消费及储蓄行为，当人与钱的关系是健康的时候，人的金融环境是健康的，反之亦然（林典，2019）。因此，识别不健康的、自毁性的金钱脚本是金融治疗过程中的一项重要任务。

一个人的金钱脚本一旦被揭露，他所表现出的非理性行为就会显示出意义（Klontz & Klontz，2009）。当金钱脚本被识别时，它们的起源被理解，它们对金融行为和结果的影响被承认，个人可以创造更准确和功能性的金钱脚本（Klontz & Britt，2012）。

金钱脚本之所以被称为"脚本"，是因为就像演员一样，人们对他们的脚本熟悉到不需要有意识去思考的地步（Klontz et al.，2008b）。正是由于其无意识的性质，金钱脚本的更改不是一件易事，往往需要专业心理治疗师的协助和大量的个人反思。

Klontz 和 Britt（2012）建议金融规划师在数据收集过程中评估案主的金钱脚本。从业者和案主围绕金钱信念对财务成功的影响展开对话。了解到哪一个（些）脚本是最主要的，从业者可以开始向案主挑战该脚本，以中断破坏性的金融行为，并开始促进案主的健康金融行为。以下是几个常被应用的金钱脚本识别工具（Klontz et al.，2015）。

1. Klontz 金钱脚本量表

如前所述，KMSI 是一个金钱脚本评估工具，旨在帮助从业人员评估和干预案主功能失调的金钱信念，指导案主提高对个人金钱信念的认识，从而改善他们与金钱的关系。

2. 金钱脚本日志

金钱脚本日志（Money Script Log）由认知行为疗法的相关技术改编而来，对于识别模式和帮助案主"积极挑战"他们"对金钱的限制和/或不准确的信念"很有用（Klontz et al.，2008a：87）。金钱脚本日志要求案主写下：①金钱导致痛苦或担忧的情况或行为；②伴随的感觉或身体感觉；③相关的金钱脚本；④另一种选择，更准确的金钱脚本和/或适应性行为（Klontz et al.，2008a）。

3. 金钱脚本单词联想

金钱脚本单词联想（Money Script Word Associations）像一种"意识流"练习（Klontz et al.，2008a）。在练习中，引导者阅读提示词，要求案主在不进行思考或分析的情况下，尽快写出脑海中的第一个反应。案主被鼓励写出完整的句子来回应提示词，以进入其关于金钱的潜意识信念库。提示词的例子包括支出、婚姻、投资、爱情、权力、工作等。在金钱脚本列表生成后，让案主圈出自己认为最准确或最真实的陈述，这些陈述被确定为个人最主要的金钱脚本。

4. 金钱脚本填句测验

Klontz 等（2008a）开发了金钱脚本填句测验（Money Script Incomplete Sentence），这是一个有 30 个条目的填句工具，帮助案主识别他们的金钱脚本。它与金钱脚本单词联想练习不同，因为句子的词干是作为刺激提供的，而不仅仅是对一个单词作出反应。测验鼓励每个人完成句子片段，并将自动产生的想法呈现在脑海中。工作者鼓励案主不要评估、判断或审查自动产生的想法，因为它们是案主潜在的、通常是无意识的金钱脚本的重要线索。

5. 创造一个新的金钱名言

B. T. Klontz 和 T. Klontz（2009）描述了一种克服不健康金钱脚本的金钱名言法（Creating a New Money Mantra）。首先，案主提出新的、健康的金钱思考方式。以后每当他以旧有方式思考时，就被鼓励说出他的新金钱名言。随着时间的推移，对金钱的消极想法会逐渐消退，新的、健康的想法会逐渐加强。B. T. Klontz 和 T. Klontz（2009）建议人们写下他们新的金钱名言，随身携带这一强大的工具，提醒自己做出更健康的理财选择。例如，一个工作成瘾的案主可能会用金钱名言打断这种行为模式："我可以努力工作，也可以花时间和家人在一起，他们才是最重要的。"

五 金融治疗的实践模型

到目前为止，金融治疗领域已有多种基于心理治疗理论的实践模型，有的基于单一的理论基础，有的将多种理论和技术进行杂糅。本节介绍的四种有代表性的实践模型均已获得数据的有效性检验。

（一）认知行为金融治疗

认知是人们用来处理信息的心理活动，这些心理活动的结果就是信念的形成。认知行为疗法（CBT）通过改变产生不良信念的认知思维过程来修正功能失调的信念。

该疗法强调：①建立强大的治疗联盟；②治疗师和案主之间的合作；③关注当前；④关注问题和目标；⑤限时参与；⑥结构化治疗课程；⑦强调教育和预防复发（Beck，2011）。CBT 的有效性已得到广泛的证明

（Beck，2005；Longmore & Worrell，2007）。

CBT 可用于金融规划师和金融治疗师的工作。这些技术提供了一个结构化的框架，为那些因信念模式失调而面临金融挑战的个人提供建议。通过从业者和案主之间的协作，经由自我评估和个人改变的历程，非理性的自动思维可以被解决、挑战，并有可能代之以更多的支持性信念，促进更积极的金融行为。

非理性自动思维包括消极过滤、有害的夸张、负面的个性化、非此即彼、读心术和算命等（Klontz et al.，2015）。

（1）消极过滤，指只关注事物的消极方面，而忽略其潜在积极因素。例如，投资账户通常包含许多投资。一些投资可能出现亏损，而另一些投资则可能出现收益和正回报。如果个人在评估整个账户时，只关注损失，而没有合理地确认有收益的投资，就可能出现消极过滤。这种消极过滤可能导致一种自毁性的投资决策模式，在这种模式下，个人倾向于亏本出售投资。

（2）有害的夸张，包括过度概括、夸大或缩小。过度概括是指用过度延伸的推论得出结论。例如，一个人可能在购买中做出了一个糟糕的选择，如果他将这种经历过度地延伸到其他购买决策中，就会觉得自己总是做出糟糕的购买决策。当个人夸大负面因素或经历，缩小正面因素或经历时，也会发生这种情况，类似于前面讨论的消极过滤。一系列有害的夸大其词可能会导致灾难性的想法，即未来的结果总是糟糕的。这种思维模式可能导致逃避行为，包括忽视自己的财务现实或过度规避风险。

（3）负面的个性化，指把自己的失败归咎于自己无法控制的事件。例如，某人购买了一个金融产品，一个月后，新产品问世，且比之前购买的产品更好。在这种情况下，这个人可能会因为没有等到新产品发布而自我责备，但实际上他无法事先知道新产品的情况。

（4）非此即彼，指对情境、行为或人产生二分对立的认识。例如，认为"金钱腐蚀人""富人贪婪""人们通过利用他人致富""好人不应该关心金钱"，可能导致一系列不利于自身的金融行为。

（5）读心术和算命。读心术是指在没有足够证据的情况下，相信自己知道别人在想什么。算命是指在没有足够信息的情况下，相信对未来的预知。这两者都会导致自己忽视其他可能性和做出不合理的结论（Klontz et al.，2015）。

在治疗师的帮助下，人们可以评估自己的思维过程是否存在上述非理性特点。CBT 的多种技术可有效帮助人们改变阻碍积极金融行为的自我挫败信念。重构功能失调信念的过程通常通过一系列步骤完成，包括：①识别非理性信念；②挑战非理性信念；③测试非理性信念的有效性；④创建替代信念；⑤修改行为（Beck，2011）。通过重构功能失调信念，创造一种心理状态来应对他们面临的挑战，并制定积极的策略来解决问题，改善环境。

CBT 的概念和技术可以应用于各种领域。在金融规划方面，规划师可以帮助案主识别他们的金钱脚本，并对各种金融规划方面（包括投资股票、购买保险等）的扭曲和不准确的信念提出挑战。

心理健康专业人员也可利用 CBT 治疗金钱紊乱，如赌博障碍、囤积障碍、强迫性购买障碍等。例如，针对赌博障碍，CBT 协助案主"提高认识和理性评估"，以创建更支持积极行为的新信念基础（Toneatto & Gunaratne，2009）；另外，识别赌博诱因并实行遇到诱因时的应对策略（Petry，2005）。赌博诱因是诱惑、促进或助长赌博欲望的环境。CBT 对此的应对策略包括远离赌博环境、寻求他人帮助、开展转移注意力的活动和使用正念冥想。Petry 等（2006）进行了一项关于赌博障碍的 CBT 研究。在这项研究中，231 个人被随机分为三类：赌徒匿名参与类，使用 CBT 工作簿的赌徒匿名参与类，以及参加 8 个单独 CBT 治疗疗程的赌徒匿名参与类。研究结果显示，在 CBT 介入治疗后的 1 个月、6 个月及 12 个月内，赌博者减少了赌博行为。当用于治疗与金钱相关的精神障碍时，CBT 只能由认证的心理健康专业人员使用。

将认知行为疗法应用于金融治疗，会帮助案主挑战和改变自我限制的信念，发展支持金融成功和实现金融幸福的信念，减少金钱紊乱行为，提高个人的整体生活质量。

（二）体验式金融治疗

体验式治疗模型的思想来源于存在人本主义心理治疗、发展理论和家庭治疗，以心理剧的理论和技术为基础，主要采用角色扮演技术，还整合了艺术治疗、音乐治疗、家庭雕塑和格式塔技术（Klontz et al.，2015）。它的主要治疗目标是，通过处理过去的关系和事件中未表达的情绪，来解决未完成事件，以便一个人能够更好地、充分地生活在现在

（Wegscheider-Cruse et al.，1990）。

这些源于体验式治疗对人与问题的看法，即过去的未完成事件、未解决的情绪对人有长期的、深刻的负面影响。无法摆脱过去可能导致人出现妄想、情绪压抑、强迫行为、低自我价值感、关系问题，以及身体健康问题（Wegscheider-Cruse et al.，1990）。未解决的情绪，如愤怒和悲伤，往往会导致焦虑、抑郁和人际困难（Paivio & Greenberg，1995）。如果与过去的关系和事件相关的情绪未得到处理，案主往往会表现出无法区分过去和现在的关系和刺激。因此，他们无法自由地体验当前的关系、面对当前的金融现实。

因此，体验式治疗的核心工作就是帮助案主处理与过去的关系和事件相关的未完成事件。通过这样做，他们能够更充分地体验现在的生活，而不再受到未完成事件的负面影响。

体验式治疗的工作思路是"重现一个人生活中的家庭情感氛围和/或其他过去和现在的重要关系。在重新体验这些事件和关系的过程中，你能够释放那些可能被封锁和压抑的情绪"（Wegscheider-Cruse et al.，1990：69）。在这个过程中，人们可以通过充分表达附着于未完成事件上的情绪，来实现一种新的主观经验的综合，并且在适当的情况下，通过添加新的信息和见解来促进个体对过去事件的感知的转变。这种新的信息可以采取对他人观点的新理解（使用角色转换技术）的形式，或者重新界定与个人生活历史和/或方向有关的事件的含义。

自 2003 年起，Klontz 父子就开始将体验式治疗理论和技术与金融规划概念结合起来，用于治疗金钱紊乱行为（Klontz & Klontz，2009），并在多次实践中不断完善。他们创造的体验式金融治疗（Experiential Financial Therapy，EFT）提供了多种强大的技术，具有很强的情感成分，还结合正念练习，如注意饮食、横膈膜呼吸、行走冥想等技术，使案主提升对自己感觉和感受的认识。

这个治疗方案是一个连续 6 天的住宿式深度心理培训。主要治疗内容包括 17.5 小时的心理剧团体体验式治疗和 7 小时 40 分钟的心理教育，其中包括 3.5 小时的金融规划讲座，涉及现金流量管理、风险管理、投资知识、房地产规划、退休规划和税收策略等方面的基本信息。教学讲座和活动的设计聚焦在理解和修改有问题的金融信仰和行为上。成员每天还参加大约 45 分钟的正念冥想。心理治疗由两位经验丰富的治疗师带领，金融教育部分由一名注册金融规划师完成（Klontz et al.，2008b）。

这同时也是一个研究项目，在 12 个月内，每位参与者只参加一个为期 6 天的课程。所有连续 6 天在机构参加治疗项目的参与者都被邀请参加研究。38 名参与者中有 33 人提供了治疗前、治疗后、治疗后 3 个月的随访数据。经过评估，参与者的心理困扰、焦虑和对财务相关问题的担忧显著减少，财务健康状况得到改善。并且，在治疗后 3 个月的随访中，这些改善是稳定的（Klontz et al.，2008b）。研究结果表明，体验式金融治疗是一个具有良好效果、可广泛推行的疗法。

（三）福特金融赋能模型

福特金融赋能模型（Ford Financial Empowerment Model，FFEM）将金融教育和技能培养与关系疗法结合起来，可用于有金融赋能需求的案主，这些人可能经历着金融、情感、关系和经济等多重压力（Klontz et al.，2015）。

1. 金融治疗中的赋能

赋能，指帮助那些在应对某些状况时感到力不从心的人发现他们的能力。促进赋能是一个过程，使个人能够认识到，并完全获得其内在的权利感、安全感和影响力。促进赋能使个人在与自己、他人、社会及各种机构交往时能够利用这种权利和力量（Blanchard et al.，2001）。

在 FFEM 中，赋能模型将认知行为疗法和叙事疗法与财务教育和干预相结合。

从认知行为的角度来看，缺乏赋能可以理解为固化的消极的自动思维和图式，或者是关于自己和世界的基本看法，这些看法会让案主感到无助、无力和绝望，这反过来又能促使他们按照这些消极信念行事（Ford et al.，2011）。消极的思维、感觉和行为模式会让案主陷入一种恶性循环，使其进一步丧失能力，减少成功感和信心。通过使用认知行为技术，工作者可以帮助案主识别和重组这些消极模式，产生赋能的行为。

从叙事治疗的角度来看，缺乏赋能可能被视为案主用自己构建的一个消极的、无奈接受的故事，来解读自己或所生活的世界。他们已经将外部世界关于权利、影响力和价值的观念深深内化，使自己感到被剥夺了权利（Ford et al.，2011；White & Epston，1990）。这种关于自己的负面叙事，以及一个人无法充分发挥自己的潜力的感受，可被认为是丧失权力的故事，使案主无法拥有一个新的、更令人满意的人生故事。

FFEM 采用与叙事治疗类似的方式看待促进赋能的过程，相信案主有可能重写他们的故事，从而创造一种更具适应性的生活方式，而该模型的协作治疗过程有助于促成这一改变（Freedman & Combs，1996；Nichols & Schwartz，2007）。

为案主赋能包括促进一个过程的发生，在这个过程中，案主开始学习维护自己，并更充分地利用其原本具有的优势和资源。Ford 等（2011）指出，当一个人感到被赋予权力时，他们更有可能采取主动行为，并且拥有成就感和成功感。

因此，金融赋能可以说是金融健康和福利不可或缺的一部分。当案主感到有信心、有动力、有能力处理其金融生活的重要方面时，他们的金融能力就会提升（Ford et al.，2011）。

2. 实施过程

福特金融赋能模型是一个四阶段模型，包括准备、技能发展、叙事性发展和终止（Klontz et al.，2015）。

第一阶段：准备。

在进入使用福特金融赋能模型的治疗流程前，金融治疗师与案主进行初步咨询，包括：①确定提出的问题；②评估危险信号、需求和目标；③确定改变的愿望和意愿；④确定案主是否适合接受金融治疗，或者是否需要进行转介（Ford et al.，2011）。

初步咨询完成后，就可以开始个案概念化（对案主的潜在问题的假设）。案主还需完成一些来自心理健康和金融学科的评估，包括对案主整体功能和抑郁症状的心理健康评估，以及一些衡量财务方面压力、满意度、行为和知识的量表。

第二阶段：技能发展。

这包括在 4～6 个疗程中运用认知行为技术、金融咨询和教育（Ford et al.，2011）。

首先，工作者通过运用认知行为模式、议程设置、思维记录和家庭作业等，帮助案主更好地概念化与理解思想、情感和行为之间的相互作用。其次，工作者在适当的时候结合财务咨询干预，开始财务教育和技能培养。

常用的金融咨询和教育干预适合与认知行为干预相结合，包括检查信用报告、跟踪支出、共同构建现金流量表、协商需求、制订支出计划和债务偿还计划等。许多金融咨询干预工具可以帮助案主通过"做"的实践获得对金融问题的知识和理解，使他们在"做"的过程中反思、重组自己的思维过程，最终改变他们管理财务的方式（Ford et al.，2011）。

第三阶段：叙事性发展。

该阶段侧重于叙事性治疗干预的应用，但仍可能包括认知行为与金融咨询和教育的内容。事实上，工作者可视案主的进展，在第二、第三阶段循环开展工作。本阶段的主要任务是，深入探讨案主的金钱问题，并帮助他们创造一个更受欢迎的金钱故事，让他们感到更有力量（Ford et al.，2011）。

为了重建案主的金钱故事，工作者和案主参与到共同构建的过程中，他们共同构建一个叙事，为案主打开新的存在、感觉和生活方式。为了形成这些新的故事，工作者可以运用叙事疗法的解构性倾听技术，这可以帮助他们以别样的、更聚焦的方式倾听案主故事（Freedman & Combs，1996）。通过这些倾听干预，案主开始了解到，①他们关于金钱的故事是重要的，②他们在被认真听到，这两方面都是在赋能给案主。治疗师会以积极的态度倾听案主故事中特定的事件，例如闪光的时刻、独特的故事结果，它们可以成为新构建故事的起点。叙事治疗通过提出积极、开放的问题来为故事的成长和发展创造空间，同时运用技术进一步增加和扩大故事的厚度和广度（Freedman & Combs，1996；White & Eptson，1990）。此外，还包括充分地运用外化技术，问题外化可以让案主将问题与自我分离，从而使问题更易于面对或解决，经过一系列故事构建的历程，案主有希望重新获得对金钱的控制感。

第四阶段：终止。

福特赋能金融治疗中，至少有一次会议会专门审查和讨论金融治疗过程和案主的进展。感知案主何时可能准备好终止治疗是最后阶段的一个重要部分。当接近第四阶段时，金融治疗师可能会看到，案主开始在完成任务和达成目标中扮演更积极的角色，减少对金融治疗师的依赖。案主可能表现出更自信、更积极、更有能力的行为（例如，积极负责的金融行为、目标导向的行为、具有一致性和展望未来）。在不确定的情况下，治疗师可再次运用衡量财务压力、满意度和幸福感等方面的评估工具，这样有助于治疗师和案主了解他们何时准备好终止治疗合约，或进行进一步的金融治疗干预。

福特金融赋能模型将认知行为疗法、叙事疗法和金融咨询与教育有机结合，合理安排在四个阶段的结构化服务中，同时又不乏灵活性，是一个操作性强、有推广价值的治疗模型。

（四）金融治疗的合作关系模型

在金融治疗的合作关系模型（Collaborative Relational Model of Financial Therapy）中，两个（或多个）在各自领域拥有专长的专业人员共同协作，为案主提供深入而全面的金融治疗。其最初的模式是帮助家庭治疗师和金融规划师共同为案主提供有凝聚力的服务，现在已经发展到与营养学家、律师、家庭环境和设计专家相结合（Klontz et al. , 2015）。

金融治疗的合作关系模型以生态系统视角为理论基础。生态系统视角运用系统理论，在社会、文化和历史背景下看待案主。如同在一个生态系统中，所有的部分都是相连的，当处于平衡状态时，整个系统才是健康的。生活事件（如健康危机、失业、家庭成员死亡、孩子出生等）会对整个家庭的幸福产生影响。这些事件不仅会影响人际关系，还会影响财务决策，两者都会产生长期影响。将个人置于其生态系统环境之外去解决问题是不全面的，只可能解决部分问题。因此，在处理这些复杂交织的方面时，不同专业的合作十分必要。随着时间的推移，新的环境压力源和资源将被确定并整合到金融治疗的合作关系模型中（Klontz et al. , 2015）。

1. 合作关系模型的发展历程

金融治疗合作关系模型的发展始于 2007 年佐治亚大学（UGA）为低收入人群提供的旨在改善家庭关系和金融福利的项目。家庭治疗专业和金融规划专业的教师合作开发了一种称为关系－金融治疗（RFT）的新方法，以帮助经受财务和关系双重压力的夫妇。RFT 最初是一个五阶段干预模型，由一个家庭治疗师和一个金融规划师共同解决夫妻关系和财务问题的交织事项。项目实施后，治疗师对 12 对夫妇进行了试验前和试验后的效果研究，结果显示，案主的财务状况、亲密关系均有显著改善（Kim et al. , 2011）。

基于良好的专业合作效果，在试点研究之后，佐治亚大学实施了美国在金融规划方面的第一个临床实习，金融规划专业的研究生在家庭治疗项目中合作参与工作，共同实施金融治疗干预，以改善个人和夫妻的财务状况和关系（Goetz et al.，2005；Goetz et al.，2011）。ASPIRE 诊所是开展实习的服务中心，为社区成员提供无偿的金融规划服务，并为学生提供增进金融治疗技能和知识的平台。最初的五阶段模型已从为接近或低于贫困水平的夫妇设计，发展为金融治疗的合作关系模型。

从生态系统的角度来看，人们认为意外生活事件和由此带来的经济压力可能会对人际关系和更大的家庭系统产生不利影响。因此，RFT 最初的跨学科心理教育干预模型涉及两个服务提供者在五个疗程上的协作，综合了各种理论模式和框架，包括家庭系统理论、变革的跨理论模型和六步金融规划过程的修订版。

五阶段模型将夫妻/家庭治疗与金融规划相结合，在治疗过程中纳入了金融规划过程和系统治疗的各个方面。干预模型的目标包括：①帮助案主改善夫妻沟通；②加强关系稳定性；③减少财务困境；④提高财务管理技能；⑤创建一个经济内部控制点；⑥改善财务和整体幸福感（Kim et al.，2011）。

金融治疗合作关系模型背后的概念非常简单，将不同领域的两名专业人员聚集在一起，共同解决金融和关系的复杂交叉问题。金融治疗的合作关系模型最初仅限于金融和家庭治疗服务，随着时间的推移已经扩展，因为金融问题往往与其他问题交织在一起，幸福感来自多方面的共同作用。因此，学习营养学、家庭设计和法律的学生被纳入 ASPIRE 诊所的合作关系金融治疗模型，以解决食品和健康问题、家庭环境问题和法律问题。例如，为夫妇提供一个三人咨询团队（包括法律、金融规划和家庭治疗专业的学生）来解决与离婚、破产、资产分割、信贷、退休计划相关的问题（Klontz et al.，2015）。

新发展的合作关系模型基于这样一种观点，即金融治疗通过预防、教育、恢复和干预治疗来关注整体幸福感。系统理论和六步金融规划过程是金融治疗合作关系模型的基础。在实施具体干预措施时，专业人员会根据案主的目标和提出的问题，综合采用不同心理流派的技术，如基于叙事金融治疗的干预技术（McCoy et al.，2013b）、认知行为金融疗法或女性主义金融疗法的理念和技术（Goetz & Gale，2014）。

2. 合作关系模型的启发性意义

合作关系模型首先从大学的公益服务项目起步，参与者是相关专业的教师和研究生，经过多年的探索，在理论架构和实施方法上日趋成熟。大学专业人才的丰富性，使扩展金融治疗的合作关系模型更容易实现，同时，很多专业的学生都有实习的需求，应用合作关系模型可以让更多专业的学生参与到体验式学习中去，这对社区居民、大学和专业发展都有益处（Klontz et al.，2015）。

从具体实施上说，既可新建机构，也可利用已有的平台，如大多数法学院都建有提供免费服务的法律诊所，供学生参与服务学习，这是一个现有的实体，可以整合、创建成多学科合作的服务机构。合作关系模型也对学生的跨专业性提出了新的要求，Kim 等（2011）、McCoy 等（2013a）建议，大学的家庭治疗、社会工作、咨询和心理学课程可加入个人理财课程。同样，金融规划专业培养方案中也应纳入沟通技能和金融治疗干预的课程。

除大学外，在私人和非营利部门就职的金融规划师也可以在现有的客户关系基础上，开发合作服务模式，推行金融治疗的合作关系模型。为实施这一模型，专业人员需具备辨别其他专业人员的知识、技能和相容性的能力。因此，不同行业间应创造彼此联结、了解的机会，家庭治疗师可以参加金融规划方面的培训或会议，反之，金融规划师也可以参加家庭治疗师、心理学人员或社会工作者的会议，从而搭建各专业人员的合作网络（Klontz et al.，2015）。

因此可以说，合作关系模型的"合作性"为大学的专业发展、社会上的行业发展提供了很多新思路，开创了极大的合作发展空间。

六 思考和展望

回顾美国金融治疗的发展历程，我们会看到一个微小的想法如何最终汇聚成一个很大的行动，一个新的研究领域、工作方法如何从无到有，并迅速成长。在美国，经济波动成为金融治疗领域的催化剂，人们尝试了解一些决策背后的心理和行为因素，开始对人性和金融行为的关联性感兴趣。

经济生活是社会的重要组成部分，人们每天都要和"钱"打交道，金钱不仅满足我们的基本需求，而且决定着我们的安全感、生活质量、人生目标和愿望。对个人和家庭来说，与金钱有关的问题多种多样。一个人对金钱的态度、与金钱的关系深深地影响到他的经济行为。

近年来，迅猛发展的互联网经济、风云变幻的国内外经济形势，使人们常常要面对来自金钱的压力和冲突，要做出与金钱相关的判断和选择，这使经济和心理的交叉成为必要，也为我国金融治疗的发展提供了契机。人们会越来越重视金钱行为背后的情绪、情感、态度和信念，将金融和心理健康相结合。从事金融治疗的人员运用各种专业手法，通过调整案主的金钱脚本来干预金钱紊乱行为，还可以把这些方法应用到金融咨询、金融训练、金融教育中，让更多的人受益。

参考文献

林典，2019，《金融社会工作：缘起、内涵与实务》，《社会工作与管理》第 2 期。

方舒、兰思汗，2019，《金融社会工作的本质特征与实践框架》，《社会建设》第 2 期。

Andreassen, C. S., Griffiths, M. D., Hetland, J., & Pallesen, S. 2012. "Development of a Work Addiction Scale." *Scandinavian Journal of Psychology* 53 (3): 265 – 272.

APA (American Psychiatric Association). 2013. *Diagnostic and Statistical Manual of Mental Disorders: DSM – 5™*. Washington: American Psychiatric Publishing.

APA (American Psychological Association). 2014. Stress in America™ Survey. https://www. apa. org/news/press/releases/2014/02/teen-stress. aspx. Accessed 25 July 2014.

Archuleta, K. L. & Grable, J. E. 2011. "The Future of Financial Planning and Counseling: An Introduction to Financial Therapy." in Grable, J. E., K. L. Archuleta, & R. R. Nazarinia (Eds.), *Financial Planning and Counseling Scales* (pp. 33 – 59). New York: Springer.

Archuleta, K. L., Burr, E., Dale, A., Canale, A., Danford, D., Rasure, E., & Horwitz, E. 2012. "What is Financial Therapy? Discovering the Mechanisms and Aspects of an Emerging Field." *Journal of Financial Therapy* 3 (2): 57 – 78.

Atwood, J. D. 2012. "Couples and Money: The Last Taboo." *The American Journal of Family Therapy* 40 (1): 1 – 19.

Auerswald, E. H. 1968. "Interdisciplinary Versus Ecological Approach." *Family Process* 7: 202 – 215.

Beck, A. T. 2005. "The Current State of Cognitive Therapy: A 40-year Retrospective." *Archives of General Psychiatry* 62 (9): 953 – 959.

Beck, J. S. 2011. *Cognitive Behavior Therapy: Basics and Beyond* (2nd ed.). New York:

Guilford Press.

Benson, A. L. & Eisenach, D. A. 2013. "Stopping Overshopping: An Approach to the Treatment of Compulsive Buying Disorder. " *Journal of Groups in Addiction and Recovery* 8 (1): 3 – 24.

Blanchard, K. H., Carlos, J. P., & Randolph, A. 2001. *Empowerment Takes more than a Minute (2nd ed.)* . San Francisco: Berrett-Koehler.

Chamberlin, C. M. & Zhang, N. 2009. "Workaholism, Health, and Self-acceptance. " *Journal of Counseling & Development* 87 (2): 159 – 169.

Consoli, A. J. & Jester, C. M. 2005. "A Model for Teaching Psychotherapy Theory through an Integrative Structure. " *Journal of Psychotherapy Integration* 15 (4): 358 – 373.

Faber, R. J. 2011. *Diagnosis and Epidemiology of Compulsive Buying* (pp. 3 – 17) New York: Routledge (Taylor & Francis Group) .

Ford, M. R. , Baptist, J. A. , & Archuleta, K. L. 2011. "A Theoretical Approach to Financial Therapy: The Development of the Ford Financial Empowerment Model. " *Journal of Financial Therapy* 2 (2): 20 – 40.

Freedman, J. & Combs, G. 1996. *Narrative therapy: The Social Construction of Preferred Realities.* New York: Norton.

Friedlander, S. & Walters, M. G. 2010. "When a Child Rejects a Parent: Tailoring the Intervention to Fit the Problem. " *Family Court Review* 48 (1): 98 – 111.

Furnham, A. 1984. "Money Sides of the Coin: The Psychology of Money Usage. " *Personality and Individual Difference* 5 (5): 501 – 509.

Gallen, R. 2002. *The Money Trap: A Practical Program to Stop Self- defeating Financial Habits so You can Reclaim Your Grip on Life.* New York: Harper Collins Publishers, Inc.

Goetz, J. , Durband, D. B. , Halley, R. , & Davis, K. 2011. "A Peer-based Financial Planning and Education Service Program: An Innovative Pedagogic Approach. " *Journal of College Teaching & Learning* 8 (4): 7 – 14.

Goetz, J. & Gale, J. 2014. "Financial Therapy: De-biasing and Client Behaviors. " in Baker, H. K. & V. Ricciardi (Eds.), *Investment Behavior: The Psychology of Financial Planning and Investing* (pp. 227 – 244) . Hoboken, NJ: John Wiley & Sons, Inc.

Goetz, J. , Tombs, J. , & Hampton, V. 2005. "Easing the College Student's Transition into the Financial Planning Profession. " *Financial Services Review* 14 (3): 231 – 251.

Grant, J. E. , Schreiber, L. , Odlaug, B. L. , & Kim, S. W. 2010. "Pathologic Gambling and Bankruptcy. " *Comprehensive Psychiatry* 51 (2): 115 – 120.

Horwitz, E. J. & Klontz, B. T. 2013. "Understanding and Dealing with Client Resistance to

Change. " *Journal of Financial Planning* 26 (11): 27 – 31.

Kim, J. , Gale, J. , Goetz, J. , & Bermúdez, J. M. 2011. "Relational Financial Therapy: An Innovative and Collaborative Treatment Approach. " *Contemporary Family Therapy* 33 (3): 229 – 241.

Klontz, B. T. & Britt, S. L. 2012. "How Clients' Money Scripts Predict Their Financial Behaviors. " *Journal of Financial Planning* 25 (11): 33 – 43.

Klontz, B. T. , Britt, S. L. , & Archuleta, K. L. 2015. *Financial Therapy: Theory, Research and Practice.* New York: Springer.

Klontz, B. T. , Britt, S. L. , Archuleta, K. L. , & Klontz, T. 2012. "Disordered Money Behaviors: Development of the Klontz Money Behavior Inventory. " *Journal of Financial Therapy*3 (1): 17 – 42.

Klontz, B. , Britt, S. L. , Mentzer, J. , & Klontz, T. 2011. "Money Beliefs and Financial Behaviors: Development of the Klontz Money Script Inventory. " *Journal of Financial Therapy* 2 (1): 1.

Klontz, B. T. , Bivens, A. , Klontz, P. , Wada, J. , & Kahler, R. 2008b. "The Treatment of Disordered Money Behaviors: Results of an Open Clinical Trial. " *Psychological Services* 5 (3): 295 – 308.

Klontz, B. , Kahler, R. , & Klontz, T. 2008a. *Facilitating Financial Health: Tools for Financial Planners, Coaches, and Therapists.* Cincinnati: The National Underwriter Company.

Klontz, B. T. & Klontz, T. 2009. *Mind Over Money: Overcoming the Money Disorders that Threaten Our Financial Health.* New York: Crown Business.

Lejoyeux, M. & Weinstein, A. 2010. "Compulsive Buying. " *The American Journal of Drug and Alcohol Abuse* 36 (5): 248 – 253.

Longmore, R. J. & Worrell, M. 2007. "Do We Need to Challange Thoughts in Cognitive Behavior Therapy. " *Clincial Psychology Review* 27 (2): 173 – 187.

McCoy, M. , Gale, J. , Ford, M. , & McCoy II, R. 2013a. "A Therapist's Perspective of a Financial Planning Course: Implications for Financial Therapy Education and Trainings. " *Journal of Financial Therapy* 4 (1): 21 – 38.

McCoy, M. , Ross, D. B. , & Goetz, J. 2013b. "Narrative Financial Therapy: Integrating a Financial Planning Approach with Therapeutic Theory. " *Journal of Financial Therapy* 4 (2): 22 – 42.

Nichols, M. P. & Schwartz, R. C. 2007. *The Essentials of Family Therapy (3rd ed.)* . Boston: Pearson.

Paivio, S. C. & Greenberg, L. S. 1995. "Resolving 'Unfinished Business': Efficacy of Experiential Therapy Using Empty-chair Dialogue. " *Journal of Consulting and Clinical Psychology* 63 (3): 419 –425.

Petry, N. M. 2005. "Gamblers Anonymous and Cognitive-behavioral Therapies for Pathological Gamblers. " *Journal of Gambling Studies* 21 (1): 27 –33.

Petry, N. M. , Ammerman, Y. , Bohl, J. , Doersch, A. , Gay, H. , & Kadden, R. , et al. 2006. "Cognitive-behavioral Therapy for Pathological Gamblers. " *Journal of Consulting and Clinical Psychology* 74 (3) : 555 –567.

Tang, T. L. 1992. "The Meaning of Money Revisited. " *Journal of Organizational Behavior* 13 (2): 197 –202.

Taris, T. W. , Schaufeli, W. B. , & Shimazu, A. 2010. "The Push and Pull of Work: The Differences between Workaholism and Work Engagement. " in Bakker A. B. , & M. P. Leiter (Eds.), *Work Engagement: A Handbook of Essential Theory and Research* (pp. 39 –53) . Hove: Psychological Press.

Toneatto, T. & Gunaratne, M. 2009. "Does the Treatment of Cognitive Distortions Improve clinical Outcomes for Problem Gambling? " *Journal of Contemporary Psychotherapy* 39 (4): 221 –229.

Wegscheider-Cruse, S. , Cruse, J. R. , & Bougher, G. 1990. *Experiential Therapy for Codependency.* Palo Alto. California: Science & Behavior Books, Inc.

White, M. & Epston, D. 1990. *Narrative Means to Therapeutic Ends.* New York: Norton.

Yamauchi, K. T. & Templer, D. J. 1982. "The Development of a Money Attitude Scale. " *Journal of Personality Assessment* 46 (5): 522 –528.

金融与社会　第一辑

第 166~186 页

© SSAP, 2020

农民的金融知识及其与金融行为的相关性[*]

金敏超　　袁易卿　　冯允鹏[**]

摘　要：近年来，我国经济飞速发展，金融市场也日渐蓬勃。在这样的背景下，党中央和国务院提出了"普惠金融"的大政方针，并指出中低收入群体和农民群体是普惠金融的重点对象之一。研究选取了中和农信公司的福建福安项目点和云南宾川项目点，抽样调查了包括中和农信信贷户在内的 200 人。研究发现，样本的金融知识水平相对较低，一半受访者的金融知识水平在经济合作与发展组织国际金融教育网络所要求的水平之下。在控制性别、年龄、职业等人口学变量的情况下，研究发现信贷户的金融知识水平相对于非信贷户更高。研究还发现金融知识水平较高的群体更趋于风险理性，金融知识水平仅与保险产品的使用有关，而与投资产品和债务产品的使用均无统计学意义上的相关性，信贷户对于金融服务的使用率相较非信贷户高很多。以上说明小额信贷可能对于使用其他金融服务有

---

* 致谢：衷心感谢中和农信"星空计划"对本研究的支持！感谢中和农信总部的李琦老师、周笑宇老师，福建福安项目点的郑主任和各位信贷员老师，云南大理项目点的张主任和各位信贷员老师在研究进行过程中的支持和帮助！也非常感谢李美、吴霜、王姚娟、阮彩云、张翼沐雪、胡恒、许连玲、华漪、倪娜对本研究的支持！

** 金敏超，纽约大学社会工作学院、上海纽约大学文理学部讲师；袁易卿，华东理工大学社会与公共管理学院教务人员；冯允鹏，复旦大学中国语言文学系硕士研究生。

带动作用。

关键词： 普惠金融　金融知识　风险偏好　金融服务使用

一　研究背景

改革开放以来，我国经济快速发展，已经成为世界第二经济大国。经济的发展提高了人民的福祉，但也带来了一些新的问题。例如，经济发展带动了金融市场的繁荣，同时也挑战了金融公平。2005 年，联合国提出了普惠金融（Financial Inclusion）的概念，提倡为包括个人和小微企业在内的各市场主体提供平等合理的金融服务。

2013 年，党的十八届三中全会正式将"普惠金融"列为深化改革的目标之一。2015 年《政府工作报告》中也提到了"大力发展普惠金融，让所有市场主体都能分享金融服务的雨露甘霖"。同年年底，国务院印发了《推进普惠金融发展规划（2016—2020 年）》（以下简称《规划》），进一步体现了政府对这一领域的重视。《规划》立足我国国情清晰地定义了普惠金融为"立足机会平等要求和商业可持续原则，以可负担的成本为有金融服务需求的社会各阶层和群体提供适当、有效的金融服务"，并进一步指出城镇低收入人群和农民等群体是普惠金融的重点服务对象。

在国家整体战略的大背景下如何有效地推进针对农民以及城镇低收入人群的普惠金融，这已经成了相关学者和实践者面临的一个重要课题。国内现有的研究和实践大都关注金融的提供方，例如地方金融规划、金融机构的布点、金融业务开展等；而对普惠金融的接收方——农民和城镇低收入人群——的关注却非常有限，尤其是在金融知识方面。《规划》几次提到金融知识，例如，第七部分第一条的标题"加强金融知识普及教育"，并将"城镇低收入人群、困难人群、农民"列为重点的教育对象，希望他们"掌握符合其需求的金融知识"；第八部分中也有"大力推进金融知识扫盲工程"的内容。可是，现有的实证研究均发现，我国农民和城镇低收入人群的金融知识水平普遍较低（陈磊，2013；李峰，2012；任鹏飞、张海应，2011），在金融服务日渐增多的利好形势下，金融知识的缺乏却在一定程度上阻碍了他们对金融服务的合理使用

（宋敏、张颖、胡芳、刘广敏，2014），同时也不利于金融环境的进一步改善。

二 国外相关理论和研究综述

（一）普惠金融

金融的定义在一些著作中不尽相同，但是一般都包括金融服务的可接触性（Access）和使用性（Usage）两个方面（Fungáčová and Weill，2014；Hannig and Jansen，2010）。在发展中国家较多使用的普惠金融指数中的三个维度是渗透（Banking Penetration）、存在（Availability）和使用（Usage），也是对上述两个维度的进一步细化（何德旭、苗文龙，2015）。

普惠金融概念的引入也带动了国内的相应研究。目前国内对于普惠金融的研究主要是由经济学、金融学、商学等领域的学者展开。基于学科的视角，他们的主要关注点在可接触性，围绕"如何提高金融服务的质和量"这一问题展开研究。例如，有学者认为普惠金融是源于金融排斥（Financial Exclusion），而金融排斥是金融市场规则的不完善和金融服务对于某些群体的供给不足造成的（何德旭、苗文龙，2015；邵国华、吴有云，2015）。学者就此提出的建议包括：健全法律制度和市场规则，建立统一授信的制度和风险管理信息库以减少信贷风险，降低金融服务成本、建立省市县等区域金融交易市场，鼓励互联网金融，加大对落后地区的信贷支持力度，推进支付服务基础设施建设，以及鼓励农村信用社、村镇银行、小额信贷和资金互助社的发展（何德旭、苗文龙，2015；邵国华、吴有云，2015；付群，2012；林娜、赵军，2009）。相应地，这些研究在使用性方面的对策也偏重于宏观和金融服务的提供方（邵国华、吴有云，2015；蔡洋萍，2015），而忽视了金融服务的使用者，没有从微观层面的个人或者家庭的角度探寻影响其使用金融服务的因素，比如金融知识。

（二）金融知识的理论和国外的研究

国外学者对于金融知识的定义在细节上尚有分歧，但是都认为它应包含金融常识和使用这些常识做出合理决策的能力（Huston，2010）。金融知识的定义直观地显示了其对普惠金融的重要性。拥有较高金融知识水平的人会将现金、活期/定期存款、股票基金、不动产等不同收益和风险的资产进行组合，更好地保护和增值其财富（Van Rooij, Lusardi, and Alessie，2011）；反之，金融知识水平较低的群体会不使用或者选择高成本（例如手续费、利率等）和高风险（非正式金融机构提供的贷款）的金融服务，同时也缺乏长期的理财计划，这都将导致其无法享受到普惠金融带来的福利（Lusardi and Tufano，2009）。此外，金融知识的增加也有助于创造一个良好的金融环境（例如增强农民对于信贷的风险意识，降低信贷违约率），间接促进供给，从而增加金融服务的可接触性。综上所述，金融知识的增加对于普惠金融的两个维度——可接触性和使用性，都有正向的效应。

国外学者对于金融知识的研究已经相对深入。美国、日本、意大利、新西兰等发达国家的研究表明，相当一部分人在基本计算、利率理解和风险规避等方面的金融知识水平不尽如人意（Lusardi and Mitchell，2011）。经济合作与发展组织（OECD）下属的国际金融教育网络（IN-FE）对 14 个国家的比较研究也发现，有半数以上的人对于计算复利和评估投资风险存在困难（Atkinson and Messy，2012）。研究还发现，年龄、性别、受教育水平、收入等因素与金融知识水平相关（Atkinson and Messy，2012）。当下国外对金融知识的研究热点在于进一步明晰金融知识的定义、改进测量工具的信度和效度、寻找金融知识水平的影响因素和有效增加金融知识的方法这几方面。例如，美国等一些发达国家已经在本国几个主要的社会调查问卷中加入金融知识相关的问题。国际金融教育网络也正着力开展一个有关金融知识的长期研究项目，通过国际比较，以期在上述问题上有所突破。

此外，国外的研究还关注了金融知识和金融服务使用的双向互动。金融知识的增加可以直接促进金融服务的合理使用；反之，使用金融服务则为金融知识提供了实践机会，一方面可以修正可能的错误理解，另一方面也可以增加新的知识（Birkenmaier, Curley, and Sherraden，2013）。由此，有学者提出了金融能力的框架，指出金融知识和金融服务使用共同构成了个人和家庭的金融能力（Birkenmaier, Curley, and Sherraden，2013）。不过，这个框架还需要更多的实证研究来佐证。

（三）金融知识的国内研究现状及其问题

我国目前关于金融知识的研究数量较少，也多局限于描述性。研究发现，很多人不了解网银、基金、股票、汇票、外汇等金融术语和业务，不知道如何使用网上银行和电话银行，不清楚如何辨别假币，不采取任何措施防范金融纠纷和金融诈骗（陈太玉、黄辉、符瑞武，2010；范畅然、马梦晖，2014；吴玉霞、潘泽宏，2011）。这些研究虽然提供了初步的实证结果，也探索了在中国的环境下如何测量金融知识；但其并未定义金融知识，所使用的抽样方法和测量工具也有很多缺陷，导致研究本身的内在效度有限。描述性的研究设计和数据分析方法也无法揭示金融知识、金融服务和普惠金融之间的联系。

中国金融知识研究的瓶颈之一在于如何定义和测量金融知识。国外对于金融知识的研究有其领先之处，但是直接借用其定义和测量方法是不妥当的。首先，国外学者对于金融知识包括哪些内容和如何对其准确测量尚未达成共识。例如，在国外的研究中，金融知识包括基本计算、投资（包括储蓄）、借贷、财务计划、日常消费管理等不同内容。其次，即便不考虑定义和测量上的模糊，由于国内外的差异，在我国直接应用国外的定义和测量方法也会有很多问题。以国际金融教育网络的金融知识问卷为例。其一，基于西方强调独立性的文化，它在问题中将父母与朋友等选项并列，询问成年受访人的借贷行为。我国传统文化强调的则是大家庭乃至集体的概念，成年人的父母也是家庭的一部分，而家庭成员之间钱和物的流动通常不被视为"借"。其二，问卷中还使用了一些西方常见的金融产品，比如商业养老保险、企业债券、年金等。测量中使用此类国外名词或者其他我国居民不甚了解的金融产品名称，只能反映出国家间的金融知识差距，但是很难区分低收入群体内部金融知识水平的高低，导致无法进一步确定该群体中的金融知识高危群体。反之，部分可能与我国居民更相关的金融知识却未被包括在其中，比如网银使用、金融欺诈预防、贷款风险自我评估等。其三，在金融知识的主观测量上，由于文化或者教育的不同，西方人对金融知识水平的自我评价倾向于比实际高，而东亚群体则一般较为谦虚或者缺乏自信，倾向于给自己较低的评价。所以，直接参照国外问卷的指导做数据分析，很可能会导致对于我国居民金融知识水平的低估。

根据以上问题，本研究基于国内外已有的研究成果，期望通过问卷访谈的方法，回答以下研究问题：农民金融知识水平如何？哪些因素与农民的金融知识水平相关？金融知识如何影响农民对于金融服务的使用？

三 研究方法

（一）研究样本

根据中和农信官方网站上提供的 2017 年 3 月的月报，公司的分支机构有 222 家，覆盖 19 个省份的 76671 个村庄，有效客户达到 378566 人。考虑到执行时间和人力难以对农信项目点进行充分的覆盖，研究在项目点层面采用了目的抽样的方法，选取了福建省的福安项目点和云南省的宾川项目点，以尽可能增加样本在地理和经济环境上的多样性和代表性。在信贷户的层面，采用了配额抽样和方便抽样相结合的方式，研究者就样本的预期和项目点沟通，然后由信贷员安排走访信贷户，这样既保证样本在人口学维度上的代表性，又尽量少打扰项目点的日常工作。最终研究收集到有效样本 200 人，其中 140 人为中和农信信贷户。其中，福安项目点 113 人，92 人为信贷户；宾川项目点 87 人，48 人为信贷户。

（二）测量工具和数据收集

国外已有一些通行的量性工具可供金融知识的测评，本研究根据已有的文献，对其做了改进，使其更适合中国国情。这样的量性方法可以兼顾国际比较和量性工具在数据收集效率上的优势。对于具体的测量方法，报告将在结果的分析部分有所呈现。

（三）研究伦理

第一，研究收集的数据没有包含任何个人信息（例如姓名、生日、地址、身份证号码等）和涉及隐私的问题（例如具体收入、开户银行、银行卡号、持有金融产品的数量等）；第二，所有参与数据收集的人员都接受了研究伦理的训练；第三，在访谈开始前，受访者都会被清楚地告知访谈的目的、可能的风险和收益、需要的时间，以及可以"拒绝回答任意问题"和"随时中止访谈"；第四，在访谈过程中，如果遇到受访者为难的情况，访员会提醒受访者可以"拒绝回答任意问题"和"随时中止访谈"；第五，在访谈结束后，访员会和受访者回顾访谈过程，确认没有伦理问题发生，如果有，访员会及时处理，相应的数据也会由受访者决定"是否可以为研究使用"。截至文章提交之日，本研究并未发生任何伦理问题。

（四）数据分析方案

在数据收集期间，研究者使用了 Microsoft Excel 来录入和整理数据。数据收集完成并初步清洗后，研究者将量性数据导入 Stata 14 软件，进行单变量的样本描述和双变量、多变量的相关性分析；对质性数据的分析则由"主题分析"的方式来进行。在分别完成数据分析之后，研究者将质性和量性的结果进行了进一步对照，找出金融知识、信贷风险、金融供给的使用和需求间的联系。

四 研究结果和讨论

（一）样本描述

在样本中，女性受访者占 40%，其中宾川的样本有 2/3 强是女性 $[\chi^2 (1) = 49.64, p < 0.001]$。受访者的平均年龄为 40.16 岁，宾川样本比福安样本平均年轻 7 岁 $[t (198) = 4.69, p < 0.001]$。近 2/3 的受访者是初中毕业以上学历。宾川是初中毕业以上学历的样本比福安相应的样本占比更高些，两地初中毕业以下学历的样本比例相近 $[\chi^2 (2) = 11.55, p < 0.01]$。31% 的受访者主要职业是务农，近两成为单位（含政府、事业单位和企业）雇员或者学生，43% 为非农个人雇佣（例如开店），还有一小部分是无业 $[\chi^2 (3) = 4.79, p = 0.19]$。值得注意的是，福安和宾川样本除了职业分布上，在其他方面都有统计学意义上的不同。可能的原因是宾川分支点有较多的妇女小组贷业务，这也从一定程度上说明目的抽样增加了样本的多样性。

表 1　样本描述

变量	福安 （N = 113）	宾川 （N = 87）	总体 （N = 200）	福安/宾川差别
信贷户	81.42%	55.17%	70%	χ^2（1）= 16.12 ***
女性	18.58%	67.82%	40%	χ^2（1）= 49.64 ***
年龄	M = 43.22 （SD = 9.61）	M = 36.22 （SD = 11.44）	M = 40.16 （SD = 10.99）	t（198）= 4.69 ***
学历				χ^2（2）= 11.55 **
初中毕业以上	17.70%	35.63%	25.50%	
初中毕业	45.13%	25.29%	36.50%	
初中毕业以下	37.17%	39.08%	38.00%	
职业				χ^2（3）= 4.79
务农	33.63%	27.59%	31.00%	
单位雇员、学生	17.70%	21.84%	19.50%	
非农个人雇佣	45.13%	40.23%	43.00%	
无业	3.54%	10.34%	6.50%	

*** $p < 0.001$，** $p < 0.01$，* $p < 0.05$。

（二）金融知识

受访者回答了有关金融知识的问题，涵盖"基本计算"、"货币的现期和远期价值"、"计算借款利息"、"根据利率计算单利"、"根据利率计算复利"、"理解风险与收益关系"、"理解通货膨胀"、"分散投资与风险的关系"、"理解保险的作用"和"理解'宽松/紧缩'财政政策"，一共十项内容（见表2）。其中，前八项为经济合作与发展组织（OECD）国际金融教育网络（INFE）国际金融素养问卷中的知识点（表2中未加 * 的项目）；后两项为研究根据文献和中国国情新添加的内容（表2中加 * 的项目）。研究还在 OECD INFE 知识点（表2中的基本题）的基础上，根据之前的研究结果和中国国情，设计了更有难度的问题。例如，在"根据利率计算单利"中，OECD INFE 的标准问题为"假设您存了100元的一年定期储蓄，年利率是2%。之后您没有存入或取出账户里的钱。一年后，加上利息，不考虑利息税，您的账户里将会有多少钱？"；研究相应地设计了更难的问题："假设你现在希望贷款3万元进行农业生产，贷款月利率为1%，贷款期为1年，贷款方式为先息后本（前11个月每月末只归还利息，第 12 个月末同时归还该月利息及全部本金）则年末到期后，你当年一共偿还了多少本金和利息？"

表 2 金融知识水平（按知识点）

单位：%

知识点	答对率
基本计算	
基本题	93.50
难度题 *	71.00
货币的现期和远期价值	
基本题	56.00
难度题 *	24.00
计算借款利息	
基本题	90.50
难度题 *	48.50
根据利率计算单利	
基本题	35.50
难度题 *	47.50
根据利率计算复利	
基本题	57.50
难度题 1 *	67.50
难度题 2 *	71.50
理解风险与收益关系	83.00
理解通货膨胀	44.00
分散投资与风险的关系	62.50
理解保险的作用 *	40.00
理解"宽松/紧缩"财政政策 *	18.00

* 表示是新题。

研究发现，样本在"基本计算"、"计算借款利息"和"理解风险与收益关系"这三项的基本题上正确率相对较高，分别为 93.50%、90.50% 和 83.00%；而在"理解'宽松/紧缩'财政政策"、"根据利率计算单利"的基本题、"理解保险的作用"和"理解通货膨胀"等方面表现较差，正确率都在 50% 以下，甚至低至 18.00%。研究设计的难度题的正确率一般要比基本题低，但是"根据利率计算单利"和"根据利率计算复利"的难度题的正确率却比基本题的正确率高，可能的原因是难度题反而相较基本题更贴近信贷户的经历。研究会在后面的多元分析中验证这个猜想。

由表 3 可知，在仅包括 OECD INFE 知识点的 8 道基本题的情况下，受访者平均答对 5.23 题（标准差 = 1.70 题）。按照 OECD INFE "答对 6 题及以上"的标准，有 49.5% 的受访者可以被认为拥有金融素养。在包含 OECD INFE 知识点基本题和新知识点的情况下，受访者在总共 10 题中平均答对 5.81 题（标准差 = 1.96 题）。如果计算所有的 15 题，受访者平均答对 9.10 题（标准差 = 3.23 题）。

表 3 金融知识水平（按个人）

项目	平均得分（标准差）/满分
OECD INFE 知识点基本题	5.23（1.70）/8
OECD INFE 知识点基本题 + 新知识点	5.81（1.96）/10
所有题	9.10（3.23）/15

研究使用线性回归检验了人口学特征和 OECD INFE 知识点金融知识的关系，发现受访者的金融知识水平与年龄、学历和职业有关（见表 4）。其中，拥有初中毕业以上学历的受访者平均比初中毕业的受访者多答对 0.65 题，而初中毕业以下学历的受访者则比初中毕业的受访者少答对 1.01 题；年龄越大的受访者金融知识水平越低；非农个人雇佣的受访者相对于务农的受访者多答对 0.81 题。当加入新知识点以及计入难度题时，以上变量和金融知识的关系变得更强。此外，在计入所有题的情况下，女性平均比男性少答对 0.78 题，单位雇员或者学生比以务农为主业的受访者多答对 0.98 题。

表 4 总体金融知识水平和人口学变量的关系

变量	系数		
	OECD INFE 知识点基本题	OECD INFE 知识点基本题 + 新知识点	所有题
信贷户（1 = 是）	0.40	0.47^Ψ	1.63 ***
女性（1 = 是）	-0.32	-0.42	-0.78^Ψ

续表

变量	系数		
	OECD INFE 知识点基本题	OECD INFE 知识点基本题 + 新知识点	所有题
年龄（岁）	-0.023^{Ψ}	-0.029^{*}	-0.066^{**}
学历（相比初中毕业）			
初中毕业以上	0.65^{*}	0.97^{**}	1.66^{***}
初中毕业以下	-1.01^{***}	-1.16^{***}	-1.31^{**}
职业（相比务农）			
单位雇员、学生	0.31	0.41	0.98^{Ψ}
非农个人雇佣	0.81^{**}	0.81^{**}	1.72^{***}
无业	0.73	0.75	0.64
项目点（1 = 宾川）	-0.16	-0.12	-0.74
模型统计	$F(9,189) = 10.02^{***}$, $R^2 = 32.31\%$	$F(9,189) = 11.19^{***}$, $R^2 = 34.77\%$	$F(9,189) = 13.76^{***}$, $R^2 = 39.59\%$

注：常数项未在表格中。
$^{\Psi}p < 0.1$, $^{*}p < 0.05$, $^{**}p < 0.01$, $^{***}p < 0.001$。

值得注意的是，"是不是信贷户"也有同样的变化趋势。在以 OECD INFE 知识点基本题来测量金融知识时，这一变量在 0.1 的水平下近似统计学显著（$p = 0.11$）。当加入新知识点时，"是不是信贷户"在 0.1 的水平下是统计学显著，信贷户平均比非信贷户多答对 0.47 题。当加入难度题时，此变量在 0.001 的水平下显著，信贷户平均比非信贷户多答对 1.63 题。这显示了信贷业务对于增加农户金融知识可能的帮助，也部分回答了之前"在'根据利率计算单利'和'根据利率计算复利'两个知识点中，难度题的正确率比基本题的正确率高"的问题。为了进一步验证是否如此，研究采用逻辑回归（logistic regression）来比较答对基本题或者难度题和"是不是信贷户"（控制其他人口学变量）的关系（见表 5）。从研究结果可以看到，信贷户在基本题上相对于非信贷户没有优势，而在难度题上优势非常明显。

表 5　金融知识点正确率和人口学变量的关系

变量	系数	
	根据利率计算单利基本题	根据利率计算单利难度题
信贷户（1 = 是）	0.77	9.95^{***}

续表

变量	系数	
	根据利率计算单利基本题	根据利率计算单利难度题
女性（1=是）	0.32 **	0.38 *
年龄（岁）	0.97 ^Ψ	0.96 **
学历（相比初中毕业）		
初中毕业以上	1.86	2.02
初中毕业以下	0.63	1.88
职业（相比务农）		
单位雇员、学生	1.57	3.83 *
非农个人雇佣	3.35 **	4.12 ***
无业	0.67	/
项目点（1=宾川）	0.68	0.57
模型统计	$\chi^2(9)=36.82^{***}$，$R^2=14.20\%$	$\chi^2(9)=64.48^{***}$，$R^2=25.01\%$

注：常数项未包括在表格中。

$^{\Psi}p<0.1$，$^{*}p<0.05$，$^{**}p<0.01$，$^{***}p<0.001$。

（三）风险偏好

研究问卷假设了一个投资 10000 元的场景，并列出了以下两种可能的回报，问受访者在分别的场景下是否会投资及其理由：①"有 60% 的概率获得 1000 元的收益，有 40% 的概率损失 1000 元本金"；②"有 5% 的概率获得 10000 元的收益，有 95% 的概率损失 500 元本金"。按照期望收益计算，理性的投资者一般会在第一个场景中决定投资，因为预期收益远大于零，达到 200 元（1000×60% - 1000×40%）；而在第二个场景中犹豫甚至放弃投资，因为预期收益接近于零（10000×5% - 500×95%）。根据受访者的决定及其解释的原因，本研究将样本分为：风险喜好组（两种场景皆投，或者说要冒风险等），占样本的 25.50%；风险规避组（两种皆不投或者主要表达对损失的担忧），占样本的 27.50%；风险理性组（第一种投，第二种投或者不投是根据理性计算的），占样本的 18%；无法判断组（答案出现矛盾或者说不知道），占样本的 29%。

因为风险偏好是一个定类变量，研究使用了多项逻辑模型（multinomial logistic regression）来分析风险偏好和金融知识（以 OECD INFE 知识点基本题度量）之间的关系（见表 6）。分析结果显示，风险偏好和年龄、职业、学历在统计学意义上相关，和金融知识也有一定程度的联系。结果主要表现为：相对于风险规避组的受访者，风险喜好组的受访者年龄更小（在 0.1 的水平下显著），单位雇员或者学生的比例也更小些（在 0.1 的水平下显著）；相对于风险规避组的受访者，风险理性组的受访者中有初中毕业以上学历的比例更小；相对于风险规避组的受访者，风险理性组（在 0.1 的水平下显著）和风险喜好组（在 0.05 的水平下显著）的金融知识水平更高；无法判断组和风险规避组在各个变量上都没有统计学意义上的差别。

表 6　风险偏好和金融知识的关系

变量	相对风险系数（以风险规避组为参照）		
	无法判断组	风险理性组	风险喜好组
信贷户（1 = 是）	0.74	0.65	0.74
女性（1 = 是）	0.95	0.94	1.44
年龄（岁）	1.03	0.97	0.94^{Ψ}
学历（相比初中毕业）			
初中毕业以上	0.50	0.37^{Ψ}	0.67
初中毕业以下	0.75	1.19	1.66
职业（相比务农）			
单位雇员、学生	1.08	1.84	0.57^{Ψ}
非农个人雇佣	0.90	0.95	0.68
无业	0.83	0.40	0.28
项目点（1 = 宾川）	2.12	1.93	0.51
OECD INFE 金融知识	0.91	1.38^{Ψ}	1.35^{*}
模型统计	$\chi^2 (30) = 42.47^{\Psi}, R^2 = 7.78\%$		

注：常数项未包括在表格中。
$^{\Psi}p < 0.1, ^{*}p < 0.05, ^{**}p < 0.01, ^{***}p < 0.001$。

当用 OECD INFE 知识点基本题加上新知识点来测量金融知识时，研究发现风险偏好和此类金融知识无关。当用所有题来度量金融知识时，研究发现和表 6 中的结果相似，风险理性组和风险喜好组的此类金融知识水平相较风险规避组要高，并且相关性在更高的水平下显著。

（四）金融服务使用

样本中，拥有银行活期存款账户/储蓄卡的人数比例最高，达到95%。72%的人持有政府养老保险。商业保险、银行有担保贷款、信用卡和余额宝或者财付通等"宝宝"类产品的持有比例均为31%～41%。P2P线上借贷、银行定期存款账户、民间放贷、P2P线上理财、国债（国库券）或其他形式的债券的持有人数比例均低于10%（见图1）。

如果按照投资、保险和债务分类，研究将"银行有担保贷款"、"银行无担保贷款"、"信用卡"、"民间借贷"和"P2P线上借贷"归为债务类，"政府养老保险"和"商业保险"归为保险类，其他则归为投资类。在这三类中，研究进一步按照风险大小分组。在债务类中，"银行有担保贷款"和"银行无担保贷款"为相对低风险组；"信用卡"债务相对小额，但较易违约，且惩罚力度大，"民间借贷"和"P2P线上借贷"往往是非金融机构的性质，不受银监会监管，这三种归为相对高风险组。在投资类中，"银行活期存款账户/储蓄卡"、"银行定期存款账户"和"国债"归为相对低风险组，其他则归为相对高风险组。在保险类中，"政府养老保险"为相对低风险组，"商业保险"因其兑付相对复杂，而且主体多样，归为相对高风险组。

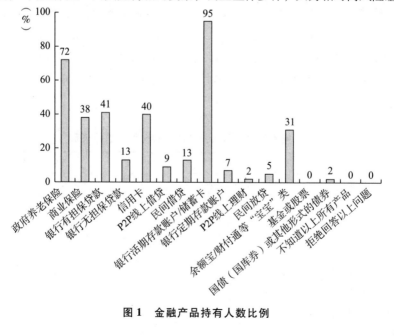

图1 金融产品持有人数比例

如此归类后，有72%的受访者持有相对低风险的保险，37.50%持有相对高风险的保险；持有相对低风险投资产品的受访者占样本的95%，而持有相对高风险投资的受访者比例为32.50%；在债务上，低风险和高风险产品持有比例分别为50%和47.50%（见表7）。

表7 样本金融产品分类持有比例

单位：%

	保险	投资	债务
相对低风险	72.00	95.00	50.00
相对高风险	37.50	32.50	47.50

研究用逻辑回归分析了保险产品持有和金融知识之间的关系。对于低风险保险产品，也就是政府提供的养老保险，年龄越大的受访者越有可能持有，务农的受访者相对于非农个人雇佣的受访者更可能持有，福安的受访者相对于宾川的受访者持有比例更高，金融知识水平更高的受访者相对更可能持有；当把金融知识的度量换成另两种方法时，以上发现都没有发生显著变化。对于高风险保险产品，也就是商业保险，研究发现信贷户持有的可能性是非信贷户的两倍，非农个人雇佣的受访者比务农的受访者持有的可能性大159%，初中毕业以下的受访者相较初中毕业的受访者持有的可能性小56%，宾川的受访者比福安的受访者持有的可能性大125%；金融知识和是否持有高风险保险产品无关，但当加入新知识点来度量金融知识时，金融知识多的受访者持有高风险保险产品的概率更大（见表8）。

表8 持有保险产品（按风险）和金融知识的关系

变量	比值比	
	低风险保险产品	高风险保险产品
信贷户（1=是）	0.84	2.09$^{\Psi}$
女性（1=是）	1.20	0.87
年龄（岁）	1.10 ***	1.02
学历（相比初中毕业）		
初中毕业以上	1.37	0.80
初中毕业以下	1.02	0.44 *

续表

变量	比值比	
	低风险保险产品	高风险保险产品
职业（相比务农）		
单位雇员、学生	0.91	1.05
非农个人雇佣	0.34 *	2.59 *
无业	2.00	0.63
项目点（1 = 宾川）	0.46 $^{\Psi}$	2.25 *
OECD INFE 金融知识	1.40 *	1.12
模型统计	$\chi^2(10) = 41.83^{***}$, $R^2 = 17.69\%$	$\chi^2(10) = 28.87^{**}$, $R^2 = 10.99\%$

注：常数项未包括在表格中。

$^{\Psi}p < 0.1$, $^* p < 0.05$, $^{**} p < 0.01$, $^{***} p < 0.001$。

在以上分析中，年龄和政府养老保险持有的关系显而易见，尤其在农村地区，中老年人更注重养老问题，更倾向于持有政府养老保险。职业和保险的关系可能也受到政策很大的影响，因为历史的关系，养老保险对于城镇职工和农村居民的覆盖情况相对于个体经营者还是更好些；相对地，个体经营者可能会选择风险更高的保险产品来保障自己的生活。项目点和保险产品的关系可能更体现了地方保险环境的差异。金融知识总体上和保险产品持有有一定程度的正向关系，这也符合预期。

表9展示了债务产品持有和其他变量的关系。研究发现女性持有高风险债务产品的比例更低，这也许说明女性在债务上倾向于规避风险。从表9中我们同样看到了宾川和福安在债务产品维度上的地域差异，宾川的受访者更倾向于持有低风险债务产品，福安的受访者则倾向于高风险债务产品。年龄和低风险债务产品在0.1的水平下呈正相关，这可能是因为随着年龄的增加，人们对住房、教育、医疗等的需求也在增加，而这些需求往往和银行贷款有相关关系。教育和低风险债务持有呈现了一个向下弯曲的曲线关系，受教育程度较高和较低的受访者相对于初中毕业的受访者持有低风险债务产品的可能性都比较小。因为研究并没有收集收入相关的定量数据，那么这里的受教育程度可能反映了收入。收入较高的受访者可能可以负担大宗消费，不需要贷款，收入较低的受访者则抑制了自己大宗消费的需求，同样不需要贷款。金融知识和债务产品持有无关，当用其他两种方式来度量金融知识时，这样的关系依然不变，

这个发现有些出乎意料。不过，根据此前金融知识和风险偏好的关系，金融知识水平高的人群在产品选择上更趋于理性，这也解释了为什么金融知识可能和债务产品持有关系不大。值得注意的是，信贷户相对于非信贷户持有债务产品的概率大 300% 以上。

表 9　持有债务产品（按风险）和金融知识的关系

变量	比值比	
	低风险债务产品	高风险债务产品
信贷户（1 = 是）	4.30 ***	4.80 ***
女性（1 = 是）	0.61	0.42 *
年龄（岁）	1.03$^{\Psi}$	1.00
学历（相比初中毕业）		
初中毕业以上	0.35 *	1.90
初中毕业以下	0.39 *	0.81
职业（相比务农）		
单位雇员、学生	0.78	1.92
非农个人雇佣	0.96	4.71 *
无业	0.33	1.85
项目点（1 = 宾川）	2.10$^{\Psi}$	0.83 *
OECD INFE 金融知识	1.19	0.97
模型统计	$\chi^2(10) = 41.95$ ***，$R^2 = 15.20\%$	$\chi^2(10) = 51.88$ ***，$R^2 = 18.85\%$

注：常数项未包括在表格中。

$^{\Psi} p < 0.1$，$^{*} p < 0.05$，$^{**} p < 0.01$，$^{***} p < 0.001$。

表 10 中的结果则是金融知识和投资产品持有的关系。对于低风险投资产品的持有，"是不是信贷户"是唯一显著的变量，信贷户持有该类产品的比例是非信贷户的 5.69 倍。对于高风险投资产品的持有，年龄越大的受访者越倾向于不持有该类产品，一般来讲中老年人对于高风险的投资产品较为谨慎，另外问卷中的高风险投资产品也普及得较晚并在一定程度上依赖网络（例如股票、余额宝），这也可能为中老年人持有该产品设置了壁垒。非农个体经营者相比务农的受访者持有高风险投资产品的可能性更大，这可能和这个群体比较容易接触到该类产品有关，例如支付宝或者微信支付在当下的经营中已经成为同行的支付方式。此外，地域差异依然明显，宾川的受访者相比福安的受访者持有高风险投资产品

的可能性小85%。金融知识，不管用哪种方式来度量，都和投资产品的持有无关，但是原因可能有差别。对于低风险投资产品，在受访者中的普及率已经高达95%，金融知识的差异可能已经无法对其产生影响。对于高风险的投资产品，金融知识多少只是决定了"是否能理性选择"，因此可能也无法预测该类产品的持有。

总体而言，除了在保险产品的持有上，研究并没有发现金融知识和其他金融服务的使用有直接显著的联系，但"是不是信贷户"却是一个更显著的变量。信贷户相较非信贷户更多地使用了金融服务。

表10　持有投资产品（按风险）和金融知识的关系

变量	比值比	
	低风险投资产品	高风险投资产品
信贷户（1＝是）	5.69*	1.63
女性（1＝是）	0.31	0.77
年龄（岁）	0.96	0.93**
学历（相比初中毕业）		
初中毕业以上	0.46	1.93
初中毕业以下	0.23	0.58
职业（相比务农）		
单位雇员、学生	2.98	1.19
非农个人雇佣	5.57	2.38$^{\Psi}$
无业	/	1.52
项目点（1＝宾川）	0.75	0.15***
OECD INFE 金融知识	1.28	1.01
模型统计	$\chi^2(9) = 22.95$**，$R^2 = 29.46\%$	$\chi^2(10) = 52.05$***，$R^2 = 20.82\%$

注：常数项未包括在表格中。
$^{\Psi} p < 0.1$，$^* p < 0.05$，$^{**} p < 0.01$，$^{***} p < 0.001$。

五　研究结论和启示

总体上，样本中仅有近一半的受访者达到 OECD INFE 的金融素养基本要求，显示我国中低收入群体和农民群体的金融知识水平可能偏低。受访者在"根据利率计算单利"、"根据利率计算复利"、"理解保险的作用"、"理解'宽松/紧缩'财政政策的作用"和"理解通货膨胀的作用"这五个知识点上存在较为明显的缺陷,而在余下五个知识点——"基本计算"、"货币的现期和远期价值"、"计算借款利息"、"理解风险与收益关系"和"分散投资与风险的关系"——的问题回答中表现较好。

除了以往研究发现的年龄、受教育程度和职业,研究还发现"是不是信贷户"和金融知识有一定程度的关系,尤其是当加入新的知识点或者加入较有难度的问题时。这可能反映了使用金融服务——小额信贷和金融知识之间有正向关系。

研究还发现金融知识和风险偏好有关联。金融知识水平较高的受访者在风险选择中更趋于理性或者偏好风险。因为问题设置以及本地金融环境较少存在高风险金融产品,所以研究归类的风险喜好组可能更应该被理解为风险理性组,而且这两组人在各变量上也没有统计学意义上的差别。

在金融服务的使用上,受访者持有的金融产品比例相对较低,尤其是高风险产品,几乎没有人持有股票、基金产品,信用卡的拥有比例也仅有四成。虽然大量持有高风险金融产品并不是理想的资产配置策略,但是根据"高风险、高收益"的原理,合理配置各种风险的金融产品是有利于家庭财富保值和增值的。研究还发现金融知识和非保险类金融服务的使用没有统计学意义上的关联,但是结合金融知识和风险理性的关系,这反而是合理的。金融知识水平高的人群会相对理性地应对金融风险,持有保险产品的可能性较大,对于债务和投资中的风险则没有明显偏好。

本研究也有一定的局限性,在此一并指出,希望读者可以审慎解读研究结论,也为进一步的研究做一些铺垫。首先,这是一项横截面研究,因为缺乏前后对照或者对比组,我们只能分析变量之间的相关性,而无法严格证明因果关系。其次,样本的量和代表性均有局限,研究已经在可能的条件下,用目的抽样和配额抽样的方式做了一定程度的弥补,希望结论可以更好地推广到小额信贷群体,乃至国内的中低收入群体和农民群体。再次,研究对于风险偏好的测量可以进一步改进,风险喜好组和风险理性组在某种程度上可以归为一类。最后,由于伦理以及数据收集的可行性,研究并未收集与经济状况(例如收入、财富等)有关的定量数据;虽然现有的受教育程度以及职业可以部分提供与经济状况有关的内容，但是如果在模型中加入有效的相关变量，则会让分析更加严谨。

基于以上讨论，研究对于小额信贷或者相关的普惠金融实践者有以下三点建议。

第一，普惠金融机构可以重点关注"银行利率"、"保险"、"宽松/紧缩财政政策"和"通货膨胀"等领域的金融知识普及。由于以上知识点较为理论化，较难直接解释，机构可以结合自己的业务特点，对工作对象群体进行具象的知识普及；并就对象的年龄、受教育程度等维度上的特点，有针对性地采用不同形式的金融教育方式，例如网课、现场讲座、金融知识情景剧、传单等。

第二，考虑到金融知识水平高的群体在对待风险时较为理性，会有更好的自我控制能力。小额信贷机构也许可以在筛选贷款对象时加入金融知识相关的问题，或者发现潜在的贷款对象时，可以预先做金融知识普及。在此基础上，我们建议小额信贷机构可以将对象群体的金融知识水平监测常态化，提升业务效能，更好地评估自身信贷项目的社会效益。

第三，本研究发现小额信贷客户比非客户群体更可能持有高风险金融产品。建议小额信贷机构在管理客户信息时可以考虑纳入高风险金融产品使用信息，这样不仅可以更好地评估和管理潜在的违约风险，而且可以帮助客户更好地管理自己的资产，更有效地脱贫致富。

参考文献

蔡洋萍，2015，《中国农村普惠金融发展的差异分析——以中部六省为例》，《财经理论与实践》第 6 期。

陈磊，2013，《哈尔滨市农民金融知识测评与提高对策》，《商业经济》第 11 期。

陈太玉、黄辉、符瑞武，2010，《海南农村地区金融知识普及力度亟待提高》，《时代金融》第 11 期。

范畅然、马梦晖，2014，《当前农村居民金融知识水平及对策分析》，《中国市场》第 11 期。

付群，2012，《农村金融风险及安全策略》，《经济研究导刊》第 13 期。

何德旭、苗文龙，2015，《金融排斥、金融包容与中国普惠金融制度的构建》，《财贸经济》第 3 期。

李峰，2012，《农村居民金融知识普及教育需求与意愿的实证研究》，《西部金融》第 8 期。

林娜、赵军，2009，《防范农村金融中的信用风险》，《理论前沿》第 24 期。

任鹏飞、张海应，2011，《基层金融知识宣传普及现状调查与思考》，《西部金融》第
9 期。

邵国华、吴有云，2015，《我国农村金融抑制成因及对策探讨》，《理论探讨》第
6 期。

宋敏、张颖、胡芳、刘广敏，2014，《农户金融需求情况调查分析》，《长春金融高等
专科学校学报》第 3 期。

吴玉霞、潘泽宏，2011，《农村金融知识普及与金融服务现状的调查——以山西省忻
州市豆罗村为例》，《河北金融》第 8 期。

Atkinson, A. and Messy, F. A. 2012. "Measuring Financial Literacy: Results of the
OECD/International Network on Financial Education (INFE) Pilot Study." *OECD
Publishing* No. 15.

Birkenmaier, J., Curley, J., and Sherraden, M. 2013. *Financial Education and Capabili-
ty: Research, Education, Policy, and Practice.* Oxford University Press.

Fungáčová, Z. and Weill, L. 2014. "Understanding Financial Inclusion in China." *Bank of
Finland Institute for Economies in Transition Discussion Paper* No. 10.

Hannig, A. and Jansen, S. 2010. "Financial Inclusion and Financial Stability: Current Poli-
cy Issues." *Asian Development Bank Institute Working Paper Series* No. 259.

Huston S. J. 2010. "Measuring Financial Literacy." *Journal of Consumer Affairs* 44 (2):
296 – 316.

Lusardi, A. and Mitchell, O. S. 2011. "Financial Literacy around the World: An Overview."
Journal of Pension Economics & Finance 10 (4), 497 – 508.

Lusardi, A. and Tufano. P. 2009. "Debt Literacy, Financial Experiences, and Overindebt-
edness." *National Bureau of Economic Research Working Paper* No. w14808.

Sarma, M. 2015. "Measuring Financial Inclusion." *Economics Bulletin* 35 (1): 604 – 611.

Van Rooij, M., Lusardi, A., and Alessie, R. 2011. "Financial Literacy and Stock Market
Participation." *Journal of Financial Economics* 101 (2): 449 – 472.

金融与社会 第一辑

第 187~204 页

© SSAP, 2020

非预期支出和短期现金贷款：
审视社会组织从业者财务安全的一个视角

——基于 18 个省市 118 家社会组织 773 份问卷数据

周 玲 黄 进 苗 炜 杜 娟*

摘　要： 研究表明，我国社会组织从业者的整体收入较低，这可能会增加他们的财务风险。基于 2017 年一项全国性社会组织从业者（N = 773）的在线调查数据，本研究旨在分析社会组织从业者的财务安全与非预期支出的关系，以及他们对短期贷款的使用情况。我们假设，由医疗和其他意外事件引起的非预期支出将增加使用短期现金贷款的可能性，并由此进一步降低社会组织从业者的财务安全。在控制人口和社会经济特征后，结构方程模型分析表明，非预期支出与使用短期现金贷款的概率呈正相关，非预期支出和使用短期现金贷款与非营利组织从业者的财务安全呈负相关。短期现金贷款是非预期支出与财务安全之间的部分中介因子。家庭成员的住院经历也与财务安全呈负相关，但这种关联似乎并不是通过短期现金贷款的中介作用实现的。本研究显示了非预期支出影响社会组织员工的财务安全的一条可能路径。我

---

* 周玲，北京城市学院讲师；黄进（通讯作者），美国圣路易斯大学副教授；苗炜，北京城市学院社会工作专业硕士；杜娟，北京城市学院社会工作专业硕士。

们建议有必要加强对社会组织财务安全状况的关注，为社会组织从业者提供针对非预期支出的应急基金支持可能对提高他们的财务安全有所帮助。

关键词：财务安全 贷款 非预期支出 社会组织从业者

一 问题的提出

社会组织又称民间非营利组织，指通过筹集社会民间资金举办的、不以营利为目的，从事教育、科技、文化、卫生、宗教等社会公益事业，提供公共产品的社会服务组织。在现代治理体系中，社会组织和社会组织人才在政府和社会之间发挥着枢纽和桥梁的作用，促进了整个社会的发展与进步（陆士桢、刘庆帅，2018）。近年来，公益慈善行业呈现蓬勃发展的态势，我国社会组织数量不断增加，全职社会组织从业人员数量增长迅速。根据 2016 年民政部发布的《2015 年社会服务发展统计公报》，截至 2015 年底，全国共有社会组织 66.2 万个，比上年增长 9.2%；吸纳社会各类人员就业 734.8 万人，比上年增长 7.7%（中华人民共和国民政部，2016）。民政部最新数据显示，目前全国依法登记的社会组织已达 86.7 万个。我国社会组织与社会组织从业者的数量不断增加，已成为社会发展和建设的重要力量（孙兰英、张卫成，2013）。

鉴于我们已经生活在"金融主导的时代，也就是金融制度对社会经济体制的影响力增长的年代"（希勒，2014），财务安全状况对于每个普通公众的生活状况和质量日益重要。多项调查发现，我国社会组织从业人员的财务安全状况不容乐观。体现在收入方面，《2014 中国公益行业人才发展现状调查报告》显示，公益行业薪酬水平整体处于低位且增长较缓，分地域来看，无论是发达的京沪地区还是西部欠发达地区，公益行业平均薪酬水平整体均低于当地城镇职工的平均薪酬水平（高一村，2014）。除此之外，2015 年发布的《中国公益组织从业者保障状况专题调研报告》更是指出中国全职公益从业者财务安全状况堪忧，普遍保障水平不高，抗风险能力低，核心表现为收入水平较低、资产积累不足、财务状况差等（赵丽芳，2015）。

不只是国内，国外社会组织从业者的财务状况也同样不容乐观。国外对非营利组织从业者和专业人员的财务和福利情况展开了调查。美国经济在 2008 年的金融危机之后经历了严重的衰退，TIAA-CREF 研究所在 2011 年对非营利组织和慈善部门的大约 1000 名全职员工进行了一项调查，以了解其财务安全状况（TIAA-CREF Institute，2011）。大约一半的非营利组织员工考虑过在不同的行业找到工作以获得更高的薪酬，45% 的人不满意他们为退休做的财务准备。调查还显示，70% 的早期职业阶段非营利组织员工和 60% 的中期职业阶段员工认为家庭债务是一个问题。

随着我国公益慈善行业的迅速发展，对社会组织的研究越来越受到重视。国内外已有上万篇对社会组织进行研究的文献，大多数相关研究是从组织或行业视角进行的（Heurlin，2010；Kang，2017；Li，Lo，& Tang，2017；Ma，2006），对于社会组织从业者的研究尚不多见，很少有研究关注社会组织从业者的财务安全，更少有研究对社会组织从业者的财务安全进行实证检验。

二　文献综述和研究假设

（一）社会组织及从业者

广义上的社会组织是社会成员为实现共同目标所组成的任何社会形式，包括政治组织、文化组织、学校和家庭等。在社会学领域使用的社会组织，主要是狭义的社会组织。狭义的社会组织，通常是指具有志愿性、非营利性、自治性、非政府性等社会特点的社会组织形态（黄词捷，2014）。2006 年 10 月 18 日，党的十六届六中全会通过《中共中央关于构建社会主义和谐社会若干重大问题的决定》，正式提出了社会组织概念，这是党和国家首次以正式文件的形式对社会组织的概念、功能、管理等方面加以界定，中国社会组织自此具有了正式的"身份"。社会组织是"指通过筹集社会民间资金举办的、不以营利为目的，从事教育、科技、文化、卫生、宗教等社会公益事业，提供公共产品的社会服务组织"。我国《慈善法》规定，社会组织主要类型包括社会团体、民办非企业和基金会等。国内外学界对社会组织的研究非常多，积累了大量的研究成果，总体涵盖社会组织的定义与类型、发展现状、与政府的关系、内部管理、社会治理参与的路径。

学界目前对于社会组织从业者的研究为数不多，已有研究主要侧重于从行业角度关注公益人才队伍建设，包括从人力资源配置、内部建设、人才规划、人才培育、专业化培养的角度提出对策与建议（刘惠苑、叶萍，2011；罗美侠、曲文勇，2011）。也有研究分析社会组织面临的困境，探寻社会组织从业者的资格认证制度模式（何平，2012）和激励机制（郑琦、乔昆，2011），探索社会组织对促进就业的价值分析及实现路径（李峰，2014）。大多数现有研究基于宏观视角，较少探究社会组织从业者的生存状况，关注社会组织从业者财务安全状况的相关研究几乎没有。

（二）财务安全以及其影响因素

学界目前还没有被广泛接受的财务安全定义（Hacker，2019）。但是学者根据不同的角度对财务安全下了定义。一般而言，财务安全的定义类似于财务福利或财务健康，比如认为财务安全是获得体面生活水平所需的金融资源（Greninger et al.，1996；Osberg & Sharpe，2005）。也有学者认为财务安全是金融脆弱性或不稳定性的反面（Bernheim et al.，2003；Lin & Grace，2007）。Hacker 认为，定义财务安全的一种可能方式是通过保护自己避免"造成财务损失的困难"的影响。例如，既因为失业和对家庭财务支出的更高要求，同时医疗紧急情况下又没有足够的医疗保险，由此造成财务的不安全。在极端情况下，财务不安全会转化为个人破产。个人破产通常似乎是失业、收入增长率、债务水平（尤其是信用卡债务、离婚和医疗支出）诸多因素相互作用的后果，特别是缺乏医疗保险（Hacker，2019）。

据美国学者的调研，随着金融社会的到来，个人的财务不安全状况有所上升。财务不安全具体而言可以体现为，雇主赞助的医疗保险覆盖率下降，而医疗保健费用增加（Himmelstein et al.，2006；Braucher，2004；Weller & Logan，2008）。此外，财务不安全还体现在收入增长放缓、出现巨额收入损失的可能性增加上（Boushey & Weller，2008；Hacker，2019）。换言之，财富积累的需要增加了，而财富积累的能力却下降了。Sherraden 等在回顾资产建设文献时得出的结论进一步支持了这一点，即那些最需要创造更多财富的人在没有公众支持的情况下往往难以做到这一点，即使在创造财富的需求不断增长的情况下，许多家庭仍难以靠自己创造财富（Sherraden & McBride，2010）。

国内较少有学者研究个人和家庭的财务安全现状。研究对象大多是企业、高校等，研究焦点也主要集中在财务安全管理、财务安全评估、财务安全现状、财务安全战略等方面，多为简单的调查探讨，缺乏深入的实证研究（张丽钦，2018；李会红，2018；王琪，2019）。在为数不多的关于家庭财务安全的探讨中，学者也多从家庭投资理财规划入手。例如，蔡宗朝基于财务安全的视角，对家庭投资理财的发展动因、发展现状和存在问题进行了简单的分析（蔡宗朝，2016）。苏小靖在对高净值人群的界定以及主要特征描述的基础上，阐述其财务安全的主要诉求以及规划困境，并提出财务安全服务的参考维度以及注意要点（苏小靖，2015）。总体来说，国内缺乏对个人以及家庭财务安全状况的相关研究，更缺乏对此进行的实证研究。

以往的实证和理论研究表明，财务安全状况受人口和家庭特征、社会经济特征以及财务管理实践等方面的影响（Joo & Grable，2004；Mugenda，Hira，& Fanslow，1990；Plagnol，2011）。在人口和家庭特征方面，大部分学者认为财务安全受到年龄、受教育程度、婚姻状况、种族/民族，以及家庭规模等因素的影响（Bernheim et al.，2003；Kim & Lyons，2008；Lin & Grace，2007；Lyons & Yilmazer，2005）。在社会经济特征方面，Plagnol 认为影响财务安全的相关经济指标包括资产、债务（Plagnol，2011）。Mugenda 等认为财务状况的安全受经济因素的影响，主要是储蓄和净资产，储蓄的一部分收入在一段时间内增加到家庭的净资产中，这对财务安全至关重要（Mugenda，Hira，& Fanslow，1990）。储蓄、贷款、资产积累是影响财务安全的重要因素（Beverly & Sherraden，1999）。除此之外，有学者关注到了自身财务素养及态度、行为的影响。财务安全的影响因素包括财务行为、财务压力、财务知识（Cokuner，2016）。财务态度也会影响家庭财务决策，进而影响财务安全（Huston & Chang，1997；Hanna，Yuh，& Chatterjee，2012）。财务成熟度是避免财务决策失误的能力，而且这会造成不同的财务结果，从而影响财务安全（Calvet，Campbell，& Sodini，2009）。

（三）研究假设

相关研究未能关注到非预期的意外事件对于财务安全的影响，并由财务安全的变化探索其与短期现金贷款的关系。为了填补这一知识空白，本研究使用 2017 年对全国范围内社会组织收集的线上调查数据，对我国社会组织从业者的财务安全进行评估。特别说明的是，我们选取的研究角度是社会组织从业者的非预期支出与家庭财务安全感之间的关联，以及这种关联是否存在通过短期现金贷款发挥调节作用。由于医疗或意外事故等而产生的巨额非预期支出，可能给经济资源不足的社会组织从业者个人和家庭带来巨大的经济挑战，并可能增加其短期债务。我们有四个理论假设。

假设 1：非预期支出与财务安全呈负相关。

假设 2：短期现金贷款的使用与财务安全呈负相关。

假设 3：非预期支出与短期现金贷款的使用呈正相关。

假设 4：短期现金贷款是非预期支出与财务安全之间的潜在中介变量。

三 研究方法

（一） 数据和样本

本研究所用数据来自 2017 年一次对社会组织从业者保障和金融状况的线上调查，调查由益宝组织设计和实施。益宝是一家专注于为我国社会组织及从业者和低收入人群提供小额保险服务的社会企业。参与调查的社会组织从业者提供了比较翔实的信息，包括人口和社会经济特征、财务和经济状况、社会保险和保障、家庭和社会支持等。调查使用了两种收集数据的方法。首先，根据我国非营利部门的发展状况，选择了 18 个省市，从每个省或市随机选择三个城市，从每个城市的当地社会组织列表中随机选择两家组织。通过以上方式选出了 108 家，这些社会组织的全职员工被邀请参加调查。除了这种数据收集方式外，该调查在社会组织从业者的微信群里进行传播，邀请部分社会组织从业者参与。数据收集时间为 2017 年 8 月 20 日至 10 月 12 日，来自 118 个社会组织的 777 名从业者完成了调查。在删除了 4 个无效样本之后，最终的分析样本中有 773 名受访者。

（二） 数据测量

本研究旨在研究非预期支出、财务安全和短期现金贷款三者的关系，设计了两组控制变量，分别界定说明如下。

非预期支出。我们使用两个变量作为之前 12 个月家庭可能的非预期支出的代理衡量指标。第一个是调查参与者是否有过数额大到足以造成家庭经济困难的意外事件及相关支出（0 = 否；1 = 是）。第二个是询问过去一年家庭成员是否有过住院经历及相关支出（0 = 否；1 = 是）。因意外事故和疾病住院往往是意料之外的，可能会给那些缺乏充分卫生保健和应急储蓄的人造成非预期支出的要求，形成一定的财务困难。

财务安全。本调查以李克特量表对社会组织从业者对于家庭整体财务安全的主观看法进行调查（0 = 非常不安全，1 = 不太安全，2 = 还可以，3 = 比较安全，4 = 非常安全）。根据这个变量的分布，我们在分析中将此变量定义为持续性结果度量。

短期现金贷款。调查中包括一个二分项，以表明非营利组织从业者是否使用任何短期现金贷款（0 = 否；1 = 是）。这些贷款不以资产（例如汽车或财产）为抵押。但是，本调查未包括有关贷款来源。我们认为短期现金贷款是非预期支出与财务安全之间的潜在中介。

控制变量。分析中包括两组控制变量，以调查非预期支出、短期现金贷款和财务安全之间的关系。第一组控制变量是受访者的常规人口资料和社会经济特征，包括年龄（以年为单位），性别（0 = 男性，1 = 女性），受教育程度（0 = 高中及以下，1 = 大专/大学，2 = 研究生），婚姻状况（1 = 已婚，0 = 其他），是否有孩子（1 = 有孩子，0 = 其他），是否与父母同住（1 = 与父母同住，0 = 其他），在社会组织全职工作年数，家庭月收入和储蓄，社会保险的覆盖范围（0 = 未覆盖，1 = 覆盖），以及受访者所在的城市/县。为了解决在多变量分析中家庭月收入和储蓄的偏斜，我们进行了对数转换。在样本中为市县创建了 36 个固定的二分项。第二组控制变量包括社会组织的三个特征，即组织的类型（0 = 民办非企业，1 = 社会团体，2 = 基金会，3 = 国际组织，4 = 社会企业，5 = 未注册组织），两年的年均收入（0 = 0 ~ 80000 元，1 = 80001 ~ 800000 元，2 = 800001 ~ 3800000 元，3 = 3800000 元以上），员工人数（0 = 0 ~ 3 人，1 = 4 ~ 6 人，2 = 7 ~ 13 人，3 = 13 人以上）。

（三）数据分析方法

在描述和展示调查样本特征后，我们应用结构方程模型（SEM）来研究短期现金贷款在非预期支出与财务安全之间的潜在中介作用。在分析过程中，我们采用线性回归对财务安全进行建模，并采用概率回归对短期现金贷款的中介作用进行建模，因为短期现金贷款是一个二分变量。

我们测试了三个层次的 SEM 分析：模型 1 仅包含独立变量、中介变量和结果变量；模型 2 添加了个人和家庭特征的控制变量；模型 3 添加了组织特征的控制变量。

（四）样本特征

参与本次调查的社会组织从业者平均年龄约为 33 岁（SD = 8.27）。超过 60% 的研究参与者是女性，受教育程度为高中及以下的不到 15%。样本中有一半从业者已婚和/或育有子女，其中 60.41% 与父母同住。平均全职工作时间为 4.80 年。受访者的平均家庭收入为 8550.84 元，每月平均储蓄为 2998.32 元。将近 1/10 的调查参与者没有参加社会保险（见表 1）。

表 1 社会组织从业者的描述性统计（*N* = 773）

变量	平均值（SD）或%
财务安全性：平均值	1.87（0.80）
非常不安全	4.92
不安全	22.52
好	54.59
安全	16.17
非常安全	1.81
短期现金贷款（是）	31.31
非预期支出（是）	21.86
住院（是）	30.14
控制变量	
年龄（岁）	33.28（8.27）
性别（女）	62.23
受教育程度	
高中及以下	13.58
大专/大学	71.67
研究生	14.75

续表

变量	平均值（SD）或%
已婚（是）	53.56
有孩子（是）	49.81
与父母同住（是）	60.41
全职工作年数	4.80（4.23）
家庭月收入	8550.84（9565.82）
家庭每月储蓄	2998.32（5191.44）
社会保险覆盖率	90.69
社会组织类型	
民办非企业	54.72
社会团体	15.91
基金会	13.71
国际组织	1.16
社会企业	7.50
未注册组织	6.99
社会组织年收入（两年平均）	
0~80000 元	48.51
80001~800000 元	22.77
800001~3800000 元	13.58
3800000 元以上	15.14
社会组织规模（员工人数）	
0~3 人	30.92
4~6 人	20.18
7~13 人	20.83
13 人以上	28.07

　　受访者多数服务于民办非企业（社会服务组织）（54.72%）、其他服务于社会团体（15.91%）、基金会（13.71%）、社会企业（7.50%）、未注册组织（6.99%）和国际组织（1.16%）。近半数社会组织的年收入低于 80000 元，22.77% 的社会组织的年收入在 80001 元至 800000 元之间，13.58% 的社会组织的收入在 800001 元至 3800000 元之间，小部分社会组织（15.14%）的年收入超过 3800000 元。雇员人数显示社会组织规模通常很小，约一半的受访者所在社会组织的全职员工在 6 人及以下。

四 SEM 模型下财务安全、短期现金贷款
和非预期支出的中介关系

(一) 财务安全、短期现金贷款和非预期支出

如表 1 所示，社会组织从业者在感知到的家庭财务安全方面的平均得分为 1.87(1 = "不安全", 2 = "安全")。仅约 18% 的社会组织从业者认为他们拥有 "安全" 和 "非常安全" 的财务。超过 30% 的调查受访者拥有短期现金贷款。关于非预料事件和支出，21.86% 的社会组织从业者表示他们上年承受了非预期支出，30.14% 的人在之前的 12 个月中有至少一名家庭成员住院。

表 2 中的非预期支出和短期现金贷款之间的列表表明，具有非预期支出或住院经历的社会组织从业者更有可能使用短期现金贷款。举例来说，过去 12 个月中发生非预期支出的人使用短期现金贷款的可能性几乎是没有贷款的人的 1.8 倍 (47.93% 对 26.66%, $p < 0.001$)。过去 12 个月中有家庭成员住院的社会组织从业者使用短期现金贷款的可能性比无家庭成员住院的从业者高了 11.1 个百分点 (39.06% 对 27.96%, $p < 0.01$)。

表 2 非预期支出和短期现金贷款 ($N = 773$)

单位：%

变量	使用短期现金贷款	未使用短期现金贷款
非预期支出		
是 ($N = 169$)	47.93	52.07
否 ($N = 604$)	26.66	73.34
住院		
是 ($N = 233$)	39.06	60.94
否 ($N = 540$)	27.96	72.04

(二) 中介分析

三个 SEM 模型测试后确认了短期现金贷款是非预期支出与财务安全的中介。这三个模型均具有可接受的模型拟合指数 (RMSEA、CFI、TLI

和 WRMR)。总体而言，这三个模型中主要变量（非预期支出、住院和短期现金贷款）的回归系数相似。换句话说，在模型中添加个人和组织特征不会从本质上改变非预期支出、短期现金贷款和财务安全之间的关系。因此，我们将重点放在模型 3 的主体结果上，它具有最广泛的控制变量（见表3）。

表3　SEM 模型下非预期支出、短期现金贷款和财务安全的结果（*N* =773）

变量	模型 1	模型 2	模型 3
1. 财务安全回归			
短期现金贷款（是）	- 0. 113 **	- 0. 084 *	- 0. 079 *
非预期支出（是）	- 0. 277 ***	- 0. 254 ***	- 0. 279 ***
住院（是）	- 0. 163 ***	- 0. 189 ***	- 0. 187 **
个人特征			
年龄（岁）		0. 009 $^{\Psi}$	0. 009 $^{\Psi}$
性别（女）		0. 073	0. 068
受教育程度（参照：高中及以下）			
大专/大学		- 0. 050	- 0. 019
研究生		0. 025	0. 031
已婚（是）		- 0. 165 *	- 0. 179 *
有孩子（是）		0. 140	0. 130
与父母同住（是）		- 0. 094	- 0. 090
全职工作年数		0. 002	0. 001
家庭月收入对数		0. 011	0. 001
家庭每月储蓄对数		0. 027 **	0. 028 **
拥有社会保险（是）		0. 105	0. 120
社会组织特征			
社会组织类型（参照：民办非企业）			
社会团体			0. 136 $^{\Psi}$
基金会			0. 058
国际组织			0. 801 **
社会企业			0. 095
未注册组织			- 0. 119
社会组织收入（参照：0 ~ 80000 元）			

变量	模型1	模型2	模型3
80001~800000 元			−0.070
800001~3800000 元			−0.048
3800000 元以上			−0.114
社会组织员工人数（参照：0~3 人）			
4~6 人			
7~13 人			0.044
13 人以上			−0.014
2. 短期现金贷款回归			0.023
非预期支出（是）	0.521***	0.480***	0.511***
住院（是）	0.193ᵠ	0.168	0.178
个人特征			
年龄（岁）		−0.018*	−0.021*
性别（女）		−0.273**	−0.263*
受教育程度（参照：高中及以下）		0.103	0.121
大专/大学			
研究生		−0.048	−0.011
已婚（是）		0.259ᵠ	0.248ᵠ
有孩子（是）		0.216	0.245
与父母同住（是）		−0.035	−0.043
全职工作年数		0.001	0.002
家庭月收入对数		0.064	0.075
家庭每月储蓄对数		−0.056***	−0.051**
拥有社会保险（是）		−0.344***	−0.293ᵠ
社会组织特征			
社会组织类型（参照：民办非企业）			
社会团体			−0.126
基金会			−0.342*
国际组织			−0.700
社会企业			−0.090
未注册组织			−0.040
社会组织收入（参照：0~8000 元）			

续表

变量	模型 1	模型 2	模型 3
80001 ~ 800000 元			− 0. 194
800001 ~ 3800000 元			− 0. 190
3800000 元以上			0. 006
社会组织员工人数（参照：0 ~ 3 人）			
4 ~ 6 人			0. 127
7 ~ 13 人			− 0. 117
13 人以上			0. 008
非预期支出的间接影响	− 0. 059 *	− 0. 040 *	0. 040 *
住院的间接影响	− 0. 022	− 0. 014	− 0. 014
模型拟合指数			
RMSEA（90% 置信区间）	0. 000	0. 000	0. 000
	(0. 000, 0. 000)	(0. 000, 0. 000)	(0. 000, 0. 000)
CFI	1. 000	1. 000	1. 000
TLI	1. 000	1. 000	1. 000
WRMR	0. 002	0. 001	0. 001

*** $p < 0.001$, ** $p < 0.01$, * $p < 0.05$, $^\psi p < 0.10$。

（三）结果分析

如模型 3 所示，首先，在控制了模型中的所有其他变量和短期现金贷款这一变量后，证明了非预期支出与受访者的财务安全呈负相关（$b = −0.279$，$p < 0.001$）。通常认为这是非预期支出对财务安全的直接影响。同样，家庭成员的住院经历对财务安全在统计学上也具有显著的直接影响（$b = −0.187$，$p < 0.01$）。其次，短期现金贷款的使用与社会组织从业者对家庭财务安全的看法呈负相关（$b = −0.079$，$p < 0.05$）。控制模型中的其他变量，调查受访者在过去一年同时有非预期支出、住院和短期现金贷款三个事项发生，他们所感知的财务安全得分（−0.545）低于没有这些事项的受访者。这大约是感知的家庭财务安全分标准差的 70%。最后，非预期支出与使用短期现金贷款的可能性呈正相关（$b = 0.511$，$p < 0.001$），但家庭成员的住院经历与使用短期现金贷款的可能性却没有显著相关关系。如图 1 所示，非预期支出通过短期现金贷款对财务安全

的间接影响为 -0.040（$p < 0.05$），因此，非预期支出对财务安全的总影响为 -0.319（$p < 0.05$）。从住院到通过短期现金贷款对财务安全的间接影响在统计上并不显著，但住院对财务安全的总影响为 -0.201（$p < 0.05$）。因此，短期现金贷款是非预期支出的潜在中介。

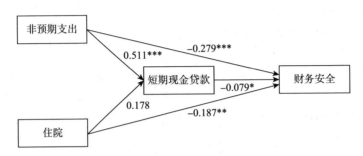

图1 非预期支出、短期现金贷款和财务安全之间的中介模型

注：间接影响非预期支出→短期现金贷款→财务保障途径：-0.040*。

间接影响住院治疗→短期现金贷款→财务保障途径：-0.014。

拟合指数：RMSEA = 0.000；CFI = 1.000；TLI = 1.000；WRMR = 0.001。

$* p < 0.05$，$** p < 0.01$，$*** p < 0.001$。

五 结论和讨论

本研究是评估我国社会组织从业者财务安全的一项开创性和探索性工作，旨在探索分析短期现金贷款是否为非预期支出与财务安全之间的潜在中介。尽管我国公益慈善事业发展迅速，但仍然处于初步阶段。调查显示，我国社会组织从业者的家庭收入低于城市家庭的平均可支配收入，家庭存款金额也低于我国居民人均存款水平。由此表明，我国社会组织在改善从业者的财务安全状况方面面临巨大挑战。同时，社会组织从业者的财务安全评分较低（1.87），只有约18%的受访者认为他们拥有"安全"和"非常安全"的财务状况。超过30%的从业者拥有短期无抵押债务，21.86%的从业者有非预期支出，这些都表明我国社会组织从业者的财务状况亟待改善。

本研究也有一定的局限性。首先，虽然调查数据是通过多阶段抽样过程收集的，但鉴于调查样本量有限，结果的代表性有待于进一步扩大调研对象以验证。其次，本研究没能对社会组织和企业、政府部门的财务安全进行比较。这样的对比非常有价值，可以为准确理解社会组织从业者的财务状况以及与其他部门的差异提供更大的背景。最后，本研究的发现有待于未来更多的研究进行解释。例如，收入最高（3800000 元以上）的社会组织从业者并没有比收入最低（80000 元以下）的社会组织从业者拥有更好的财务安全状况，原因可能在于我国社会组织从业者整体收入偏低，并且受限于相关政策规定，社会组织具有较高的收入并不意味着工作人员的收入可以得到显著提高。

　　本研究尽管存在这些局限性，但有一些重要发现，可以为我国社会组织从业者财务安全状况的不断改善提供建议。首先，对社会组织从业者的财务安全性开展持续的研究和评估是必要的基础工作，研究证据不仅可以增进我们的理解，而且可以帮助确定有效的策略，监测助力社会组织从业者达到更好财务状况目标的进度。其次，有必要为社会组织从业者提供针对非预期支出的应急基金，以帮助从业者缓解非预期支出对于家庭财务状况的负面影响。最后，鉴于我国社会组织从业者的收入整体偏低，公益行业可以设定一个目标，确保增长率不低于我国城镇职工工资的平均增长水平。为了实现这一目标，需要社会各界的努力，包括向社会组织提供更多的公共资源，鼓励慈善捐赠，为社会组织创造一致和积极的治理机制和政策环境，提升社会组织从业者的服务水平和综合能力，不断改善服务水平和效率等，这都涉及公益慈善行业和社会组织的进一步专业化（Hsu & Hasmath，2017）。总之，我们认为社会组织从业者的财务安全状况是公益慈善行业专业化的指标，改善从业者的财务状况可以在很大程度上提升该行业的专业化。

参考文献

蔡宗朝，2016，《基于财务安全视角下的家庭理财分析研究》，《时代金融》第 27 期。

高一村，2014，《解读 2014 中国公益行业人才发展现状》，《中国社会组织》第 21 期。

何平，2012，《论我国社会组织从业人员职业资格认证制度的模式选择》，《社会工作》第 8 期。

黄词捷，2014，《社会组织从业者的社会心态研究》，四川省社会科学院硕士学位论文。

李峰，2014，《社会组织参与公共服务供给：优势、困境及路径》，《阅江学刊》第 3 期。

李会红，2018，《民营企业现金流管理及财务安全战略》，《中国商论》第 15 期。

刘惠苑、叶萍，2011，《广东社会组织人才状况及策略研究》，《学会》第 11 期。

陆士桢、刘庆帅，2018，《社会组织与青年公益人才发展趋势研究——基于深圳、广州的实地调研》，《中国青年社会科学》第 1 期。

罗伯特·希勒，2014，《金融与好的社会》，束宇译，中信出版社。

罗美侠、曲文勇，2011，《社会组织人才建设现状浅析——以黑龙江省为例》，《社会工作》第 12 期。

苏小靖，2015，《高净值人群的家庭财务安全规划问题刍议》，《现代经济信息》第 3 期。

孙兰英、张卫成，2013，《当前我国社会组织的发展现状、问题及发展途径探索》，《天津大学学报》（社会科学版）第 15 期。

王琪，2019，《建筑施工企业财务安全管理研究》，《财会学习》第 22 期。

张丽钦，2018，《浅谈医院财务安全评价体系》，《中国总会计师》第 6 期。

赵丽芳，2015，《国内过半公益从业者月入不到 4000 元》，《WTO 经济导刊》第 8 期。

郑琦、乔昆，2011，《完善社会组织从业人员的激励机制》，《社团管理研究》第 12 期。

中华人民共和国民政部，2016，《2015 年社会服务发展统计公报》，中国统计出版社。

Bernheim, B. D., Forni, L., & Gokhale, J. et al. 2003. "The Mismatch between Life Insurance Holdings and Financial Vulnerabilities: Evidence from the Health and Retirement Study." *American Economic Review* 93 (1): 354 – 365.

Beverly, S. G. & Sherraden, M. 1999. "Institutional Determinants of Saving: Implications for Low-income Households and Public Policy." *The Journal of Socio-Economics* 28 (4): 457 – 473.

Boushey, H. & Weller, C. E. 2008. "Has Growing Inequality Contributed to Rising HouseHold Economic Distress?" *Review of Political Economy* 20 (1): 1 – 22.

Braucher, J. 2004. "The Two-income Trap: Why Middle-Class Fathers & Mothers are Going Broke." *Emory Bankr* 21: 193.

Calvet, L. E., Campbell, J. Y., & Sodini, P. 2009. "Measuring the Financial Sophistication of Households." *American Economic Review* 99 (2): 393 – 398.

Cokuner, S. 2016. "Understanding Factors Affecting Financial Satisfaction: The Influence of Financial Behavior, Financial Knowledge and Demographics." *Imperial Journal of Interdisciplinary Research* 2 (5): 377 – 385.

Greninger, S. A., Hampton, V. L., & Kitt, K. A., et al. 1996. "Ratios and Benchmarks for Measuring the Financial Well-being of Families and Individuals." *Financial Services Review* 5 (1): 57 – 70.

Hacker, J. S. 2019. *The Great Risk Shift: The New Economic Insecurity and the Decline of the American Dream.* Oxford University Press.

Hanna, S. D., Yuh, Y., & Chatterjee, S. 2012. "The Increasing Financial Obligations Burden of US Households: Who is Affected?" *International Journal of Consumer Studies* 36 (5): 588 – 594.

Heurlin, C. 2010. "Governing Civil Society: The Political Logic of NGO-state Relations under Dictatorship." *International Journal of Voluntary and Nonprofit Organizations* 21: 220 – 239.

Himmelstein, D. U., Warren, E., & Thorne, D., et al. 2006. "Discounting the Debtors Will Not Make Medical Bankruptcy Disappear: The Data on Bankruptcy Paint a Detailed Portrait of Americans' Experiences That Cannot Be Captured by Logistic Regression Analysis." *Health Affairs* 25 (Suppl1): W84 – W88.

Hsu, J. Y. & Hasmath, R. 2017. A Maturing Civil Society in China? The Role of Knowledge and Professionalization in the Development of NGOs. *China Information* 31 (1), 22 – 42.

Huston, S. J. & Chang, Y. R. 1997. "Adequate Emergency Fund Holdings and Household type." *Journal of Financial Counseling and Planning* 8 (1): 37.

Joo, S. & Grable, J. E. 2004. "An Exploratory Framework of the Determinants of Financial Satisfaction." *Journal of Family and Economic Lssues* 25 (1): 25 – 50.

Kang, Y. 2017. The Development of Grassroots Chinese NGOs Following the Wenchuan Earthquake of 2008: Three Case Studies, Four Modi Vivendi. *International Journal of Voluntary and Nonprofit Organizations* 28 (4): 1 – 25.

Kim, H. & Lyons, A. C. 2008. "No Pain, No Strain: Impact of Health on the Financial Security of Older Americans." *Journal of Consumer Affairs* 42 (1): 9 – 36.

Li, H., Lo, C. W. H., & Tang, S. Y. 2017. Nonprofit Policy Advocacy under Authoritarianism. *Public Administration Review* 77 (1): 103 – 117.

Lin, Y. & Grace, M. F. 2007. "Household Life Cycle Protection: Life Insurance Holdings, Financial Vulnerability, and Portfolio Implications." *Journal of Risk and Insurance* 74 (1): 141 – 173.

Lyons, A. C. & Yilmazer, T. 2005. "Health and Financial Strain: Evidence from the Survey of Consumer Finances." *Southern Economic Journal*: 873 – 890.

Ma, Q. 2006. *Non-governmental Organizations in Contemporary China: Paving the Way to a Civil Society?* New York: Routledge.

Mugenda, O. M., Hira, T. K., & Fanslow, A. M. 1990. "Assessing the Causal Relationship among Communication, Money Management Practices, Satisfaction with Financial Status, and Satisfaction with Quality of Life. " *Lifestyles* 11 (4): 343 – 360.

Osberg, L. & Sharpe, A. 2005. "How Should We Measure the 'Economic' Aspects of Well-being?" *Review of Income and Wealth* 51 (2): 311 – 336.

Plagnol, A. C. 2011. "Financial Satisfaction over the Life Course: The Influence of Assets and Liabilities. " *Journal of Economic Psychology* 32 (1): 45 – 64.

Sherraden, M. S. & McBride, A. M. 2010. *Striving to Save: Creating Policies for Financial Security of Low-income Families.* University of Michigan Press, 2010.

TIAA-CREF Institute. 2011. "Financial Security and Careers in the Nonprofit and Philanthropic Sector. " *Confero* (8): 11 – 13.

Weller, C. & Logan, A. 2008. "America's Middle Class Still Losing Ground. " *Washington, DC: Center for American Progress.*

金融市场与金融行为 ————

金融与社会 第一辑

第 207～227 页

© SSAP，2020

促进还是抑制：社会保险参与对
商业保险参与的影响[*]

郑 路 张 栋[**]

摘 要：作为社会保障体系的两个有机组成部分，社会保险和商业保险在促进社会稳定和改善民生等方面具有重要作用。但由于二者具有功能和覆盖面上的重合性，在发展过程中存在促进或抑制的争议，不利于二者的协同发展。本文基于 2015 年中国综合社会调查数据，从医疗保险和养老保险两大核心险种入手，考察社会保险参与对商业保险参与的影响，并进一步分析收入在社会保险参与对商业保险参与影响过程中的调节作用。研究发现，拥有社会医疗保险对商业医疗保险参与具有抑制作用，而拥有社会养老保险对商业养老保险参与则产生促进作用；收入对社会医疗保险参与和商业医疗保险参与的关系存在调节效应，对于低收入群体而言，社会医疗保险参与对商业医疗保险参与可能产生抑制作用，对于高收入群体而言，社会医疗保险参与对商业医疗保险参与的抑制作用将转变为促进作

---

[*] 本研究得到清华大学社会科学学院社会与金融研究中心、国家社科基金重大研究专项（18VXK005）的支持。

[**] 郑路，清华大学社会科学学院社会与金融研究中心主任，社会学系长聘副教授；张栋，清华大学社会科学学院社会与金融研究中心博士后，助理研究员。

用；收入对社会养老保险参与和商业养老保险参与的关系同样
存在调节效应，对于低收入群体而言，社会养老保险参与对商
业养老保险参与可能产生促进作用，对于高收入群体而言，社
会养老保险参与对商业养老保险参与的促进作用将不存在或有
所弱化。

关键词： 社会保险 商业保险 收入

一 引言

社会保险和商业保险都是我国社会保障制度的组成部分，分属于社会
保障体系中的两个不同层次，二者拥有不同的属性和功能。一般认为，社
会保险由政府主导，往往具有强制性，追求的是公平的价值取向，目标是
保障全体国民的基本生活；商业保险是对社会保险的补充，属于纯粹的市
场化行为，具有自愿性，追求的是效率的价值取向，目标是满足人们高层
次和多样化的保险需求。在我国全面建成小康社会的目标指引下，社会保
险和商业保险协同发展对于满足广大国民多元化的保障需求有着重要作用。

自 20 世纪 90 年代以来，经过系统化的改革和探索，我国社会保险取
得了一系列重大成就，覆盖面从最初的机关事业单位和国有企业，逐步
扩展至外资、私营企业，最终将个体工商户以及城乡居民等都纳入社会
保险体系中，截至目前已经基本实现了社会保险制度全覆盖。有鉴于此，
2016 年国际社会保障协会给中国政府颁发了"社会保障杰出成就奖"，以
表彰我国近年来在扩大社会保障覆盖面工作中取得的卓越成就。同时，
各项社会保险的待遇水平也逐步提高，为国民的基本生活提供了有效
保障。

同样，商业保险自改革开放以来取得了迅速发展，在促进经济发展、
维护社会稳定和改善民生等方面发挥了积极的作用。近年来，我国保险
市场发展态势迅猛，根据中国银保监会统计数据，2017 年原保险保费收
入 36581.01 亿元，同比增长 18.16%。尽管我国商业保险取得了较大发
展，但与发达国家甚至世界平均水平相比，仍然有巨大的差距。从保险
深度来看，2017 年全球 88 个国家和地区平均保险深度为 6.13%，中国的
保险深度仅为 4.57%，位列全球 88 个国家和地区第 36 位，和全球平均

水平差 1.56 个百分点；从保险密度①来看，2017 年全球 88 个国家和地区平均保险密度为 650 美元，中国的保险密度仅为 384 美元，位列全球 88 个国家和地区第 45 位，只占全球平均水平的 59%，与发达国家的差距则更大。根据相关统计，2017 年我国国民的投保率为 10%，人均仅有 0.1 张保单，而同期美国国民投保率为 500%，人均 5 份保单，两者之间差距显著，表明中国商业保险的发展水平严重不足。

研究表明，经济发展水平在一定程度上与保险发展呈正相关关系（杨程博、孙巍、王思懿，2017），瑞再研究院的 Sigma 报告②也表明，人均 GDP 处于 5000 ~ 35000 美元阶段，消费者将表现出在保险保障方面的巨大需求，保险支出将进入快速上升期。根据国家统计局数据，我国人均 GDP 于 2011 年首次突破 5000 美元。在此机遇面前，我国商业保险发展水平不足在很大程度上受制于我国特定社会文化背景下居民对保险的认识误区，包括传统观念影响下的依靠家庭成员抵御风险的避险习惯（何培香，2000），以及对风险的侥幸心理等。

此外，由于社会保险和商业保险具有功能和覆盖面上的重合性，近年来我国社会保险逐步完善形成的风险保障机制在一定程度上也影响了国民通过商业保险抵御风险的意愿，但这一机理仍存在一定的争议。一方面，按照经济发展的规律，强制实行的社会保险的发展将覆盖更多的未保险人，由于商业保险的高成本，新参加社会保险的人或家庭，可能不会再去购买商业保险，如果在此之前已购买商业保险的人，在获得了低成本的社会保险后，也很有可能会中断购买商业保险，二者成了一种"挤占"关系。另一方面，随着经济的发展和人民收入水平的提高，社会保险"保基本"的保障水平可能不能满足风险社会中经济主体对风险经济保障的需求，而人们则会将注意力转移到具有相同功能的商业保险方面，因此社会保险可能提升了商业保险的关注度和需求量，从这个角度来看，社会保险对商业保险起到了一种促进作用。因此，社会保险的发展和完善给商业保险的发展到底带来什么样的影响？是通过保险意识的塑造促进了商业保险的发展，还是因功能的类似而抑制了商业保险的发

---

① 商业养老保险参与的密度和深度是衡量其发展水平的重要指标，其中保险密度是一个国家或地区的人均保费收入，保险深度则是指当年保费收入占 GDP 的比重。

② 参见瑞再研究院的 Sigma 报告（No. 4/2015）中有关 S 曲线的研究结论，http://institute. swissre. com/research/overview/sigma/。

展？这种影响是不是绝对的？是否还会受到其他因素的调节？这些问题值得进一步深入探讨。

本文旨在通过对 2015 年中国综合社会调查数据的实证分析，从医疗保险和养老保险两大核心险种入手，深入探讨社会保险参与对商业保险参与的影响，同时深入研究收入在社会保险参与对商业保险参与影响过程中的调节作用，即社会保险参与对商业保险参与的影响是否因收入水平不同而存在差异。本研究对探讨我国商业保险的影响因素以及促进社会保险和商业保险协调发展具有重要的理论价值和政策指导意义。

二 文献综述与研究假设

（一）文献综述

1. 商业保险参与的影响因素

作为中国社会保障体系的重要组成部分，商业保险是满足人民更高生活水平需求的关键手段，在人民日益增长的美好生活需要和不平衡不充分发展之间的矛盾背景下，担负着重要的保障功能。其发展总体水平不高的重要原因在于广大国民的商业保险参与不足。现有研究从多个视角出发，发现收入水平、受教育程度、金融知识、社会互动、风险态度、家庭负担等都是影响商业保险参与的重要因素。第一，商业保险作为一种市场化行为，需要以一定的收入和财富为基础，个体或家庭的收入越高，就有越多的闲置资金，出于规避风险和保值增值的需要，对商业保险也有着越高的需求，也就是说商业保险具有明显的财富效应（钟春平、陈静、孙焕民，2012；Albouy & Blagoutine，2001；吴祥佑，2013）。也有研究指出低收入群体和高收入群体边际保险消费倾向相对较低，中等收入群体的边际保险消费倾向却相对较高，即收入与商业保险参与呈倒 U 形的关系（徐为山、吴坚隽，2006）。家庭负担作为与收入相连贯的因素，有研究指出家庭负担越小越倾向于购买商业保险（傅一铮、苏桴芳，2016）。第二，个人受教育程度显著地影响了商业保险的购买，通常受教育程度高的群体更容易获得相关的商业保险信息和理解商业保险的详细条款，风险防范意识也更强，从而也更积极地参与商业保险（史清华、顾海英，2004；何兴强、李涛，2009）。第三，商业保险参与等金融决策还会受到社会互动的影响，社会互动程度越高，商业保险等金融活动的参与率越高（Georgarakos & Pasini，2009；Hong et al.，2004）。第四，个体的风险态度也会影响商业保险的购买决策，相对于风险厌恶型个体，风险偏好型个体更倾向于购买商业保险（宋涛、吴玉锋、陈婧，2012），风险认知则可以对商业保险参与产生正向影响（高延雷、刘尧、王志刚，2017）。同时，对保险产品的信任程度是商业保险参与的重要原因（王宏扬，2017）。此外，金融知识也可以提高家庭和个人对商业保险的信任度，从而促进其购买商业保险（Bernheim & Garrett，2003；秦芳、王文春、何金财，2016；吴雨、杨超、尹志超，2017）。

2. 社会保险参与和商业保险参与

社会保险和商业保险作为两种功能相似、保障层次有别的社会保障体系的组成部分，二者之间的关系备受学术界关注，但同时也一直存在争议。第一种观点认为社会保险和商业保险之间同时存在替代和互补两种关系。一方面，在保障需求和缴费能力一定的前提下，强制性的社会保险满足了相当一部分群体的保障需求，从而对其商业保险需求产生挤出效应；另一方面，随着生活水平的提升，仅提供基本保障的社会保险难以满足个体的保障需求，而社会保险又为个体的风险防范意识的形成积累了经验，因此，可以促进个体商业保险的参与，从而获取更高水平的保障（林义，2003；何文炯，2010）。曹乾、张晓（2006）的研究表明，目前我国社会保险和商业保险的互补性超过了替代性。第二种观点则提出社会保险的普及增加了居民对保险概念的认知，促进了其风险意识的形成，从而对居民购买商业保险具有正向的促进作用（廉晶，2012；黄英君、蒲成毅，2007）。也有人从医疗保险的角度入手，通过对社会医疗保险和商业医疗/健康保险的供需关系进行分析，结果发现社会医疗保险对居民购买商业医疗/健康保险具有显著的提升作用（徐美芳，2007；王向楠，2011；刘宏、王俊，2012；贾洪波，2015）。第三种观点则认为社会保险对商业保险产生抑制作用，在一定条件下，社会保险等安全网措施对商业保险存在挤出效应（秦雪征，2011）。美国相关研究发现美国孕妇和儿童社会保障参加标准放宽后，相应人群对商业保险需求显著下降，社会保障对商业保险具有明显的替代效应（Cutler & Gruber，1996）。另一项研究采用1996~2002年美国社会保障体系相关数据，再次验证了这一替代效应的存在（Gruber & Simon，2008）。其他研究大多从医疗保险入手，通过实证分析发现社会医疗保险的扩展明显排挤了商业医疗保险的覆盖范围，降低了商业医疗保险的购买概率（Dubay & Kenney，1997；郑怡林，2014）。第四种观点则认为社会保险参与与商业保险参与之间没有显著的影响关系。不少研究者从医疗保险入手，通过实证分析发现没有证据表明社会医疗保险参与对商业医疗保险参与存在显著影响（Ham & Shore-Sheppard，2005；Finkelstein，2004）。

从现有研究来看，商业保险参与受到一系列综合因素的影响，无论是个体人口特征还是家庭经济特征等都得到了较为广泛的关注，研究也比较深入。但就社会保险与商业保险之间的关系来看，目前的研究大多停留在定性的理论推导和分析上，基于实证检验的研究也存在诸多的不足，大都是以医疗保险为对象，分析社会医疗保险和商业医疗保险之间的关系，对整个社会保险制度尤其是其中的重要险种养老保险缺乏应有的研究。因此，本文以社会保险中最核心的两个险种——医疗保险和养老保险为对象，通过理论分析和实证检验，分析社会保险参与对商业保险参与的影响机制。

（二）研究假设

随着社会保险体系的逐步完善以及政府财政支出的增长，逆向选择和道德风险行为可能产生，即居民倾向于减少商业保险的购买，社会保险的发展可能对商业保险形成替代效应。但是社会保险对商业保险的影响对于不同险种可能还存在差异。医疗保险需要遵循补偿原则这一法定原则，即保险发生后的赔偿额度不能超过被保险人的经济损失，也就意味着任何被保险人都不能从保险行为中获得超过其损失部分的收益。在这种情况下，被保险人参加社会医疗保险后可获得相应的保障待遇，此时即便再参加商业医疗保险，也不能获得超过其损失的收益。因此，就医疗保险而言，社会医疗保险对商业医疗保险的替代性可能更强。而养老保险则不需要遵循补偿原则，通俗来讲，养老保险可以多缴多得，参加社会养老保险后进一步参加商业保险可以获得更高的收益。因此，社会养老保险参与和商业养老保险参与之间的互补性多一些（徐凤辉，2018）。基于上述分析，本文提出以下假设。

假设1：社会医疗保险参与对商业医疗保险参与产生抑制作用。

假设2：社会养老保险参与对商业养老保险参与产生促进作用。

社会保险参与对商业保险参与的影响可能还会受到收入调节作用的影

响，由于居民的收入和财富水平是其商业保险参与的财富基础，在很大程度上可能会影响其保险购买决策。一方面，保险购买存在一定的财富门槛效应，只有当居民的收入和财富水平足以维持基本生活所需时，他们才有购买的能力和欲望；另一方面，财富水平越高，参保的平均成本越低，成功规避风险带来的预期收益也越大。因此，拥有更多财富的居民更有能力也更愿意购买保险。Herring（2005）采用社区追踪调查（CTS）数据分析发现，当地慈善性医疗的不断推广将显著降低低收入人群参加商业保险的比重。Nyman（2003）在期望效用的分析框架下讨论慈善医疗对商业保险的挤出效应，证明低收入人群更容易受医疗安全网的影响而放弃商业保险。Rask（2000）利用美国国家医疗支出调查（NMES）数据分析发现，在中低收入群体中，公共医疗对私人保险存在挤出效应。郑怡林（2014）采用2006年中国健康与营养调查（CHNS）数据进行计量分析，结果表明社会医疗保险覆盖人群的增多明显降低了人们购买商业保险的概率，同时还对我国东、中、西三个地区进行比较，发现越是在经济发展落后的地区，两种保险之间的替代作用越显著。综上，本文提出以下假设。

假设3：收入对社会医疗保险参与和商业医疗保险参与的关系存在调节效应，对于低收入群体而言，社会医疗保险参与对商业医疗保险参与可能产生抑制作用，对于高收入群体而言，社会医疗保险参与对商业医疗保险参与可能产生促进作用。

对于养老保险而言，Browne 和 Kim（1993）在 Lewis（1989）的研究基础上，采用45个国家的相关数据进行实证分析，发现国民收入、社保支出对商业养老保险需求具有积极影响。与此同时，也有研究表明，购买保险的意愿强度与家庭收入之间的关系呈倒 U 形，即随着收入的增加，居民对保险的需求增加，但收入提高到一定程度，保险需求反而减少，因为高收入者自身规避风险的能力相对较强（曹乾、张晓，2006）。也就是说，风险规避倾向会随着财富水平的上升而下降，因此居民的财富水平可能通过影响其风险态度进而影响其保险购买决策（何兴强、李涛，2009）。基于上述分析，本文提出以下假设。

假设4：收入对社会养老保险参与和商业养老保险参与的关系存在调节效应，对于低收入群体而言，社会养老保险参与对商业养老保险参与可能产生促进作用，对于高收入群体而言，社会养老保险参与对商业养老保险参与的促进作用将不存在或有所弱化。

三 研究设计

（一）研究样本和数据来源

本文使用的是 2015 年中国综合社会调查（CGSS 2015）的数据。该调查由中国人民大学联合全国各地的学术机构共同进行，调查覆盖了全国 28 个省区市，478 个社区，在村居层面采用基于地图地址的多阶段分层抽样方法，共获得观察值 10968 个。其中，女性 5834 个，男性 5134 个，平均年龄为 50.40 岁，样本相关数据描述见表 1。

（二）变量说明

（1）因变量。本文的因变量是商业保险参与，在具体分析时选取了商业医疗保险参与和商业养老保险参与两个变量进行分析，在问卷中体现为"您目前是否参加了以下社会保障项目？"，两个变量均为二分变量，参加了商业医疗保险/商业养老保险的赋值为 1，没有参加商业医疗保险/商业养老保险的赋值为 0。

（2）自变量。本文研究的核心问题在于社会保险参与对商业保险参与的影响，核心自变量为社会保险参与情况，同样选取了社会医疗保险参与和社会养老保险参与两个变量进行分析，在问卷中体现为"您目前是否参加了以下社会保障项目？"，其中包括城市基本医疗保险/新型农村合作医疗保险/公费医疗（社会医疗保险）和城市/农村基本养老保险，两个变量均为二分变量，参加了社会医疗保险/社会养老保险的赋值为 1，没有参加社会医疗保险/社会养老保险的赋值为 0。

（3）调节变量。商业保险参与作为纯粹的市场化行为，收入是其参保行为的经济基础，因此在分析社会保险参与对商业保险参与的影响的情况下，加入收入的调节作用。该变量在问卷中体现为"您个人去年（2014）全年的总收入是多少？"，在具体分析时收入（连续性变量）取对数。

（4）控制变量。本文的控制变量包括：①性别，男性取值为 1，女性取值为 0；②年龄（连续性变量），同时加入年龄平方项，以捕捉其可能存在的非线性效用；③受教育程度，其中大专及以上取值为 2，初中/高中/中技取值为1，小学及以下取值为0；④健康状况，很健康取值为5，比较健康取值为4，一般取值为3，比较不健康取值为2，很不健康取值为1；⑤婚姻状况，有配偶取值为1，无配偶取值为0；⑥子女数量，0~11个；⑦户籍，城市户籍取值为1，农村户籍取值为0；⑧地区，东部地区取值为2，中部地区取值为1，西部地区取值为0。

表1 变量统计与描述

	样本量	均值	标准差	最小值	最大值
商业医疗保险参与	10747	0.09	0.28	0	1
商业养老保险参与	10719	0.06	0.29	0	1
社会医疗保险参与	10917	0.91	0.28	0	1
社会养老保险参与	10806	0.70	0.49	0	1
收入	10363	32805.33	205840.6	0	1000000
性别	10968	0.47	0.50	0	1
年龄	10968	50.40	16.90	18	95
年龄平方	10968	2825.39	1742.33	324	9025
受教育程度	10968	1.79	0.70	0	2
健康状况	10961	3.61	1.07	1	5
婚姻状况	10968	0.78	0.42	0	1
子女数量	10952	1.73	1.30	0	11
户籍	10968	0.59	0.49	0	1
地区	10968	2.15	0.79	0	2

四 实证分析结果

（一）社会医疗保险对商业医疗保险的影响

1. 相关性检测

从表1的描述性统计来看，目前购买商业医疗保险的比重仅有9%，表明我国商业医疗保险的参与率还相对低下，而参与社会医疗保险的比重则高达91%，这在很大程度上反映出我国近年来社会医疗保险在覆盖面上取得的巨大成效。通过表2相关系数矩阵还可以发现一些变量之间的关系，在不考虑其他控制变量的情况下，商业医疗保险的参与则同社

表 2　社会医疗保险参与对商业医疗保险参与影响的主要变量相关系数矩阵

	商业医疗保险参与	社会医疗保险参与	收入对数	性别	年龄	受教育程度	健康状况	婚姻状况	子女数量	户籍	地区
商业医疗保险参与	1										
社会医疗保险参与	-0.023	1									
收入对数	0.217*	0.007	1								
性别	0.019*	0.002	0.170*	1							
年龄	-0.127*	0.070*	-0.282*	0.001	1						
受教育程度	0.217*	0.007	0.503*	0.122*	-0.464*	1					
健康状况	0.095*	-0.011	0.252*	0.071*	-0.382*	0.275*	1				
婚姻状况	-0.008	0.094*	0.062*	0.010	0.088*	-0.087*	-0.018*	1			
子女数量	-0.138*	0.045*	-0.341*	-0.071*	0.598*	-0.459*	-0.256*	0.164*	1		
户籍	0.150*	-0.051*	0.437*	-0.014	-0.091*	0.383*	0.118*	-0.067*	-0.2506*	1	
地区	0.118*	-0.044*	0.326*	-0.014	-0.023	0.250*	0.105*	-0.021*	-0.1562*	0.316*	1

$^*p < 0.05$, $^{**}p < 0.01$, $^{***}p < 0.001$。

会医疗保险的参与具有明显的负相关关系，即社会医疗保险的参与显著挤出了商业医疗保险的参与，收入与商业医疗保险的参与呈正相关关系，说明收入也是影响商业医疗保险参与的重要因素。此外，自变量之间的相关系数都在中等程度以下（大部分在 0.4 以下，个别变量的相关系数达到 0.5，也在可接受的范围内），这有助于我们避免回归分析可能出现的"多重共线性"问题。

2. 回归结果分析

模型一中只放入了社会医疗保险这一核心解释变量和控制变量，回归结果显示，社会医疗保险的参与和商业医疗保险的参与之间存在显著的负相关关系，也就是说社会医疗保险的参与对商业医疗保险的参与具有一定的抑制作用。

模型二在模型一的基础上加入了收入对数这一变量，回归结果显示，商业医疗保险参与和收入之间存在显著的正相关关系，即收入对商业医疗保险参与有一定的促进作用，在一定程度上表明收入是商业医疗保险参与的经济基础。

模型三加入了社会医疗保险和收入对数的交互项，回归结果显示，收入对数对社会医疗保险参与具有非常显著的影响，说明社会医疗保险参与和收入确实存在显著的交互作用，且交互项的系数为正，表明收入在社会医疗保险参与和商业医疗保险参与的关系之间具有显著的调节作用，即在收入的调节作用下，社会医疗保险参与对商业医疗保险参与的抑制作用有可能变为促进作用。

此外，从控制变量来看，除婚姻状况对于商业医疗保险参与的影响不显著之外，性别、年龄、受教育程度、健康状况、子女数量、户籍和地区对于商业医疗保险参与均产生显著影响。在性别方面，模型二和模型三都显示男性对商业医疗保险参与意愿低于女性，这在很大程度上可能是由于生理结构的影响，男性往往对自身的健康判断更为乐观，对健康风险的认知更弱，所以更倾向于不购买商业医疗保险。在年龄方面，商业医疗保险的参与和年龄呈正相关关系，即年龄越大商业医疗保险的参与程度越高，但从年龄的平方项回归结果来看，系数为负，即商业医疗保险的参与与年龄之间存在倒 U 形关系，即随着年龄的增加，商业医疗保险的参与呈上升趋势，但到一定程度之后会逐步下降，这可能是由于居民在年轻时对于自身健康的判断相对较好，不倾向于参与商业医疗保险，随着年龄的增加，身体素质下降，参与商业医疗保险开始成为居民防范健康风险的重要选择。但同时由于参与商业医疗保险是一种纯粹的市场行为，年龄越大患病的风险也越大，付出的保险成本也越高，因此大部分商业保险公司对于年龄越大的参保者收取的保费也越高，甚至限制老年群体商业医疗保险的参与。在受教育程度上，受教育程度越高商业保险的参与意愿越强烈，在一定程度上可能是由于受教育程度越高的群体风险防范意识越强。在健康状况方面，模型一显示健康状况越好的群体商业医疗保险的参与程度越高，但在模型二和模型三中则不显著。在子女数量上，模型一显示子女数量越多参与商业医疗保险的程度则越低，对年轻夫妇来说，这可能是由于子女抚养压力挤压了商业医疗保险的参与，对老年夫妇来说，则可能是多子女的支持降低了购买商业保险的意愿，但在模型二和模型三中则不显著。在户籍方面，城市居民商业医疗保险的参与程度更高。在地区上，东部地区商业医疗保险的参与则远远高于中西部地区，这可能与商业保险市场的发达程度有关，也可能与经济发展水平和观念有关。

表 3 社会医疗保险参与对商业医疗保险参与影响的 Logit 回归结果

	模型一	模型二	模型三
社会医疗保险参与	-0.262* (-2.23)	-0.259 (-1.81)	-5.382*** (-4.47)
收入对数		0.488*** (9.25)	0.0559 (0.51)
社会医疗保险参与× 收入对数			0.497*** (4.22)
性别	0.045 (0.63)	-0.186* (-2.31)	-0.185* (-2.29)
年龄	0.061*** (3.73)	0.039* (2.15)	0.0363* (2.02)
年龄平方	-0.001*** (-4.09)	-0.000** (-2.61)	-0.001* (-2.49)
受教育程度	0.739*** (11.46)	0.506*** (6.77)	0.499*** (6.70)
健康状况	0.122** (3.04)	0.056 (1.21)	0.0513 (1.12)

续表

	模型一	模型二	模型三
婚姻状况	0.129 (1.30)	0.045 (0.42)	0.0619 (0.58)
子女数量	-0.122* (-2.54)	-0.094 (-1.71)	-0.092 (-1.68)
户籍	0.649*** (6.46)	0.373*** (3.29)	0.360** (3.17)
地区			
中部	0.127 (1.12)	0.143 (1.13)	0.150 (1.19)
东部	0.498*** (4.59)	0.286* (2.31)	0.282* (2.28)
_cons	-5.890*** (-13.16)	-9.174*** (-13.20)	-4.644*** (-3.85)
$Wald\ chi^2$	560.76	475.93	472.78
$Pseudo\ R^2$	0.1072	0.1242	0.1274
N	8522	8522	8522

注：括号里是 t 值。

*$p < 0.05$, **$p < 0.01$, ***$p < 0.001$。

（二）社会养老保险参与对商业养老保险参与的影响

1. 相关性检测

从表 1 的描述性统计来看，目前商业养老保险参与的比重仅有 6%，表明我国商业养老保险的参与率极其有限，而社会养老保险参与的比重则达到 70%，这在很大程度上反映出我国近年来社会养老保险取得的成效。通过表 2 相关系数矩阵我们还可以发现一些变量之间的关系，在不考虑其他控制变量的情况下，商业养老保险的参与和社会养老保险的参与具有明显的正相关关系，即社会养老保险参与对商业养老保险参与有一定的促进作用，收入与商业养老保险的参与呈正相关关系，说明收入也是影响商业养老保险参与的重要因素，因此我们加入收入的调节作用后再来看社会养老保险参与对商业养老保险的参与的影响情况，可以更好地明确哪个因素的影响作用更强。

表 4 社会养老保险对商业养老保险影响的主要变量相关系数矩阵

	商业养老保险参与	社会养老保险参与	收入对数	性别	年龄	受教育程度	健康状况	婚姻状况	子女数量	户籍	地区
商业养老保险参与	1										
社会养老保险参与	0.064*	1									
收入对数	0.177*	0.062*	1								
性别	0.0147	0.014	0.170*	1							
年龄	−0.054*	0.246*	−0.282*	0.001	1						
受教育程度	0.151*	0.017	0.503*	0.122*	−0.464*	1					
健康状况	0.079*	−0.063*	0.252*	0.071*	−0.382*	0.275*	1				
婚姻状况	0.016*	0.113*	0.062*	0.010	0.088*	−0.087	−0.018*	1			
子女数量	−0.092*	0.090*	−0.341*	−0.071*	0.598*	−0.459*	−0.256*	0.164*	1		
户籍	0.110*	0.025*	0.437*	−0.014	−0.091*	0.383*	0.118*	−0.067	−0.251*	1	
地区	0.101*	0.061*	0.326*	−0.014	−0.023	0.250	0.105*	−0.021	−0.156*	0.316*	1

$^*p < 0.05$, $^{**}p < 0.01$, $^{***}p < 0.001$。

2. 回归结果分析

模型一只放入了社会养老保险参与这一核心解释变量和控制变量，回归结果显示，社会养老保险的参与和商业养老保险参与之间存在显著的正相关关系，也就是说社会养老保险参与对商业养老保险参与有一定的促进作用。

模型二在模型一的基础上加入了收入对数这一变量，回归结果显示，商业养老保险参与和收入之间也存在显著的正相关关系，即收入对商业养老保险参与有一定的促进作用，在一定程度上可能是由于收入是商业养老保险参与的经济基础。

模型三加入了社会养老保险参与和收入对数的交互项，回归结果显示，收入对数对社会养老保险参与具有非常显著的影响，说明社会养老保险参与和收入确实存在显著的交互作用，且交互项的系数为正，表明收入在社会养老保险参与和商业养老保险参与的关系之间具有显著的调节作用。在模型三中，社会养老保险参与和商业养老保险参与的关系变为显著的负相关关系，结合社会养老保险参与和收入对数的交互项的正向调节作用，表明在收入低的情况下，有社会养老保险的人要比没有社会养老保险的人，拥有商业保险的机会更小，也就是说社会养老保险参与对商业养老保险参与的促进作用只对一定收入水平的人群适用。

此外，从控制变量来看，除婚姻状况对于商业医疗保险参与的影响不显著之外，性别、年龄、受教育程度、健康状况、子女数量、户籍和地区对于商业养老保险参与均产生显著影响。在性别方面，模型二和模型三都显示男性对商业养老保险参与意愿低于女性，这在很大程度上是由于对男性而言，女性的风险意识较高，这与《2018 年中国新富人群财富健康指数》的研究结论是一致的。在年龄方面，商业养老保险的参与和年龄呈正相关关系，即年龄越大商业养老保险的参与程度越高，但通过年龄的平方项回归结果来看，系数为负，商业养老保险参与和年龄之间存在倒 U 形关系，即随着年龄的增加，商业养老保险的参与呈上升趋势，到一定程度之后会逐步下降。这可能是因为随着年龄的增加广大居民的养老储备意识逐步增强，但商业养老保险参与的成本也会随着年龄的增加而增加，因此当年龄增加到一定程度时，在成本的制约下，居民商业养老保险的参与则开始下降。在受教育程度上，受教育程度越高商业养老保险的参与意愿越强烈，在一定程度上可能是由于受教育程度高的群体风险防范意识越强。在健康状况方面，模型一显示健康状况越好的群体商业养老保险的参与程度越高，这可能是由于健康状况越好的群体预期自己的寿命越长，对养老保险的需求也就越大。在子女数量上，子女数量越多商业养老保险参与的程度则越低，一方面可能是由于抚养子女带来的经济压力的挤出作用，另一方面也可能是由于子女数量越多对养儿防老的期待越大，从而不愿意参加商业养老保险。在户籍方面，城市居民商业养老保险的参与程度更高。在地区上，东部地区商业养老保险的参与远远高于中西部地区，这可能与商业保险市场的发达程度有关，也可能与经济发展水平和观念有关。

表 5　社会养老保险参与对商业养老保险参与影响的 Logit 回归结果

	模型一	模型二	模型三
社会养老保险参与	0.493 *** (4.28)	0.347 ** (2.77)	- 3.134 ** (- 3.13)
收入对数		0.493 *** (9.02)	0.236 ** (2.87)
社会养老保险参与 × 收入对数			0.336 *** (3.49)
性别	0.015 (0.18)	- 0.208 * (- 2.23)	- 0.210 (- 2.25)
年龄	0.102 *** (5.21)	0.079 *** (3.75)	0.080 *** (3.78)
年龄平方	- 0.001 *** (- 4.89)	- 0.001 *** (- 3.47)	- 0.001 *** (- 3.50)
受教育程度	0.613 *** (8.06)	0.392 *** (4.55)	0.379 *** (4.40)
健康状况	0.235 *** (5.00)	0.183 *** (3.44)	0.184 *** (3.47)
婚姻状况	0.044 (0.37)	- 0.055 (- 0.43)	- 0.051 (- 0.41)
子女数量	- 0.149 * (- 2.37)	- 0.153 * (- 2.07)	- 0.154 * (- 2.09)
户籍	0.486 *** (4.14)	0.174 (1.35)	0.176 (1.36)

续表

	模型一	模型二	模型三
地区（西部）			
中部	0.215 (1.57)	0.163 (1.10)	0.170 (1.14)
东部	0.546*** (4.13)	0.309* (2.14)	0.306* (2.10)
_ cons	-8.124*** (-15.32)	-11.33*** (-15.07)	-8.687*** (-9.27)
Wald chi²	350.95	326.03	346.04
Pseudo R²	0.0875	0.1027	0.1051
N	10609	8465	8465

注：括号里是 t 值。

$^{*} p < 0.05$，$^{**} p < 0.01$，$^{***} p < 0.001$。

五 主要结论和政策建议

（一）主要结论和讨论

作为社会保障体系的组成部分，社会保险和商业保险在保障国民生活和防范各种风险方面承担着不同层次的功能，在促进经济发展和维护社会稳定方面发挥着越来越重要的作用。与此同时，由于社会保险和商业保险在保障功能和覆盖面上具有一定的重合性，二者在相互促进、共同发展的同时，势必也会产生一些"挤占"关系。基于此，本文利用2015 年中国综合社会调查数据，以养老保险和医疗保险为重点，考察了社会保险对商业保险的影响。我们对社会保险和商业保险的参与现状分析发现，目前我国社会医疗保险的参与率达91%，社会养老保险的参与率达70%，从覆盖面来看，我国社会保险体系已经日趋完善；然而，目前我国商业医疗保险的参与率仅有9%，商业养老保险的参与率仅有6%，表明我国商业保险的参与严重不足。

本文的实证研究结果发现：第一，社会医疗保险参与对商业医疗保险参与具有一定的抑制作用，但随着个人收入的增加，这种抑制作用会逐渐降低，在高收入人群中社会医疗保险参与对商业医疗保险参与则可能由抑制作用转化为促进作用；第二，社会养老保险参与对商业养老保险参与具有一定的促进作用，但这种促进作用只有当个人收入达到一定水平时才会出现，对低收入群体来说，则表现为抑制作用；第三，收入对商业保险参与有一定的促进作用，而家庭负担对商业保险参与有一定的抑制作用，回归结果显示，收入越高的群体参与商业保险的比重越高，而子女数量越多的人群购买商业保险的比重越低；第四，教育可能对商业保险参与有一定的促进作用，回归结果显示，受教育程度越高的群体购买商业保险的比重越高，同时东部地区比中西部地区购买商业保险的比重要高。

本文在微观层面从养老保险和医疗保险两大最核心的险种出发，检验了社会保险参与对商业保险参与的影响，并揭示了收入的调节作用，拓展了社会保障和商业保险等领域的相关研究，为促进我国社会保险体系的完善和商业保险市场的发展提供了实证依据。

（二）相关政策建议

第一，优化社会保险体系，保障国民基本生活需求。社会保险对商业保险参与产生显著影响，在一定程度上反映出社会保险体系在广大国民基本生活保障方面发挥着越来越重要的作用。尽管目前我国社会保险制度取得了巨大成效，社会养老保险和医疗保险目前已经实现了制度全覆盖，但从总体来看，还面临一系列的挑战，如人群全覆盖的目标还未完成、保障水平有限、制度可持续性不足等，需要通过强化制度监管、优化社会保险基金投资、强化责任分担等多种方式来优化社会保险体系，从而更好地为全体国民提供基本的生活保障。

第二，转变传统养老观念，树立养老责任分担意识。商业养老保险参与和子女数量呈负相关关系，一方面可能是由于抚养压力带来的商业保险参与能力不足，另一方面则可能是由于传统的养老观念影响，子女数量多的居民对养儿防老的期待更强烈。总体来看，目前我国基本养老保险的目标是提供基本的生活保障，与此同时，计划生育下子女的赡养压力大，也很难提供更多可持续的养老供给，因此实现充足的养老保障需要树立多方责任共担意识，通过社会养老保险、商业养老保险等多种渠道共同发挥作用。

第三，引导国民理性预期，发挥多层次医保体系作用。社会医疗保险参与对商业医疗保险参与的抑制效应比较明显，反映出我国社会医疗保取得了突出成效，同时也表明国民对于社会医疗保险的依赖性相对较强，这种情况下如何把握社会医疗保险"保基本"的度则显得尤为重要，否则会导致社会医疗保险的财政可持续性不足的问题。社会医疗保险和商业医疗保险作为我国社会保险体系不同层次的保障制度，承担着不同层次的功能，社会医疗保险制度的目标是保基本，商业医疗保险则承担着高水平的补充作用，因此需要通过明确的功能定位，发挥多层次医保体系的作用。

第四，完善收入分配政策，提高国民收入水平。商业保险属于纯市场化的行为，收入是参与商业保险的前提和基础，然而由于目前我国收入分配差距相对较大，基尼系数连续多年超过0.4的国际警戒线水平，我国仍有相当一部分群体的收入不足，缺乏参与商业保险、实现多层次保障的物质基础。因此，我国必须逐步规范收入分配秩序，完善收入分配调控体制机制和政策体系，增加低收入者收入，扩大中等收入者比重，努力缩小城乡、区域、行业收入分配差距，逐步形成橄榄型分配格局。

第五，加强基础金融教育，增强国民风险防范意识。商业保险的参与是国民实现更高水平保障、防范多元化风险的重要渠道，但受到国民基础金融知识和风险意识的影响，本研究也发现受教育程度越高的群体商业保险参与率越高。因此，国家各部门应加强保险知识与保险消费理念宣传，让国民真正了解商业保险的作用，帮助国民树立风险防范意识，从而激励其通过商业保险参与防范多元风险、实现更高水平的保障。

参考文献

曹乾、张晓，2006，《替代还是互补：社会保险与商业保险关系的理论和实证分析》，《金陵科技学院学报》（社会科学版）第4期。

傅一铮、苏秇芳，2016，《中国城乡家庭购买商业保险的影响因素分析》，《哈尔滨商业大学学报》（社会科学版）第5期。

高延雷、刘尧、王志刚，2017，《风险认知对农户参保行为的影响分析——基于安徽省阜阳市195份问卷调查》，《农林经济管理学报》第6期。

何培香，2000，《我国居民保险消费市场探析》，《消费经济》第2期。

何文炯，2010，《社会保险转型与商业保险发展》，《保险研究》第7期。

何兴强、李涛，2009，《社会互动、社会资本和商业保险购买》，《金融研究》第2期。

黄英君、蒲成毅，2007，《商业保险与社会保险的互动：一个文献综述》，《江西财经大学学报》第 5 期。

贾洪波，2015，《商业补充医疗保险参保因素的 Logistic 分析》，《北京航空航天大学学报》（社会科学版）第 1 期。

廉晶，2012，《人口老龄化与保险产品创新》，《合作经济与科技》第 6 期。

林义，2003，《社会保险》，中国金融出版社。

刘宏、王俊，2012，《中国居民医疗保险购买行为研究——基于商业健康保险的角度》，《经济学（季刊）》第 4 期。

秦芳、王文春、何金财，2016，《金融知识对商业保险参与的影响——来自中国家庭金融调查（CHFS）数据的实证分析》，《金融研究》第 10 期。

秦雪征，2011，《社会安全网、自我保险与商业保险：一个理论模型》，《世界经济》第 10 期。

史清华、顾海英，2004，《农户消费行为与家庭医疗保障》，《华南农业大学学报》（社会科学版）第 3 期。

宋涛、吴玉锋、陈婧，2012，《社会互动、信任与农民购买商业养老保险参与的意愿》，《华中科技大学学报》（社会科学版）第 1 期。

王宏扬，2017，《中国家庭商业人身保险需求现状及其影响因素——基于中国家庭金融调查的实证研究》，《金融论坛》第 3 期。

王向楠，2011，《社会医疗保险、市场结构与我国商业健康保险发展》，《保险研究》第 7 期。

吴祥佑，2013，《基于 logistic 模型的寿险需求实证研究》，《重庆科技学院学报》（社会科学版）第 2 期。

吴雨、杨超、尹志超，2017，《金融知识、养老计划与家庭保险决策》，《经济学动态》第 12 期。

徐凤辉，2018，《社保体系财政支出与商业保险替代效应研究——基于人口老龄化视角》，《中央财经大学学报》第 8 期。

徐美芳，2007，《中国健康保险需求决定因素分析——以 2006 年上海保险市场为例》，《世界经济文汇》第 5 期。

徐为山、吴坚隽，2006，《经济增长对保险需求的引致效应——基于面板数据的分析》，《财经研究》第 2 期。

杨程博、孙巍、王思懿，2017，《城乡保险消费的非线性特征——基于收入分布视角的理论与实证研究》，《保险研究》第 7 期。

郑怡林，2014，《浅议公共医疗保险对商业医疗保险的挤出效应——基于 logit 模型》，《现代经济信息》第 8 期。

钟春平、陈静、孙焕民，2012，《寿险需求及其影响因素研究：中国寿险需求为何低》，《经济研究》第 1 期。

Albouy, F. X. & Blagoutine, D. 2001. "Insurance and Transition Economics: The Insurance Market in Russia." *Geneva Papers on Risk&Insurance Issues&Practice* 26 (3): 467 – 479.

Bernheim, B. D. & Garrett, D. M. 2003. "The Effects of Financial Education in the Workplace: Evidence from a Survey of Households." *Journal of Public Economics* 87 (7): 1487 – 1519.

Browne, M. J. & Kim, K. 1993. "An International Analysis of Life Insurance Demand." *Journal of Risk and Insurance* 60: 616 – 634.

Cutler, D. M. & Gruber, J. 1996. "Does Public Insurance Crowd out Private Insurance?" *The Quarterly Journal of Economics* 111 (2): 391 – 430.

Dubay, L. & Kenney, K. G. 1997. "Did the Medicaid Expansion for Pregnant Women Fin-Crowd-Out Private Coverage?" *Health Affairs* 16 (1): 185 – 193.

Finkelstein, A. 2004. "The Interaction of Partial Public Insurance Programs and Residual Private Insurance Markets: Evidence from the US Medicare Program." *Journal of Health Economics* 23: 1 – 24.

Georgarakos, D. & Pasini, G. 2009. "Trust, Sociability and Stock Market Participation." *CFS Working Paper Series* 29, Center for Financial Studies (CFS).

Gruber, J. & Simon, K. 2008. "Crowd-out 10 Years Later: Have Recent Public Insurance Expansions Crowded out Private Health Insurance?" *Journal of Health Economics* 27 (2): 201 – 217.

Ham, J. C. & Shore-Sheppard, L. D. 2005. "Did Expanding Medicaid Affect Welfare Participation?" *Ilr Review* 58 (3): 452 – 470.

Herring, B. 2005. "The Effect of the Availability of Charity Care to the Uninsured on the Demand for Private Health Insurance." *Journal of Health Economics* 24 (2): 225 – 252.

Hong, H., Kubik, J. D., & Stein, J. C. 2004. "Social Interaction and Stock-Market Participation." *Journalof Finance* 59.

Lewis, F. D. 1989. "Dependents and the Demand for Life Insurance." *American Economic Review* 79: 452 – 467.

Nyman, J. A. 2003. *The Theory of Demand for Health Insurance*. Stanford California: Stanford University Press.

Rask, K. 2000. "Public Insurance Substituting for Private Insurance: New Evidence Regarding Public Hospitals, Uncompensated Care Funds and Medicaid." *Journal of Health Economics* 19: 1 – 31.

Sekhri. N. & Savedoff, W. 2005. "Private Health Insurance: Implications for Developing Countries." *Bulletin of the World Health Organization* 83 (2): 127 – 134.

金融与社会 第一辑

第 228~248 页

© SSAP, 2020

城乡居民借贷用途与借贷渠道的差异及其影响因素研究[*]

——基于 2013 年中国家庭金融调查的经验证据

艾 云 赵思博 丁冉冉[**]

摘 要：改革开放以来，我国经济得到了迅猛发展，人民生活水平和社会发展水平大幅度提高，然而，长期以来城市和农村地区存在显著的金融体系发展不平衡特点，这极大影响了城乡个体和家庭的金融行为。本文利用 2013 年中国家庭金融调查（CHFS）数据，对我国城乡居民不同借贷用途下借贷渠道的差异状态及影响因素进行考察。实证分析发现，在生产经营借贷用途方面，农村居民比城市居民使用银行借贷的可能性更大；而在消费用途方面也表现出明显的城乡差异。具体而言，在房贷与车贷上，城市居民使用银行借贷的可能性更大，而农村居民则利用民间借贷的可能性更大；但是在教育借贷上，农村居民相较于城市居民利用银行借贷的可能性更大，这可能是教育政策性贷款的特殊性等原因造成的。

---

[*] 本文得到国家社科基金重大课题"全面建成小康社会背景下新型城乡关系研究"（项目批号：17ZDA067）的资助。感谢李国武、何晓斌、庄家炽、张樹沁、张云亮等师友的建议。

[**] 艾云，中央财经大学社会与心理学院副教授；赵思博，中央财经大学社会与心理学院副教授；丁冉冉，中央财经大学社会与心理学院研究生。

关键词：借贷渠道 借贷用途 城乡差异

一 问题的提出

银行借贷与民间借贷共同构成了我国的金融借贷体系，显然两个系统特点不同，针对的群体也不同，然而两者的差异在城镇和农村地区体现得却格外突出。金融资源在城乡之间存在严重的分配不均衡的现象：大量资金流向城镇金融市场，农村居民面临更大的金融约束。农业部（2018 年改为"农业农村部"）副部长韩俊（2016）指出，我国农村金融体系与普惠型农村金融体系还有很大的距离，我们现在有 2 亿多农户，真正可以从正规金融机构得到服务的大概只占 1/3，有融入资金需求的农户大概占 60%，想借钱的农户有 40% 以上没有从正规的金融机构借到钱。这些现实发展挑战要求我们围绕居民金融借贷的制度渠道与行为选择的城乡差异开展细致研究以厘清问题，进而找到可能的解决方案（温涛、冉光和、熊德平，2005）。

已有文献对于借贷渠道的研究鲜明划分为两个领域，分别聚焦于银行借贷和民间借贷的各自特点上。例如，银行借贷研究往往利用数据开展实证分析，以宏观视角对大规模金融数据下反映的金融管制问题进行考察，最常见的研究议题是企业等正式融资主体的信贷配给问题，如企业的资产规模与风险类型等因素构成的均衡信贷配给模型（何韧、刘兵勇、王婧婧，2012）。而关于民间借贷的研究则多集中于不同区域下的农村地区居民借贷行为研究，主要基于描述性研究。例如，贺莎莎在湖南农村地区通过问卷调查考察了农户借贷的规模、频率和用途等情况，反映出农户生活借贷以非正规渠道下无约定还期限为主的借贷特征（贺莎莎，2008）。此外，还有学者对城市地区中小企业发展和民间金融的互动关系进行了考察，提出规范化运作民间金融组织以解决中小企业的融资问题（郭斌、刘曼路，2002）。

研究者也大量调查分析了金融资源的城乡分布差异。徐洪水（2011）指出，在城市地区，银行借贷是企业融资的主要方式，在生产经营方面占据独特的地位，由于城市地区工商业密布，金融可得性更高，所以人们的借贷规模与借贷笔数相较于农村地区可能更大。随着农村地区信用社等正规金融体系逐渐建立，农村地区的金融可得性得到了极大的提高。1999 年调查显示，农村信用合作社是农村居民金融活动的主要金融中介，农民借贷活动的 30% 是与信用社之间发生的，是除了民间渠道之外的主要借款渠道。何广文（1999）的研究指出 21 世纪初农村居民对正规金融机构就已经有较强的依赖，还有部分学者认为农村居民仅是在正规金融渠道无法满足其资金需求和金融服务要求的情况下才产生对非正规金融渠道的需求。但是一些学者出于关系网络等考虑认为农村地区民间借贷盛行（童馨乐、李扬、杨向阳，2015）。在农村地区借贷关系研究中，一些学者认为人际信任直接影响农户获取关系型民间借贷和组织型正规借贷，并且人际信任对农户获得关系型民间借贷的作用大于对农户获得组织型正规借贷的作用（易小兰，2017；周小刚、陈熹，2017）。一些学者从交易成本角度入手研究农村借贷渠道偏好，结果发现，信息不对称和缺乏抵押品制约了农村银行借贷的发展，也增加了借贷双方的交易成本，然而社会资本具有信号甄别的功能，因此农村地区民间借贷盛行，而且这也增加了农村金融服务供给进而降低农村正规借贷的交易成本（童馨乐、李扬、杨向阳，2015）。但是也有学者认为，农户正规信贷市场参与程度低的重要原因是农户主要经济活动从家庭生产经营转向外出务工（黄祖辉、刘西川、程恩江，2009）。

一些学者基于农村社会的研究发现借贷用途与借贷渠道之间存在相关性。部分研究显示非生产性用途种类繁多，生产性目的资金借贷比重较高。何广文（1999）分析了 21 县 186 个样本 323 笔借贷的研究资料，发现用于生产经营目的的借贷占总笔数的 32%，其余均用于与生产无关的事情。而针对不同借贷渠道，研究发现民间借贷的用途不同于银行借贷，正规借贷多用于生产，而民间借贷多用于消费。例如，基于江苏省农村的研究显示，居民民间借贷行为的形成主要依托亲情和友情两类关系，其用途主要为支付子女教育费用、修建房屋和应对灾病（何军、宁满秀、史清华，2005）。

总而言之，尽管学者们对于银行借贷和民间借贷以及借贷用途进行了深入探讨，但是很多研究仅独立考察了城市或者农村地区，忽视了城乡差异的比较研究（李延敏，2010），同时对借贷渠道往往也只关注银行借贷或民间借贷其中一方面，缺乏基于全国性抽样调查的大样本分析，因此其研究结论的代表性存在较大局限。本文尝试利用全国性样本数据对不同借贷用途下借贷渠道的城乡差异进行对比和讨论，在全国层面更清晰地勾勒出在哪些方面、哪些领域以及多大程度上城乡金融资源配置和获得存在差异。

二 文献综述和研究假设

（一）信贷渠道的两种途径

借贷渠道按照不同标准可以划分为不同类型。最常见的划分方法是依据信用凭证必要与否，分为银行借贷和民间借贷。银行借贷指的是由银行等正规金融机构依据信用凭证发放的贷款，在借贷体系中占据重要地位。而民间借贷指的是人们从非正规金融机构的社会渠道所获取的借贷。此外，还有一些研究者将不同阶段的改革成果作为划分借贷渠道的一大标准，例如将借贷渠道划分为新型农村金融机构、农村信用合作社、商业银行以及民间借贷四大类（易小兰，2017）。少数研究还将选择行为是基于意愿性贷款渠道还是实际获得贷款的渠道进行划分，前者是陈述性偏好，后者则是现实性偏好（徐洪水，2011）。

大量实证研究指出，银行借贷是融资最主要的形式之一。长期以来，我国融资制度以政府导向型的间接融资为主，其中银行借贷是间接融资的主要形式，再加上我国企业内源融资不足又长期存在信贷软约束，使中小企业对银行借贷有过度的资金需求，这使本应通过其他渠道如天使投资与各种风险公司等来满足的企业资金需求也必须由银行来承担。徐洪水（2011）针对宁波207所中小企业的融资研究发现，无论行业还是规模，当资金紧张时，超过90%的企业倾向于向银行借贷，进行投资时超过70%的企业倾向于银行借贷的融资形式，由此可见企业和个人在生产经营方面对银行借贷的依赖程度比较高。以上情况主要发生在城市中，农村金融市场开发深度仍然有限。但在农村金融市场上早已形成了农村信用合作社、农业银行、农业发展银行等银行机构与民间借贷共存的局面，但对于落后地区的农村居民而言，农村信用合作社是最常接触的正规金融机构（何广文，1999）。

相较于银行借贷，虽然民间借贷的渠道繁多，如合会、钱庄等借贷方式等，但是人们更倾向于选择亲友之间的借贷。在农村地区亲友借贷占民间借贷的比例与社交网络息息相关（杨汝岱、陈斌开、朱诗娥，2011）。研究者指出，合会和钱庄等借贷形式具有典型地域特点，主要集中于浙江省的个别地区（易小兰，2017；刘荣茂、陈丹临，2014）。在农村借贷市场上，民间借贷比银行借贷更加普遍，有研究显示农村密布的社会网络可能会提高民间借贷的程度，有学者研究指出民间借贷是农户融资的主要形式（周小刚、陈熹，2017；王春宇，2010）。基于湖南地区的实地调查显示农村地区民间借贷具有差序格局的特点，农民求助的对象从亲人向朋友依次推广，最后才是私人贷款者。同时，在借贷规模上民间借贷远小于银行借贷，最重要的是民间借贷具有无息、无明确偿还期限的特点，并依靠关系型契约予以偿还（贺莎莎，2008）。总体而言，民间借贷门槛较低，在农村中分布较广。

一些文献还对影响借贷渠道的因素进行了相关考察。其中，借贷用途是学者们关注的重要影响因素之一。它通常被划分为两类，即生产经营类贷款与生活消费类贷款。虽然以往学者对生产用途下的银行借贷讨论较多，但是在生活消费用途上，主要对房贷供需和银行借贷的关系进行考察（段忠东、曾令华、黄泽先，2007），而对其他层面的借贷用途，以及和民间借贷的关系研究不足（易小兰，2017）。

本文依据居民对于银行借贷与民间借贷的不同选择，将借贷渠道划分为四种类型，分别是"同时有银行借贷与民间借贷""只有银行借贷""只有民间借贷""没有借贷"，对不同借贷用途下，我国居民借贷渠道的城乡差异进行更加细致的考察。

（二）借贷用途及其对借贷渠道的影响

在前人研究基础上，本文认为借贷渠道的选择本质上是借贷主体自身资源禀赋条件和金融市场等外部制度环境因素共同作用的结果。

部分研究者对比国外借贷渠道状况发现，当前借贷渠道不发达地区很容易向民间借贷倾斜（易小兰，2013）。也有研究显示，农村地区借贷渠道多元化，部分农户对农村正规金融机构的了解程度的提高进一步促进了渠道的多元化（邓道才、唐凯旋、王长军，2016）。纵观国内对借贷渠道的研究，无论是借贷本身情况、个人特征、家庭特征，还是外在约束，纳入观察体系的变量越来越多（刘荣茂、陈丹临，2014；茹玉、张莉琴、林万龙，2015）。尤其是在中国特殊的城乡二元结构中，城乡差异对借贷的影响也是重中之重。

针对借贷用途，一些研究显示人们的正规借款主要用于生产经营，例如工业生产、农业经营（周小刚、陈熹，2017；易小兰，2013）。一些研究则更加细化，从农业经营的不同类别、不同产业规模来研究借贷渠道的不同，例如对于家禽养殖型家庭农场，农场类别与借贷可获得性之间存在显著正相关（张朝华，2018）。在某种程度上借贷者区别对待银行贷款与民间借款，针对不同用途申请与使用不同渠道的借款，甚至针对不同产品也有不同的贷款渠道（王磊玲、张云燕、罗剑朝，2014；张朝华，2018）。

一般来讲，我国工商业主要分布在广大城市地区，农业生产经营集中在农村地区。研究显示，从1999年至今农村居民对正规金融的依赖程度与日俱增，21世纪初农村居民与农村信用合作社、农业银行的借贷仅占30%，60%的借款来源于民间借贷主体（何广文，1999）。而当下虽然民间借贷仍然占据重要的地位，但是在农业生产经营方面，银行借贷发挥着越来越重要的作用，从事生产经营活动可以有效提高银行借贷可得性（茹玉、张莉琴、林万龙，2015）。与此同时，农村金融体系一直在完善尤其是小额信贷项目，其所划分的三类小额信贷扶贫项目特别是政策性小额信贷扶贫项目与农户小额信用贷款和联保贷款大规模地帮助农村居民获取生产性贷款（杜晓山，2004）。研究结果表明，借贷用于非农生产的农户家庭更倾向于选择农村正规借贷渠道，而贷款申请规模则起着负向作用（邓道才、唐凯旋、王长军，2016）。基于以上研究，本文提出假设1，生产经营类用途下城乡差异显著，农村地区相较于城市地区更可能发生银行借贷（H1）。

针对消费性用途，它们的资金主要来自私人借款，银行借贷反而成为辅助性的借款来源。在消费用途中进一步细分，部分研究者发现在生活性用途借款中用于日常生活开支，子女教育的比例最大，其次是用于住房建设或者购买（周小刚、陈熹，2017）。国内外学者较为普遍的观点是发展中国家正规信贷主要是满足生产性需求，非正规信贷主要是满足非生产性需求，农村正规金融机构信贷存在较为严重的逆向选择问题，即借贷被用于农户看病、小孩上学和支付乡村干部工资等，经济发达地区的非正规金融渠道获得资金主要是用于工商业（王磊玲、张云燕、罗剑朝，2014）。部分研究发现90%以上的银行借贷被用于生产，不到一半的民间借贷被用于生产（王磊玲、张云燕、罗剑朝，2014）。消费用途可以不断细分也可以整合，大多数情况下研究者简单地将借贷用途划分为生产和消费两大类（易小兰，2017；张朝华，2018）。本文细化借贷用途，将消费划分为房贷、车贷、教育借贷三大类，从更多的方向考察借贷用途对借贷渠道影响的差异。基于以上关于城乡差异与消费用途贷款的研究，本文针对消费用途贷款提出假设2、假设3和假设4，分别是：房屋贷款类用途下城乡差异显著，农村地区相较于城市地区，获得银行借贷的可能性比其他借贷渠道更小；车辆贷款类用途下城乡差异显著，农村地区相较于城市地区，获得银行借贷的可能性比其他借贷渠道更小；教育借贷类用途下城乡差异显著，农村地区相较于城市地区，获得民间借贷的可能性更大。

目前关于借贷用途对借贷渠道影响的研究数量不多，实证性研究更少，主要是描述性统计。但是城乡二元金融结构、经营产业的巨大差异、社会网络等情况的复杂性，共同造成了城乡之间借贷渠道的差异，因此本文重点关注不同借贷用途下城乡居民的借贷渠道差异。

三 数据来源与变量选择

（一）数据资料

本文使用西南财经大学中国家庭金融调查与研究中心公布的2013年中国家庭金融调查（China Household Finance Survey，CHFS）数据。该中心在全国范围内收集有关家庭金融微观层次的信息，包括收入与消费、资产与负债、社会保险与信贷约束以及基本人口统计学信息等，提供了较科学和翔实的研究中国经济问题的微观数据资料。2013年的调查覆盖了全国29个省区市、262个县（市）、1048个村（社区），共计28143户家庭。本文对主要变量清理后，保留样本35408个。性别构成中，男性占49.56%，女性占50.44%。

（二）变量构成

1. 被解释变量

本文被解释变量为借贷渠道。CHFS问卷对受访者是否有借贷行为采用两个问题，分别是"您是否因生产经营、教育、购房、购车有银行贷款"和"您是否因生产经营、教育、车辆、房屋有民间借款"。选项设为二分类取值"有"和"没有"。根据受访者的回答，我们将借贷渠道划分为四类：只有银行借贷，取值为0；只有民间借贷，取值为1；同时有银行借贷与民间借贷，取值为2；既没有银行贷款也没有民间借贷，取值为3。

2. 核心解释变量

本文的核心解释变量是城乡性质。CHFS问卷对受访者户口所在地进行了询问。本文将农村赋值为1，城市赋值为0。

本文合并行业数据生成了另一解释变量借贷用途，具体来说分别是生产经营用途和消费类型用途。后者又包括房贷用途、车贷用途与教育借贷用途三类。在CHFS问卷中，受访者分别回答了在生产经营活动、教育、车辆、房屋四个用途下是否有银行贷款或民间贷款。选项设为二分类取值"有"和"没有"。受访者对以上问题只要有一种回答"有"，就将其定义为这类用途之下。为了进行有针对性的解释，我们将分别对各个用途进行数据建模。

3. 其他变量

我们在模型中还纳入了以下变量以降低遗漏变量带来的偏误。包含户主的个人特征，如年龄、性别、受教育程度、政治面貌、婚姻状况和风险意识等。其中，性别方面，男性赋值为1，女性赋值为0；受教育程度方面，我们将小学及以下设置为初等教育（赋值为0），将初中、高中、中专、职高设置为中等教育（赋值为1），将大专及以上设置为高等教育（赋值为2）；婚姻方面，在婚赋值为1，离异、丧偶、未婚赋值为0；政治面貌方面，中共党员赋值为1，共青团员、民主党派、群众赋值为0；风险意识按照程度划分为5等级，0~4代表非常保守到非常冒险。

此外，我们还引入了家庭年收入、家庭社会资本（礼金支出）和家庭人口规模等反映家庭特征的控制变量。其中，家庭年收入（万元）通过计算家庭当年的经营性收入、工资性收入、财产性收入、转移支付收入并加总获得。基于杨汝岱等的研究（杨汝岱、陈斌开、朱诗娥，2011），对于家庭社会资本，我们选择家庭在节假日和红白事时的礼金支出（单位：万元）作为代理变量。最后，本文将家庭人口规模进行了分类处理，按照核心家庭与扩大家庭的定义，将家庭人口规模划分为1~4人（赋值为0）、5~8人（赋值为1）和9人及以上（赋值为2）。

最后，根据以往文献的结论，借贷渠道的选择与所在地区有密切关系，发达地区对银行借贷的依赖程度可能高于不发达地区。与经济发展的路径一致，我国金融发展遵循以东部和城市为中心推进的模式，金融机构主要分布在东部和城市，城乡布局失衡、区域性布局失衡，农村地区、中西部地区金融机构分布密度较小，东部经济较发达地区分布密度较大（何广文，2001）。茹玉等的研究发现金融环境与地区差异对信贷渠道选择有显著影响，正规金融获贷额度高的人群倾向于选择正规金融（茹玉、张莉琴、林万龙，2015）。因此，本文同时控制了家庭所在地区的虚拟变量。表1呈现了模型变量的统计结果。

表1 模型变量描述统计

变量	全样本 $N = 35408$		城市样本 $N = 16951$		农村样本 $N = 18457$	
	平均值	标准差	平均值	标准差	平均值	标准差
年龄（岁）	50.48	14.14	51.07	14.69	49.94	13.59
性别（1 = 男）	0.50	0.50	0.49	0.50	0.50	0.50
风险意识（0 = 非常保守……4 = 非常冒险）	3.01	1.23	2.94	1.23	3.07	1.22
受教育程度（0 = 初等教育，1 = 中等教育，2 = 高等教育）	1.06	0.51	1.28	0.52	0.87	0.42
政治面貌（1 = 中共党员）	0.14	0.35	0.23	0.42	0.06	0.24
婚姻状况（1 = 在婚）	0.90	0.30	0.89	0.32	0.92	0.27
家庭年收入（万元）	2.10	10.38	2.35	1.00	1.87	9.77
家庭礼金支出（万元）	0.39	0.87	0.47	1.05	0.31	0.66
家庭人口规模（0 = 1~4人，1 = 5~8人，2 = 9人及以上）	0.23	0.44	0.12	0.33	0.33	0.50
地区（0 = 东，1 = 中，2 = 西）	1.77	0.80	1.66	0.78	1.87	0.81

表1显示，在样本基本构成中，男女比例基本一致，年龄平均在50岁左右。城市地区居民的风险意识得分比农村地区居民相对较低（分值为2.94和3.07），表现出统计学上的显著差异（$t = -9.9269$，$p < 0.01$）。城市地区居民拥有更高的受教育水平和更高的党员比例，但农村地区居民的在婚比例高于城市地区居民（分别为92%和89%）。在家庭方面，城

市家庭的年收入高于农村家庭，家庭人口规模无论是农村还是城市大部分为 1~4 人。

（三）模型设定

为了研究不同借贷用途下借贷渠道的城乡差异，本文进行以下模型设定。考虑到借贷渠道属于多分类变量，因此采用无序多分类 Logit 回归模型进行估计。当因变量有 k 个取值水平时，对其中 $k-1$ 个取值水平各做一个回归方程。因变量第 i 个水平的 Logit 回归模型表达式如下：

$$\ln\left(\frac{p_i}{1-p_i}\right) = a_{i0} + \sum_{p=1}^{k}(x_p\beta_{ip}), \ i=1, 2, k-1$$

当 $i=1$ 时，因变量可转换为 $\dfrac{p(y=1\mid x)}{p(y=0\mid x)}$，表示借贷渠道为 1（同时有银行借贷与民间借贷时）与参照类别 0（只有银行借贷的群体）进行比较得出的概率比。若 β 的估计值为显著性正值，则表明研究对象确实在不同类别之间具有显著差异。

四　数据分析与结果

本文的借贷用途主要分为四种类型：生产经营用途、房贷用途、车贷用途和教育借贷用途。针对不同的用途。借贷渠道又可能组成四种不同的形式，分别为：只有银行借贷，只有民间借贷，同时有银行借贷与民间借贷，既没有银行借贷也没有民间借贷。在不同用途下，本文分别构建了无序多分类 Logit 回归模型，以考察我国居民借贷用途与借贷渠道的城乡差异及影响因素。表 2 显示了我国居民借贷用途下不同借贷渠道的城乡差异。

表 2　借贷用途下借贷渠道统计

借贷用途	借贷渠道	城市地区（人）	占比（%）	农村地区（人）	占比（%）	总计
生产经营用途	只有银行借贷	170	20.41	663	79.59	833
	只有民间借贷	409	15.80	2180	84.20	2589
	同时有银行借贷与民间借贷	96	18.15	433	81.85	529
	没有借贷	16276	51.74	15181	48.26	31457

续表

借贷用途	借贷渠道	城市地区（人）	占比（%）	农村地区（人）	占比（%）	总计
总计1		16951	47.87	18457	52.13	35408
房贷用途	只有银行借贷	1590	72.50	603	27.50	2193
	只有民间借贷	1969	32.63	4065	67.37	6034
	同时有银行借贷与民间借贷	621	51.79	578	48.21	1199
	没有借贷	12771	49.15	13211	50.85	25982
总计2		16951	47.87	18457	52.13	35408
车贷用途	只有银行借贷	283	60.34	186	39.66	469
	只有民间借贷	279	42.53	377	57.47	656
	同时有银行借贷与民间借贷	23	35.38	42	64.62	65
	没有借贷	16366	47.83	17852	52.17	34218
总计3		16951	47.87	18457	52.13	35408
教育借贷用途	只有银行借贷	105	26.99	284	73.01	389
	只有民间借贷	503	29.08	1227	70.92	1730
	同时有银行借贷与民间借贷	41	18.39	182	81.61	223
	没有借贷	16302	49.30	16764	50.70	33066
总计4		16951	47.87	18457	52.13	35408

总体而言，在我国城乡居民中，没有贷款的人占大多数，约占总样本的90%。在少数有生产经营贷款的人群中，城乡差异显著，表2结果显示，农村中只拥有民间借贷的人的比例（84.2%）是城镇人口只拥有民间借贷（15.8%）的5倍左右。这有可能是由于样本中农村地区人口中有农业产业的比较多，城市中有工商产业的人群比例较低。在房贷方面，城镇地区只拥有银行借贷的人的比例（72.5%）是农村地区的2.64倍（27.5%），而农村地区只有民间借贷的人的比例是城市地区的2倍。房贷借贷渠道反映的城乡差异表明城市和农村居民在房贷需求下的选择偏好。对于车贷来说，拥有人群的比例较低，城乡差异不大。这可能与我国居民全款买车的消费习惯有关，因此借贷需求较低。最后，在教育借贷方面，虽然城乡人口比例在总样本分布上无显著差异，但在农村地区中，有教育借贷的居民在任何一个借贷渠道上的比例均大于城市地区，表现出显著的城乡差异。部分原因可能在于农村地区居民的收入水平较

低，贫困程度加重了教育借贷的比例；也可能是国家对于农村地区教育投入的政策性扶持，增加了农村居民获得银行借贷的可能性。

（一）生产经营用途下借贷渠道的城乡差异

由表3可知，在生产经营用途下，农村居民相比于城市居民没有任何借贷的可能性是只有银行借贷可能性的29%（$p < 0.01$）。但在其他借贷渠道选择上，农村居民同时有银行借贷与民间借贷、只有民间借贷的可能性与只有银行借贷的可能性之比没有显著的统计学差异。因此假设1得到部分验证，生产经营类用途下城乡差异显著，农村居民相较于城市居民获得银行借贷的可能性更大。中部和西部地区相较于东部地区，同时有银行借贷与民间借贷的可能性是只有银行借贷可能性的1.53倍和1.26倍，而只有民间借贷和没有借贷的可能性却小于只有银行借贷的可能性。

表3 生产经营用途下借贷渠道的多分类 Logit 回归分析

生产经营性借贷		同时有银行借贷与民间借贷/只有银行借贷		只有民间借贷/只有银行借贷		没有借贷/只有银行借贷	
		相对风险比	稳健标准误	相对风险比	稳健标准误	相对风险比	稳健标准误
常数项		0.57	0.25	4.69 ***	1.46	47.34 ***	13.17
地区变量	农村	1.05	0.17	1.12	0.13	0.29 ***	0.03
		地区					
	中部	1.53 ***	0.23	0.98	0.10	0.59 ***	0.05
	西部	1.26 *	0.18	0.56 ***	0.06	0.39 ***	0.03
户主特征	年龄	1.001	0.005	0.999	0.004	1.03 ***	0.003
	男性	0.99	0.11	1.10	0.09	0.94	0.07
		受教育程度					
	中等教育	1.36	0.28	0.78 *	0.11	1.03	0.13
	高等教育	1.01	0.33	0.64 *	0.14	1.89 ***	0.37
	党员身份	0.80	0.16	0.47 ***	0.07	0.72 ***	0.09
	风险意识	0.83 ***	0.03	1.09 ***	0.03	1.21 ***	0.03
	婚姻状况	0.94	0.24	0.83	0.15	0.53 ***	0.09
家庭特征	家庭年收入	0.999	0.00	0.99 ***	0.00	0.98 ***	0.00
	家庭礼金支出	1.01	0.03	0.89 ***	0.03	0.89 ***	0.02

生产经营性借贷		同时有银行借贷与民间借贷/只有银行借贷		只有民间借贷/只有银行借贷		没有借贷/只有银行借贷	
		相对风险比	稳健标准误	相对风险比	稳健标准误	相对风险比	稳健标准误
家庭特征	家庭人口规模						
	5~8人	1.19	0.14	1.02	0.09	0.65 ***	0.05
	9人及以上	1.04	0.55	1.32	0.47	0.71	0.23

$^*p < 0.05$，$^{**}p < 0.01$，$^{***}p < 0.001$。

从户主特征来看，受教育程度、党员身份以及婚姻状况都显著影响居民借贷渠道的选择。其中，在控制其他变量的情况下，风险意识较强的居民相对于次一级风险意识的居民在只有民间借贷和没有借贷上的可能性都大于只有银行借贷的可能性，分别是后者的1.09倍和1.21倍，而同时有银行借贷与民间借贷的可能性是只有银行借贷可能性的89%。在家庭特征方面，家庭年收入与礼金支出越高，只有民间借贷和没有借贷的可能性都越小于只有银行借贷的可能性；而在家庭人口规模上，和1~4人的家庭相比，5~8人的家庭没有借贷的可能性是只有银行借贷可能性的65%，但在其他借贷渠道上没有显著差异。

（二）房贷用途下借贷渠道的城乡差异

由表4可知，在房贷用途下，农村居民相比于城市居民，同时有银行借贷与民间借贷、只有民间借贷以及没有借贷的可能性，分别是只有银行借贷可能性的1.92倍（$p < 0.01$）、3.04倍（$p < 0.01$）和1.88倍（$p < 0.01$）。因此假设2得到验证，即房屋贷款类用途下城乡差异显著，农村地区相较于城市地区，获得银行借贷的可能性比其他借贷渠道更小。中部和西部地区相较于东部地区，同时有银行借贷与民间借贷的可能性是只有银行借贷可能性的1.48倍和1.59倍；和东部地区相比，中部地区只有民间借贷的可能性是只有银行借贷的可能性的1.75倍；但是西部地区比东部地区居民只有银行借贷的可能性大于没有借贷的可能性，原因可能是国家在房贷上对于西部地区银行借贷的政策性扶持，也可能是相较于西部地区，东部地区有银行贷款的居民占样本规模比例较小。

表 4　房贷用途下借贷渠道的多分类 Logit 回归分析

房屋借贷		同时有银行借贷与民间借贷/只有银行借贷		只有民间借贷/只有银行借贷		没有借贷/只有银行借贷	
		相对风险比	稳健标准误	相对风险比	稳健标准误	相对风险比	稳健标准误
常数项		0.21 ***	0.07	0.81	0.18	4.72 ***	0.97
地区变量	农村	1.92 ***	0.17	3.04 ***	0.20	1.88 ***	0.11
	地区						
	中部	1.48 ***	0.14	1.75 ***	0.12	1.53 ***	0.09
	西部	1.59 ***	0.13	1.01	0.06	0.71 ***	0.04
户主特征	年龄	1.01	0.003	1.03 ***	0.002	1.04 ***	0.002
	男性	1.03	0.08	1.07	0.06	1.02	0.05
	受教育程度						
	中等教育	0.71 *	0.14	0.65 ***	0.10	0.64 **	0.09
	高等教育	0.62 **	0.14	0.20 ***	0.04	0.26 ***	0.04
	党员身份	0.99	0.10	0.91	0.07	0.94	0.06
	风险意识	1.09 ***	0.03	1.15 ***	0.03	1.09 ***	0.02
	婚姻状况	1.58 ***	0.27	0.65 ***	0.07	0.42 ***	0.04
家庭特征	家庭年收入	0.99 ***	0.00	0.99 ***	0.00	0.99 ***	0.00
	家庭礼金支出	0.90 ***	0.04	0.81 ***	0.03	0.93 ***	0.02
	家庭人口规模						
	5 ~ 8 人	1.21 *	0.11	1.36 ***	0.10	1.08	0.07
	9 人及以上	2.14	1.21	3.06 **	1.43	1.57	0.72

$^{*}p < 0.05$, $^{**}p < 0.01$, $^{***}p < 0.001$。

　　从户主特征来看，年龄、风险意识都显著影响了居民借贷渠道的选择。其中，在控制其他变量的情况下，风险意识上较冒险的居民相对于次一级风险意识的居民在同时有银行借贷与民间借贷、只有民间借贷和没有借贷上的可能性都大于只有银行借贷的可能性，分别是后者的 1.09 倍、1.15 倍和 1.09 倍。在家庭特征方面，家庭年收入与礼金支出越高，有银行借贷的可能性越大于其他任何一种借贷选择；而家庭人口规模越大，有民间借贷的可能性也越大于只有银行借贷的可能性。例如，和家庭成员为 1 ~ 4 个的居民相比，家庭成员为 5 ~ 8 个的居民和 9 个及以上的居民只有民间借贷的可能性分别是只有银行借贷的 1.36 倍和 3.06 倍。

（三）车贷用途下借贷渠道的城乡差异

由表 5 可知，在车贷用途下，农村居民相比于城市居民同时有银行借贷与民间借贷的可能性是只有银行借贷的可能性的 2.29 倍（$p <$ 0.01），只有民间借贷的可能性是只有银行借贷的可能性的 1.75 倍（$p <$ 0.01），没有借贷的可能性是只有银行借贷的可能性的 1.44 倍（$p <$ 0.01）。因此假设 3 得到验证，即车辆贷款类用途下城乡差异显著，农村地区相较于城市地区，获得银行借贷的可能性比其他借贷渠道更小。对于中部地区来说，相较于东部地区，同时有银行借贷与民间借贷、只有民间借贷和没有借贷的可能性都大于只有银行借贷的可能性，分别是 1.89 倍、1.63 倍和 1.34 倍；虽然西部地区相较于东部地区，同时有银行借贷与民间借贷、只有民间借贷的可能性也大于只有银行借贷的可能性，但没有借贷的可能性与只有银行借贷相比没有显著差异。

表 5　车贷用途下借贷渠道的多分类 Logit 回归分析

车辆借贷		同时有银行借贷与民间借贷/只有银行借贷		只有民间借贷/只有银行借贷		没有借贷/只有银行借贷	
		相对风险比	稳健标准误	相对风险比	稳健标准误	相对风险比	稳健标准误
常数项		0.07 **	0.08	0.66	0.38	56.03 ***	25.59
地区变量	农村	2.29 ***	0.77	1.75 ***	0.26	1.44 ***	0.16
	地区						
	中部	1.89 *	0.64	1.63 ***	0.25	1.34 ***	0.16
	西部	1.89 *	0.60	1.30 *	0.19	0.93	0.11
户主特征	年龄	0.995	0.01	1.01	0.01	1.04 ***	0.005
	男性	1.04	0.28	1.02	0.13	1.02	0.10
	受教育程度						
	中等教育	0.69	0.48	0.51 *	0.19	0.41 ***	0.14
	高等教育	0.6	0.49	0.51 *	0.21	0.31 ***	0.11
	党员身份	1.31	0.51	1.21	0.21	0.81 *	0.11
	风险意识	1.03	0.11	1.14 ***	0.06	1.16 ***	0.04
	婚姻状况	1.26	0.96	1.34	0.44	0.33 ***	0.08

续表

车辆借贷		同时有银行借贷与民间借贷/只有银行借贷		只有民间借贷/只有银行借贷		没有借贷/只有银行借贷	
		相对风险比	稳健标准误	相对风险比	稳健标准误	相对风险比	稳健标准误
家庭特征	家庭年收入	1.001	0.00	0.99 ***	0.00	0.99 ***	0.002
	家庭礼金支出	1.01	0.06	0.98	0.03	0.91 ***	0.02
	家庭人口规模						
	5~8 人	1.59 *	0.45	1.29 *	0.18	0.66 ***	0.07
	9 人及以上	0.001	0.002	1.35	0.81	0.52	0.27

* $p < 0.05$, ** $p < 0.01$, *** $p < 0.001$。

从户主特征来看,年龄、风险意识、受教育程度都显著影响了居民借贷渠道的选择。其中,在控制其他变量的情况下,年龄越大,没有借贷的可能性是只有银行借贷的 1.04 倍;风险意识上,较冒险的居民相对于次一级风险意识的居民在只有民间借贷和没有借贷上的可能性都大于只有银行借贷的可能性,分别是后者的 1.14 倍与 1.16 倍;受教育程度上,中等教育者与高等教育者相较于初等教育者,只有民间借贷与没有借贷的可能性均小于只有银行借贷的可能性,分别为后者的 51% 和 41%、51% 和 31%。在家庭人口规模方面,与家庭成员为 1~4 个的家庭相比,有 5~8 个家庭成员的居民同时有银行借贷与民间借贷的可能性和只有民间借贷的可能性分别是只有银行贷款可能性的 1.59 倍和 1.29 倍,但是没有借贷的可能性只是后者的 66%。有 9 个及以上家庭成员的居民与有 1~4 个家庭成员的居民相比没有显著差异。

(四) 教育借贷用途下借贷渠道的城乡差异

由表 6 可知,在教育借贷用途下,农村居民相比于城市居民同时有银行借贷与民间借贷的可能性是只有银行借贷可能性的 1.57 倍 ($p < 0.1$),但是只有民间借贷的可能性和没有借贷的可能性分别是只有银行借贷可能性的 75% ($p < 0.1$) 和 46% ($p < 0.01$)。因此,我们验证了教育借贷用途下城乡差异显著,但是与假设 4 不一致的是,我们发现教育借贷用途下城乡差异显著,农村地区相较于城市地区,获得银行借贷的可能性更大。中部地区相较于东部地区,没有借贷的可能性为只有银行

借贷可能性的57%，西部地区相较于东部地区，只有民间借贷和没有借贷的可能性也小于只有银行借贷的可能性，分别是后者的43%与33%。

表 6　教育借贷用途下借贷渠道的多分类 Logit 回归分析

教育借贷		同时有银行借贷与民间借贷/只有银行借贷		只有民间借贷/只有银行借贷		没有借贷/只有银行借贷	
		回归系数	稳健标准误	回归系数	稳健标准误	回归系数	稳健标准误
常数项		0.25 **	0.17	8.7 ***	3.67	170.72 ***	65.57
地区变量	农村	1.57 *	0.37	0.75 *	0.11	0.46 ***	0.06
	地区						
	中部	1.09	0.24	0.99	0.15	0.57 ***	0.08
	西部	0.90	0.19	0.43 ***	0.06	0.33 ***	0.04
户主特征	年龄	1.01	0.01	1.0001	0.005	1.01 ***	0.004
	男性	0.96	0.17	1.06	0.12	1.02	0.11
	受教育程度						
	中等教育	0.83	0.24	0.81	0.17	0.63 **	0.12
	高等教育	0.71	0.34	0.32 ***	0.10	0.73	0.21
	党员身份	1.41	0.41	0.74	0.15	0.95	0.17
户主特征	风险意识	0.97	0.07	0.99	0.05	1.02	0.04
	婚姻状况	2.04 *	0.74	1.25	0.25	1.09	0.20
家庭特征	家庭年收入	0.96	0.04	1.01	0.02	1.02	0.02
	家庭礼金支出	0.52 ***	0.12	0.80 **	0.08	1.03	0.08
	家庭人口规模						
	5~8 人	0.85	0.16	0.89	0.11	0.67 ***	0.08
	9 人及以上	2.65	2.32	2.62	1.94	1.56	1.12

$^{*}p < 0.05,\ ^{**}p < 0.01,\ ^{***}p < 0.001$。

从户主特征来看，年龄、受教育程度和婚姻状况都显著影响了居民借贷渠道的选择。其中，在控制其他变量的情况下，受教育水平越高，有银行借贷的可能性越会大于其他借贷选择的可能性。对于具有中等教育水平和高等教育水平的居民来说，和有初等教育水平的居民相比，没有借贷和只有民间借贷的可能性都小于只有银行借贷的可能性，分别只有后者的63%和32%。在家庭特征方面，礼金支出越高，同时有银行借贷与民间借贷和只有民间借贷的可能性都越小于只有银行借贷的可能性，分别为52%与80%；而在家庭人口规模上，和1～4人的家庭相比，5～8人的家庭同时没有借贷的可能性是只有银行贷款可能性的67%。

在至少有一种教育借贷的样本中，农村地区的人数接近10%，而城市地区则只有4%，具有较大的差距。其中原因或许在于，教育对于城市居民来说是较小的负担，单纯依靠自给财力或民间借贷就可以解决，而对于农村地区，教育意义重大且金额相对较大，同时农村教育贷款普及。教育借贷的分布情况也与本文的回归结果吻合，农村地区在教育上更信赖银行借贷。

五　研究结论与讨论

在中国金融体系的发展和转型过程中，我国居民的借贷渠道选择方式引起了研究者的广泛关注，但对于不同借贷用途下的借贷渠道的发生状况仍缺乏细致的讨论。本文基于西南财经大学中国家庭金融调查与研究中心于2013年公布的中国家庭金融调查数据，对不同借贷用途下中国城乡家庭借贷行为的渠道选择方式及其影响因素进行了实证分析，并着重讨论了城市和农村地区的影响差异。

第一，在生产经营用途方面，农村居民相较于城市居民获得银行借贷的可能性更大。由于金融体系发展不平等，虽然农村地区非正式金融相较于正式金融更具有普遍性（杨汝岱、陈斌开、朱诗娥，2011），但是基层金融机构的建设还是促使农民更多地使用正规金融。农村地区民间借贷的重要地位主要在于其资金用途广泛，例如在安徽的调查中发现农户的生活性民间借款比例较高，约为45.4%。因此在生产经营性贷款中，银行等正规金融机构的作用变得越来越重要（朱守银等，2003）。

第二，在房贷用途方面，我国居民在借贷渠道上具有显著的城乡差异，农村地区相较于城市地区，银行借贷的可能性比其他借贷渠道更小。农村地区的居民依赖民间借贷的一方面原因在于广泛的社会资本的影响，使农户在不同人际信任水平下对不同借贷渠道进行选择；另一方面原因也可能在于农村地区正规金融的可获得性相对较低。当缺乏有效的抵押财产时，农户更广泛地依赖民间借贷。但是也有学者指出，随着农业信用合作社等农村金融组织的发展，农民在生产经营方面遇到的金融阻碍越来越小（颜志杰、张林秀、张兵，2005）。

第三，在车贷用途方面，虽然回归模型结果显示农村地区相较于城市地区，银行借贷的可能性比其他借贷渠道更小。但由于拥有车贷的人群比例较低，城乡差异有可能和我国居民全款买车的消费习惯有关，也可能和城市居民对于从银行贷款买车的接受程度有关。

第四，在教育借贷方面，我们发现了与假设不一致的地方。尽管教育借贷是一种消费性贷款，但有教育借贷的农村居民进行银行借贷的比例远高于城市地区。一部分原因可能在于我国在农村地区建立的较为完善的教育信贷体系，通过农村国家助学系统的发展，对促进农村地区整体教育水平的提高起到导向作用。此外，对于不发达地区的居民，教育费用相对于其他生活消费属于较大的负担，但是在发达地区，教育借贷可能仅仅是偶尔的借贷，并不需要长期的借贷服务。以上这些原因均有可能导致城乡之间教育借贷的显著差异。

在当前中国城市化进程不断加快，经济发展方式加速转变的大背景下，无论是生产经营借贷还是消费类型借贷都与我们的生活息息相关。针对不同用途的借贷，城乡居民的借贷选择方式也存在显著差异。本研究通过 CHFS 2013 数据，对我国居民借贷用途与借贷渠道的城乡差异及影响因素进行考察，研究发现在当前借贷行为下，生产经营用途方面的城乡差异并不显著，而消费用途方面则呈现较大的城乡差异。在房贷和车贷方面，城市更依赖银行借贷，而农村更依赖民间借贷。教育借贷与其他类型借贷用途产生的作用方向相反。农村教育借贷比例显著高于城市，并且银行贷款的可能性更大。虽然对于教育借贷城乡差异的原因还需要进行深入的探讨，但本文的研究结论为深入理解我国居民借贷行为的城乡差异提供了经验支持，也为构建完善的金融体系和规范发展融资渠道起到了重要的启示作用。

参考文献

邓道才、唐凯旋、王长军，2016，《家庭农场借贷需求和借贷行为的影响因素研究——基于安徽省 168 户家庭农场的调研数据》，《宁夏社会科学》第 4 期。

杜晓山，2004，《中国农村小额信贷的实践尝试》，《中国农村经济》第 8 期。

段忠东、曾令华、黄泽先，2007，《房地产价格波动与银行借贷增长的实证研究》，《金融论坛》第 2 期。

郭斌、刘曼路，2002，《民间金融与中小企业发展：对温州的实证分析》，《经济研究》第 10 期。

韩俊，2007，《中国农村金融调查》，上海远东出版社。

韩俊，2016，《当前要加大农村信贷担保体系建设》，https://news. cnhnb. com/rdzx/detail/38826/。

韩俊、罗丹、程郁，2007，《信贷约束下农户借贷需求行为的实证研究》，《农业经济问题》第 2 期。

何广文，1999，《从农村居民资金借贷行为看农村金融抑制与金融深化》，《中国农村经济》第 10 期。

何广文，2001，《中国农村金融供求特征及均衡供求的路径选择》，《中国农村经济》第 10 期。

何军、宁满秀、史清华，2005，《农户民间借贷需求及影响因素实证研究——基于江苏省 390 户农户调查数据分析》，《南京农业大学学报》（社会科学版）第 4 期。

何韧、刘兵勇、王婧婧，2012，《银企关系、制度环境与中小微企业信贷可得性》，《金融研究》第 11 期。

贺莎莎，2008，《农户借贷行为及其影响因素分析——以湖南省花岩溪村为例》，《中国农村观察》第 1 期。

黄祖辉、刘西川、程恩江，2009，《贫困地区农户正规信贷市场低参与程度的经验解释》，《经济研究》第 4 期。

李延敏，2010，《当前农户借贷需求特征变化之分析》，《海南金融》第 4 期。

刘荣茂、陈丹临，2014，《江苏省农户贷款可获得性影响因素——正规金融与非正规金融对比分析的视角》，《东南大学学报》（哲学社会科学版）第 1 期。

茹玉、张莉琴、林万龙，2015，《财政资金扶持下贫困村农户的信贷渠道选择研究——基于 24 个贫困村互助资金的调查》，《金融观察》第 4 期。

童馨乐、李扬、杨向阳，2015，《基于交易成本视角的农户借贷渠道偏好研究——以全国六省农户调查数据为例》，《农业经济问题》第 9 期。

王春宇，2010，《我国民间借贷发展研究》，哈尔滨商业大学博士学位论文。

王磊玲、张云燕、罗剑朝，2014，《基于农户增收视角的融资渠道绩效比较研究》，《西北农林科技大学学报》（社会科学版）第 1 期。

温涛、冉光和、熊德平，2005，《中国金融发展与农民收入增长》，《经济研究》第 9 期。

徐洪水，2011，《金融缺口和交易成本最小化：中小企业融资难题的成因研究与政策路径——理论分析与宁波个案实证研究》，《金融研究》第 11 期。

颜志杰、张林秀、张兵，2005，《中国农户信贷特征及其影响因素分析》，《农业技术经济》第 4 期。

杨汝岱、陈斌开、朱诗娥，2011，《基于社会网络视角的农户民间借贷需求行为研究》，《经济研究》第 11 期。

易小兰，2013，《我国农户借贷需求及其满足程度的调查研究》，《经济纵横》第 4 期。

易小兰，2017，《放宽市场准入下农户借贷渠道选择及信贷可得性分析》，《财贸研究》第 10 期。

张朝华，2018，《资源禀赋、经营类别与家庭农场信贷获得》，《财贸研究》第 1 期。

周小刚、陈熹，2017，《关系强度、融资渠道与农户借贷福利效应——基于信任视角的实证研究》，《中国农村经济》第 1 期。

朱守银、张照新、张海阳、汪承先，2003，《中国农村金融市场供给和需求——以传统农区为例》，《管理世界》第 3 期。

书　评

金融与社会　第一辑

第 251~266 页

© SSAP, 2020

金融从业人员的劳动研究

——读何柔宛的《清算：华尔街的日常生活》

庄家炽[*]

摘　要：《清算：华尔街的日常生活》[①] 是美国明尼苏达大学人类学系教授何柔宛根据自己的博士论文改编出版的著作。通过在全球金融圣地——华尔街的田野调查，何柔宛从文化人类学的角度描绘了所谓"客观"市场的建构过程，从而实现了市场的解构；在对华尔街投行家文化实践分析的基础上，提出了金融危机爆发的社会学/人类学解释。本文在对《清算：华尔街的日常生活》一书内容梳理的基础上，提出从劳动过程的分析视角对投行家的劳动过程进行分析的思想，不仅有利于加深对华尔街投行文化的理解，而且能发现未来研究的方向，实现对已有研究的实质性推进。更重要的是，从劳动过程视角出发研究金融从业人员的劳动过程可能是金融社会学研究的一个新路径，在学理上和实践上都具有重要意义。

关键词：投行家　投行文化　金融资本主义　金融危机劳动过程

---

[*]　庄家炽，中央财经大学社会与心理学院讲师。
[①]　本书英文全称为 *Liquidated：An Ethnography of Wall Street*，本篇书评以中译本为准。

一 引言

二战以后，随着全球化进程的推进以及信息革命提供的技术支撑，各个国家，尤其是发达国家的金融资本快速增长，金融化趋势不断加强。虽然工业资本主义继续存在，但金融资本开始主导商业资本和产业资本，金融资本家成为资源配置、国家经济政策、收入分配和价格体系的主导者和决定者。正是由于金融部门、金融系统在整个经济系统中的地位越来越突出，越来越多的学者开始从自己的学科视角出发研究人们的金融活动，金融社会学就是其中的一个重要分支。虽然金融社会学是一个较为新兴的分支领域，但是已经有不少国内外的学者在研究中取得突破（李雪，2018；Prasad，2012；杨典，2011，2018；翟本瑞，2014）。

何柔宛的《清算：华尔街的日常生活》也是金融的社会学/人类学研究的一个重要尝试。受到宏观经济学分析范式与视角的影响，在既有的分析中，金融市场是一个高度抽象的市场，资金的流通过程也是一个高度抽象的过程。当我们讨论资金流通时，基本的分析单位经常是利率、杠杆、风险等看起来与具体的个人毫无关系的概念。但是何柔宛认为把金融视作不可避免、理所当然之物，并将其作为总体性来组织，这会过分强调当代资本主义体系的权力。因此，她尝试以文化人类学的视角，从文化的角度来理解金融，理解金融活动的实质。她来到美国，乃至全世界的金融圣地——华尔街。通过对华尔街日常金融实践活动的分析，她试图展现的是：企业对金融系统的依赖以及华尔街投行对企业施加的影响并不应该被简单理解为必然发生的或者是与生俱来的牟利行为；相反，复杂金融的干预总是伴随频繁的社会化过程；与此同时，华尔街强加于其他行业和领域之上的特定社会经济模式和意识形态，也在华尔街公司内部发生并自我繁衍（何柔宛，2018）。而华尔街日常的金融实践活动就是华尔街投行家对华尔街文化践行的过程，换言之，何柔宛就是想从华尔街投行家的劳动实践出发，从文化层面探究金融资本主义何以以及如何对美国的企业、美国经济乃至对全球经济产生如此巨大的影响。阐明金融的影响不仅仅是一种资金融通的影响，同时还是一种金融文化霸权，强行将华尔街的组织实践输出到其他的行业，从而导致了经济的周期性波动，乃至全球性的金融危机的爆发。

正如何柔宛所说，无论从方法论上还是从理论上，《清算：华尔街的日常生活》一书的核心主旨都是揭示华尔街投资银行酝酿并推广的，以半强制半推荐的方式带给美国企业的根本性变革。这一变革甚至也发生在华尔街自己身上。这种变革的根源是华尔街特殊的文化，这种由华尔街创造并培育的特殊文化系统，包括加强无计划的冒险与追逐创纪录的利润之间不稳定的联系，以短期股票价格作为金融市场永恒的认同，以及持续的企业裁员。这些文化不仅被强加给美国企业并且成为华尔街自身的基本特征，或者说华尔街首先实践了这样的一种文化，然后将这种文化通过金融资本传导到其他行业。

如何展现这种华尔街文化？何柔宛选择了被这种文化萦绕而又不断重新投入这种文化重构中的一群人——投行家，这群经常被"经济理性人"等抽象化的概念一笔带过的人。她抽丝剥茧，层层深入地为读者展示华尔街文化的特征是什么，身处其中的投行家们如何看待这种文化，华尔街独特的文化实践是如何被输出到美国的其他行业的，又产生了怎样的影响。

二　聪明文化与白领血汗工厂

（一）聪明文化

何柔宛发现，华尔街的一个突出特征是它的聪明文化：宣传在华尔街工作的人都是最聪明的，如此等等。而这种聪明文化建构的基石是人员招聘中的"学校血统"论——华尔街的投行和咨询公司主要招收美国常青藤学校的毕业生，尤其是哈佛大学和普林斯顿大学的毕业生。"作为或许是华尔街最主要的雇员来源学校，一般情况下普林斯顿会输送相当惊人的新职员到金融服务机构，特别是投资银行。据职业服务办公室称，2001级毕业生中有30%，2003年有37%，2005年和2006年有40%学生毕业后进入金融服务机构……哈佛大学的情况也类似，在2005年，有将近一半的哈佛学生通过招聘流程去竞聘投资银行和咨询工作……"（何柔宛，2018）

因此，华尔街作为全球专家地位的形成和合法化是从招聘世界上最优秀的人开始的。通过招聘"全世界最优秀"的员工，华尔街的投行成功地站在了美国乃至世界名校的光环之中。以最为基础性的聪明作为先验前提和平台，投资银行塑造了世界上最优秀的全球化员工形象。这反过来又将投资银行在全球市场中的支配地位合法化了。

那么，这些精英大学毕业生，尤其是哈佛大学和普林斯顿大学的毕业生为什么要去投行工作？为什么要加入华尔街？毕竟"在整个 20 世纪中叶，精英学校的毕业生感兴趣的商业职位都是一些工业、航空或者化工企业的管理培训生项目，而不是华尔街公司……"（何柔宛，2018：105）。一方面，从 20 世纪 80 年代开始，由于华尔街投行在对美国企业不断增长的影响力中获得了巨额的利润，这为它们在精英学校中招聘毕业生提供了坚实的经济基础。另一方面，华尔街招聘主导了整个校园生活，从而形成一种招聘的霸权地位。招聘的霸权地位由一系列精心安排的招聘活动组成：贯穿整个学期的招聘活动；选择最昂贵的商务酒店进行招聘宣讲活动；绚烂夺目的礼品包；明星校友的职业分享，指点江山、叱咤风云的职业体验；对自己"完美的生活方式"的充分展现。这样的一种招聘霸权地位使学生对成功的观念变得狭窄，除了投资银行和咨询公司之外，别无其他（何柔宛，2018）。而这些精英大学的校友网络通过参加宣讲、推荐等方式也加入这种招聘霸权地位的建构中。华尔街和精英大学一起培养和开发了一种"寻找下一个哈佛"的需要，在这一过程中创造出一种能够深化每一个机构的梦想、目标和实践的共生关系。投资银行将自己塑造成精英学校毕业生的首要目的地——不仅仅有丰厚的收入，同时还是优秀延续的有力证明。

（二）白领血汗工厂

那么，聪明人到了华尔街干的是什么"聪明事"？何柔宛首先从入职培训和投行内部空间布局两个方面描绘了初入投行的毕业生们面临的劳动环境。首先，这是一个充满不确定性，因而需要个人加倍努力的环境。由于投行并没有确定将这些应届毕业生分配到哪个具体的部门，所以在最开始的几周里，毕业生必须拼命争抢好的部门。从一开始，分析师就适应了不稳定和竞争性的文化，他们在这种环境中必须快马加鞭。其次，这种劳动环境又是高度区隔的。前台办公室包括三个主要的部门或者业务单位——企业金融、销售和贸易，以及资产管理，中台部门包括风险管理和内部咨询等部门，除此之外的银行里的其他人员几乎都被认为是后台支持（其中包括运营、客户服务、贸易协调、技术支持、文字处理）人员。前台员工的地位最高，他们被认为是最有价值的雇员，因为他们能为公司赚取收入。后台员工的地位最低，他们被视为"消耗成本的中心"。这反映出华尔街非常结构化的、精神上的、隔离的文化地理学特征，而这种隔离特征不仅体现在精神上，投行内部的空间布局中也不断强化和复刻这种社会阶层的划分。比如，电梯的分层可以粗略地对应公司的前台、中台和后台。这种强大的阶级空间部署使单一、同质性的华尔街雇员的概念土崩瓦解。

但前台的工作不是想象中的那么光鲜亮丽，而是要承受高度的不确定性，以及非常一般的办公条件，以致只能用"白领血汗工厂"来描绘。由此，何柔宛进一步深入投行家具体的劳动过程。

在前台的办公室里面，职位和交易团队通常是由一两位分析师、一位经理、一位副总裁，以及一位董事总经理组成。如表1所示，分析师、经理和副总裁在工作内容、收入、晋升路径等方面存在明显区隔。

表1　投资银行前台工作人员构成及工作状况

人员	来源	主要工作内容	收入	工作强度	晋升路径
分析师	美国少数精英院校雇用的毕业生	财务分析，收集和处理数据，根据经理的需要包装数据	年薪在5万美元左右，2万～5万美元的浮动奖金	每周平均工作110个小时	无，他们大多数只能签两年的非保障合同，两年后自动离开，找到一份新的工作或者进入一个MBA项目研修
经理	毕业于少数精英院校MBA项目的学生	负责监督分析师的工作，使数字能够讲故事，这意味着金融计算在解释过后用来证明某一特定战略。负责在分析师和副总裁、总经理之间沟通协调	年薪是9万美元，9万～18万美元的浮动奖金	工作时间与分析师差不多	努力促成交易，有机会晋升为副总裁

续表

人员	来源	主要工作内容	收入	工作强度	晋升路径
副总裁	由经理晋升而来	他们负责监督每一天的交易。与客户打交道	副总裁以上的高管们享受30万～50万美元的年薪，奖金上不封顶	享受正常的8小时工作制	—

资料来源：何柔宛（2018）。

　　很容易发现，投行家的工作强度普遍都很大，工作时间长，加班是普遍现象，尤其是分析师和经理。如此长的工作时间引发了一个问题：初级投行家们每天都在做什么？何柔宛发现，虽然他们经常吹嘘自己作为投行家在全球金融服务公司中所接触的金融和商务信息，但是他们同时承认每天主要是做与金融数据表打交道这类单调的工作。分析家和经理的角色是为投行家的主要活动提供金融信息和分析，以便于他们去赢得业务，以及赢下来之后为其提供服务。

　　通常在短短的几天内，分析师和经理需要整理信息，创建一系列电子表格、图表、流程图，做出描述性总结，提出战略建议，所有的这些信息将最终用于编写"项目建议书"，以说服客户接受他们的建议，购买他们的服务。这种长时间、高强度、高重复性的劳动与投行宣传中光鲜亮丽的职业景象截然相反，以至于何柔宛认为华尔街完全就是一个个"白领血汗工厂"（何柔宛，2018）。

三　股东价值叙事与市场客观化

　　除了聪明文化，华尔街文化另外的两个特点是：股东价值神话与市场神话。对于华尔街的投行家来说，股东价值是最为重要的概念：股东价值决定了他们如何使用自己的"聪明才智"，以及解释了努力工作的目的。在华尔街对美国企业施加影响的过程中，如果说聪明文化解决的是能力问题，那么股东价值就解决了施加这种影响的必要性问题——以全球最优秀的员工为依托，以股东价值为目标。而所谓客观存在的市场就是检验价值的唯一标准，投行家们的聪明才智要用来实时把握市场动态，根据市场的需求及时做出调整，并规训美国其他的企业根据市场的需求进行调整。

尽管股东价值在美国的资本主义中普遍存在而且占主导地位，但何柔宛仍认为它是一个暗箱、一个未经检讨的概念。对股东价值不加批判的接受表达了一个在时间上和空间上都无关历史的资本主义，混淆了利润和股票价格，也忽视了资本主义的制度、价值和动机的复杂性与多样性（何柔宛，2018）。

为了重新审视股东价值这个概念，何柔宛首先介绍了 20 世纪 50 年代至今，在文化层面对公司理解的巨大转变：大公司从复杂的、科层化的社会实体转变为一个动态的股东网络。20 世纪 50 年代，人们还将公司理解为一个社区、社会实体，"公司除了作为一个经济工具之外，还是一个政治和社会实体；其作为一个社区的社会功能和他们作为一个有效率的生产商的经济功能同等重要……"（何柔宛，2018）。但是到了 21 世纪，人们对公司的态度发生了很大的转变：首席执行官被看作一个投资者而非一个致力于建立永久性社会机构的长期员工。

这种转变是如何发生的？股东价值是如何占据叙事的主导地位的？何柔宛认为，20 世纪 80 年代的收购运动可能是刺激美国企业开始"清算"的最重要的事件。通过威胁进行企业并购（其中垃圾债券功不可没），华尔街投行强迫企业在股东价值与其他可选的公司治理方式之间做出选择，通过改变美国企业在公司是什么以及公司应该为谁的利益服务这些特定的观念上的根本性结构，并使之与华尔街保持一致，来"实现"股东价值的世界观。收购运动在文化上使股份有限公司商品化，并改变了股份有限公司的定义和目标：股份有限公司成为在金融市场上可以迅速兑换的股票，它的主要任务就是提高股票价格。作为日常实践的一部分，公司经理被迫厌恶低股价。

一代又一代的投行家接受了华尔街的自我合理化，产生了非比寻常且条理清晰的华尔街历史，它基于合理化与正当化的策略，为恶意收购者、垃圾债券商和其他 20 世纪 80 年代的主要角色所采用。

何柔宛进一步追问：如果说股东价值叙事是华尔街投行对美国企业施加影响的合法性基础，那么其自身的合法性基础又从何而来？她认为股东价值叙事的合法性来自客观市场神话，新古典主义的兴起在这个过程中扮演了重要的角色。因此，何柔宛进一步尝试厘清在新古典经济思想中构成股东价值概念基础的私有财产、产权、自利、利润，以及市场之间的关系，并进一步分析这些相关关系如何随着时间的变化而变化。

具体来说，新古典主义的世界观承认两种实体的存在：个体业主和具有排他性的私有财产。个体和其私有财产是仅有的两个能够进入方程的自变量。此外，亚当·斯密（2011）认为由企业主来管理自己的企业非常必要，因为这样他才能独享他的财产创造的果实，即利润。正是因为所有者控制企业并拥有利润，他才能够在自利心的驱使下迫使自己"有效率地"使用他的产业财产和劳动力，积累更多的利润。这一关键的流程——所有权、控制、利润的完全占有、效率——构成了个体与自有财产之间新古典主义的逻辑秩序。而将这一切因果链条粘连在一起的是自利概念——一种动机和自发的市场机制的"看不见的手"。

为了适应这一理论传统，大型上市公司不得不被理解为仿若企业家个人的创造物或者附属品。然而，正是"公司都为个人所有"这一论断，促使企业的概念被吸收进企业家的概念中，而无论所有者究竟是案例中的小型企业里的单一个人，还是理论论断中拥有高度分散股权的大型管理主义的公司里众多的个人。与这个逻辑相一致的是，股东成为将现代公司结构与新古典价值相调和的完美方法。为了消除组织的复杂性并避免将组织视为一种复杂的存在，这些关注的总和（也就是公司整体）被分解为股票并卖给作为私营企业主代表的股东，股东价值神话就在这样的一种市场化叙事中被创造了出来，成为市场的第一法则。

四 裁员者面临裁员：工作的不安全性与投行的企业文化

聪明文化、股东价值叙事与市场神话一起构成了华尔街文化的基石，但是要想理解华尔街文化，还需要看华尔街文化的具体实践形式——华尔街投行的企业文化。何柔宛认为，投行企业的文化实践包括：工作的不安全性、对所谓客观市场的绝对认同、鼓励交易的薪酬制度和没有战略的战略。

投行工作的不安全性是时时笼罩在投行家头上的乌云，即使是在美国历史上的繁荣时代，工作不安全感依旧笼罩华尔街。投行通过小范围、定期的裁员来远离媒体的关注。熊市和牛市之间的主要差别在于，在繁荣时期，投行恣意地雇用员工，通常是没有策略、毫无节制的。雇佣狂欢后的企业总是在产能过剩的通告下开始新一轮的裁员，每一次循环都体现出特定的行业文化的强势和放纵。这种不安全感也是华尔街文化建构的一部分。在对投行家的访谈过程中，他们大多认为工作的不安全感主要来自投行与资本市场和市场周期紧密联系这一点。何柔宛认为，这一假定是用市场客观化来解释的，而不是承认华尔街的企业文化构建了投行的工作不安全感这一事实和方法，这是他们对市场的理解的地方性体现，体现了投行企业文化实践的第二个特点：对所谓客观市场的绝对认同。

何柔宛认为，投行家们对已经习以为常的市场周期的吁求，应当被理解成一种独特的由华尔街日常职场生活支撑起来的文化自我呈现，而不是一种市场主导性或者抽象性的具象化。市场的客观化本质上是一种对市场的文化认同，投行家们这种"市场代言人"角色其实夸大了他们对投行"就是"市场的理解。华尔街的制度文化构成了他们对暂时性这一概念的地方性理解。总结起来，工作不安全性的泛滥和对即时性行动与绩效的强调，不只是削减并束缚了投行家们暂时的语体风格，同时也需要对金融市场有全面的、"实时"的认同。投行快速的响应显示出投行家们对市场的绝对认同，他们对自己是谁的强烈意识、他们的文化差异感，是沟通市场并使市场立刻与他们一起行动的能力。

当然，尽管投行家们创造了并驱动着这个市场，但是他们反过来也被它形塑和限制。讽刺的是，这种对市场的现世的认同并没有驱使投行家变得以未来为导向。他们对潜在市场失败的预期对抑制或转变他们的实践行为几乎没有任何影响。

对于华尔街投行家而言，他们认为自己的一个重要的社会角色就是"市场中的行动者"，这意味着他们创造流动性、快速地创造和分配金钱以实现最优使用。他们自己也身处这个市场中，特别是也拥有在持续裁员和机构重组中的焦虑和艰难经历，这使他们的技能和生活方式——那些代表市场和他们身处其中的角色——变得"更加具有流动性了"。

在这个华尔街形塑的新经济中，组织总是不断地"膨胀和收缩"来满足最近的需求，而员工们也处于"被招聘和解聘之中"，员工和企业之间相互的忠诚、信任和承诺这些美好的道德已经被抛弃。在这种情形之下，企业和员工都输了：不仅企业长期的机构知识被持续地破坏，而且员工也放弃了用"有条理的时间安排这一馈赠"来长远规划自己的职业和生活。

五 流动的生命与全球危机

在最后一部分，何柔宛进一步深入华尔街投行文化实践的核心部分——投行的薪酬体系。从具体的投行家的薪酬体系出发，何柔宛尝试将华尔街投行制度文化与经济危机联系起来。她认为，华尔街对待薪酬的方法不仅加重了工作不安全性，而且造成了短视和残酷的交易狂潮，这不仅导致了金融繁荣与萧条的交替，而且将投行的员工流动模式转移并强加给美国企业。

投行薪酬体系的特点之一是高风险与高收益。绩效薪酬在某种意义上用词不当，至少与公众理解的绩效不同。对投行家绩效的考核依据的是交易数量而不是交易质量，正是这种极高的奖金暗示了交易的疯狂性，从而最先制造了泡沫，为即将到来的崩溃埋下伏笔。这种奖金制度并不只是为投行家们的生活方式增添了炫耀性消费、波动和不稳定性，也反映了投行如何看待它们的雇员，更为重要的是，它们如何建构自己和整个美国企业的商业业务。绩效工资的潜台词是，不仅是支付给那些有业绩的人，而且主要在整个投行业绩不错的时候才兑现。这种策略就好比是将薪酬外包给股票市场；它与猎獭的裁员一并成为深受雇主喜爱的保持薪酬灵活的手段。整个奖金结构，有助于形成一个高收入、高竞争的工作环境，同时也造成了一个具有隐蔽性的、充满极端波动性和缺乏承诺的环境。

但是在投行里，工作不安全性并不是单方向的，因为投行家们也会利用市场的剧烈变动为自己寻求更高的奖金。因此，裁员和工作不稳定性是投行的组成部分。接受投行工作的前提是承认你已经在风险方面获得了补偿，风险在于这只是一份工作，这份工作并非职业，而是一种"金融关系"。你必须带来比你今天获得收入更高的价值。通过这样的薪酬体系，投行家面临的工作不安全性获得了某种合法性。

这种薪酬体系催生的所谓"对市场的快速反应"，实质上是投行公司"没有战略的一种战略"。重点在于不断变化，以便尽快摆脱产品而不是改进它们，无须筹划恰当的支撑系统就可以成长，能够立刻赚钱。这也就解释了为什么投行企业一方面大幅度裁员，另一方面却没有放缓它们从美国精英名校进行招聘的脚步。

华尔街大多数日常价值和实践——由华尔街的薪酬结果、工作不安全性、没有战略的战略，以及以与市场同步为自豪的身份认同——这些因素导致了一种行业文化。肆无忌惮的利己是其一般化的规范。在这种文化环境中，投行家们始终感受着裁员和剧烈部门变动的持续威胁，从而有动力去寻找最好的薪酬并接受高风险、高收益的社会契约。然而，这种华尔街环境不仅仅造就了高度不稳定的组织，同时还把投行家们转变成薪酬贩子。华尔街企业的组织文化制造出一种针对商业、美国企业的手段，并持续地为金融市场泡沫的形成与破碎奠定基础。

投行家们这种短期的、毫不留情的交易方式和员工流动性的文化模式，在某种意义上，是从"工作当中"学来的，通过他们自己的经历和所处的特殊组织文化的具身性来吸取的。投行家们学会了冷酷地逼迫美国企业完成更多的交易，并将他们对裁员和不安全性的敏感性转移给美国企业。在这种情境下，金融危机和萧条并不是一种自然周期，而是为日常实践和意识形态所建构的；对繁荣的策略导致了失败。只有通过对投行企业文化进行地方性的分析，我们才能理解投行家们是如何在以他们的企业客户和股东的最大利益为行为基准的世界观下，调和他们短期的不顾一切的行为与他们普遍的世界观之间的关系，也就是说，投行家们是如何在将股东价值作为自己使命宣言的同时，还能参与到对它的暗中破坏行动中。

六　投行家劳动过程
——劳动社会学的视角

（一）投行家劳动过程要素分析

虽然何柔宛是从文化人类学的视角来展示华尔街的日常生活与文化，但是一千个读者有一千个哈姆雷特。在笔者看来，华尔街的清算文化是与华尔街投行家的劳动过程息息相关的。虽然何柔宛没有明说，但是华尔街投行家日常实践活动的主要内容就是他们的劳动过程，正是在他们的劳动实践过程中，华尔街清算文化不断得到巩固与加强。与此同时，投行家们不仅清算自己，而且清算世界。正是在投行家的劳动过程中，这种文化实践从华尔街输出到美国的企业行业，输出到世界各地。而从劳动过程构成要素的角度出发，对何柔宛一书的内容进行重新整理，也有利于我们更好地理解华尔街文化的特征以及这种文化对投行家的影响，并对何柔宛的研究提出一些问题，发现未来研究的方向。

劳动过程要素一般可以分为政治经济环境、产品、生产力、生产过程和生产关系五个方面（Sandoval，2013），本文沿用这个基本的分析框尝试对华尔街投行家的劳动过程进行分析。而通过何柔宛的描述，我们发现投行家劳动过程的特征在于以下几个方面。

第一，政治经济环境方面。新古典主义思潮的兴起，美国国民逐年增长的基金投资、金融创新（比如垃圾债券），以及20世纪80年代掀起的杠杆收购运动，推动了股东价值革命的兴起。而股东价值的话语权落到了基金公司、评级机构和投资银行的手中，使投资银行对美国企业的影响日益增加。

第二，生产力方面。华尔街投行只在美国的一些顶尖名校招募员工，名校背景构成了华尔街"聪明文化"的基石，也成为华尔街投行对美国其他行业、其他地区施加影响的合法性来源，这些人构成了华尔街投行的核心资产。正如何柔宛所说，华尔街投行每年超过50%的利润是用来支付员工的各种薪酬与绩效。持续地从最优秀的人才中招聘，是投行身份的核心装饰品。但讽刺的是，这些人却与连续不断的裁员如影随形。根源在于投行依托名校出身的人，而不是具体的人，这是它们独有的品牌，因此投行可以毫不犹豫地进行裁员。

第三，产品方面。何柔宛发现，投行家的日常工作主要是与金融数据表打交道，提供金融信息和分析，为企业提供咨询服务。因此，他们需要整理信息，创建一系列电子表格、图表、流程图，做出描述性总结，提出战略建议，所有的这些信息将最终用于编写"项目建议书"，以说服客户接受他们的建议，购买他们的服务。这在很大程度上打破了人们对投行家"高端"劳动过程的各种想象。

第四，生产关系方面。首先，缺乏一个内部劳动力市场，工作保障程度低，尤其是底层的投行家。分析师只能签两年的非保障合同，两年后自动离开，找到一份新的工作或者进入一个MBA项目研修。从MBA项目毕业的人才有可能进入经理阶层或者更高的职位。其次，基本薪酬低，提升收入主要依靠奖金。比如，分析师年薪在5万美元左右，但是如果按照每周110小时的工作时间计算，他们的时薪其实比在麦当劳煎猪排的工人的时薪还低。再次，职业层级分明，收入差距巨大。分析师年薪在 5 万美元左右，有 2 万~5 万美元的浮动奖金；经理年薪是 9 万美元，有 9 万~18 万美元的浮动奖金；副总裁以上的高管们享受 30 万~50 万美元的年薪，奖金则不设上限，最高可达上千万美元。最后，投行家缺乏有效的抗争手段。在这种鼓吹个人能力、鼓励交易的环境中，投行家对投行的抗争行动在投行家自身的劳动过程中被消解了。因为他们宣称自己能够把握经济运行的脉搏，代表股东利益行事，鼓励企业进行兼并、拆分与重组，并伴随大规模的裁员。因此，当他们因为自己公司的经营状况而被裁撤时，他们除了感慨自己运气不佳、经济不景气，还能做些什么呢？他们就是这套游戏规则的积极推广者，并在不断的兜售中加深了对这套游戏规则的认同，在拼命促成交易的同时也做好了随时下岗走人的准备。

（二）未来研究方向

从劳动过程的视角出发，我们不仅能够加深对投行家劳动过程的理解，而且能在更为微观的层面理解金融活动的本质，实现金融研究的去抽象化，还能在一定程度上发现既有研究的不足，提供未来研究的可能与方向。比如，传统意义上金融业一般被划分为服务业，也就是说在金融行业中，劳动关系不仅仅包括资本与劳动者，同时还包括购买服务的消费者，在这本书中就是购买咨询决策服务的美国公司。而劳动者与消费者之间的互动模式是新时期劳动过程研究的一个重点方面，但是这个方面在很大程度上被何柔宛忽略了。何柔宛没有直接接触并访谈这些公司，在她的笔下，这些公司被所谓的股东价值绑架，为了使股票价格持续上升，它们不得不通过裁员、在财务报表上做手脚，甚至是牺牲公司长远发展等方法。公司的高管和股东显得无能又无知，只能被华尔街的投行家牵着鼻子走。但是，投行家和公司高管互动的过程，即投行家们向公司高管兜售他们的经济分析、咨询决策的过程很可能不会如此简单与片面。对投行家与公司高管互动过程的研究，是厘清华尔街投行对美国企业有如此大影响力的关键环节，是我们认识金融资本主义的最后关卡。

从劳动过程视角分析金融活动，不仅仅为金融社会学研究提供了新的路径，同时还能在理论上加深我们对劳动过程的理解。在传统的劳动过程研究范式中，工人的劳动更多的是被放置在生产空间中进行分析，他们的影响范围也仅仅是对生产过程的影响。但是何柔宛对华尔街文化的分析不能说无穿透力，她认为华尔街企业的组织文化制造出一种针对商业、美国企业的手段，并持续地为金融市场泡沫的形成与破碎奠定基础。在一个充满工作不安全性和以短期绩效为驱动的薪酬制度的环境中，投行家们受到这种驱动，希望从当下的实践中获得最大的产出，最终导致抵押了未来。从劳动过程视角来看，这句话也可以理解为：从金融从业者的劳动过程出发，我们可以发现金融形塑、影响经济乃至世界的力量，发现劳动改变世界的力量。

七 总结与讨论

《清算：华尔街的日常生活》一书无论是在学理意义上还是在方法意义上都得到了学界的诸多赞誉（Abolafia，2010；Mangano & Hayes，2011）。对笔者而言，这本书除了揭开华尔街的神秘面纱之外，还有更多的启发。通过揭开投行家文化性的劳动图式，何柔宛描绘了关于华尔街模式的支配地位和金融资本行动者的社会性和历史性现象，从而打破了客观市场迷思，为金融活动研究的去抽象化找到了一个突破口。

对金融从业人员劳动过程的研究不仅可以在理论上加深我们对劳动过程的理解，突破就劳动谈劳动的局限，而且可以为金融社会学研究提供一个新的路径，对于金融资本主义这种席卷全球的经济现象发出社会学自己的声音，目前有关金融的社会学研究更多的是一种制度主义的分析路径（Prasad，2012；Carruthers & Kim，2011；杨典，2018；Ahmadjian & Robbins，2005）。通过上述分析，我们发现对金融从业人员劳动过程的研究完全可以成为社会学研究金融的一条新路径。除了学理上的意义之外，金融从业人员劳动过程的研究还具有丰富的实践意义。美国经济学家Frank Dobbin 等均提出了金融研究中抽象化的风险（Dobbin & Zorn，2005；Budros，1997）。金融研究抽象化的一个重要风险就是忽视了人的作用，资金的流通完全是一个"看不见人"的过程，是在市场这只"无形的手"操纵下实现的。在这种假设下，许多金融危机就被简单地归结为经济的周期性波动，这阻碍了人们进一步探究金融危机爆发的原因。但金融资本并不是价值无涉的，想要得到它们，除了付出利率之外，还要接受金融资本背后的一套价值理念。资金并不会自己流通，而是必须经由一个个活生生的、具体的金融从业人员，甚至在很大程度上是这些人的文化与理念决定了资金流通的方向与方式，从而形塑了整个经济形态。比如美国次贷危机的爆发，研究发现，正是投行家和房地产经纪人的共谋使泡沫没有及时被发现。这次次贷危机根本不是经济周期性波动的结果，而是一场人为的灾难（Lewis，2011）。因此，在加强金融研究、防范系统性金融风险的过程中，需要加强对金融从业人员的研究，尤其是金融从业人员劳动过程的研究。只有这样，我们才能对金融系统的实际运行状况有更为深入的理解，也才能更深入地探讨金融危机爆发的根本原因。

参考文献

何柔宛，2018，《清算：华尔街的日常生活》，翟宇航等译，华东师范大学出版社。

李雪，2018，《全球市场下的垄断—竞争行业分割与收入不平等——以金融业和制造业为例》，《社会学研究》第 5 期。

亚当·斯密，2011，《国富论》，郭大力、王亚南译，商务印书馆。

杨典，2011，《国家、资本市场与多元化战略在中国的兴衰——一个新制度主义的公司战略解释框架》，《社会学研究》第 6 期。

杨典，2018，《金融全球化与"股东导向型"公司治理制度的跨国传播——对中国公司治理改革的社会学分析》，《社会》第 2 期。

翟本瑞，2014，《全球化的转型与挑战：金融社会学的考察》，《社会发展研究》第 1 期。

Abolafia, M. Y. 2010. "Liquidated: An Ethnography of Wall Street." *American Journal of Sociology* (1): 272 – 273.

Ahmadjian, C. L. & Robbins, G. E. 2005. "A Clash of Capitalisms: Foreign Shareholders and Corporate Restructuring in 1990S Japan." *American Journal of Sociology* 70 (3): 451 – 471.

Budros, A. 1997. "The New Capitalism and Organizational Rationality: The Adoption of Downsizing Programs, 1979 – 1994." *Social Forces* 76 (1): 229 – 249.

Carruthers, B. G. & Kim, J. C. 2011. "The Sociology of Finance." *Annual Review of Sociology* 37 (1): 239 – 259.

Dobbin, F. & Zorn, D. 2005. "Corporate Malfeasance and the Myth of Shareholder Value." *Political Power & Social Theory* (17): 179 – 198.

Lewis, M. 2011. *The Big Short: Inside the Doomsday Machine*. Penguin UK.

Mangano, J. J. & Hayes, W. A. 2011. "Liquidated: An Ethnography of Wall Street. " Charlottesville: CFA Institute.

Prasad, M. 2012. *The Land of Too Much: American Abundance and the Paradox of Poverty.* Harvard University Press.

Sandoval, M. 2013. "Foxconned Labour as the Dark Side of the Information Age: Working Conditions at Apple's Contract Manufacturers in China. " *TripleC: Communication, Capitalism & Critique: Open Access Journal for a Global Sustainable Information Society* 11 (2): 318 – 347.

FINANCE AND SOCIETY   2020 Vol. 1

Table of Contents & Abstracts

Abstract: Technological innovation is a collective, cumulative, and high risky process. The allocation of risks and rewards among different actors is related to the generation and sustainability of innovation. This research based on American experience shows that, The leadership of the U. S. in high-tech innovation fields such as information and communication technology and biomedicine cannot fully be attributed to the role of entrepreneurs and private venture capital, which is also closely related to the federal government's large amount of risky early investment in these technology fields. However, since the 1980s, the trend of corporation financialization has led to the mismatch between risks and rewards in the innovation process. Through a series of institutional arrangements, the financiers extract much more value from innovation than their risk-taking via the stock market, while the taxpayers and workers do not get a reward commensurate with their contributions. This unbalanced risk-reward allocation may lead to the decline of government's innovation outlay, the weakening of R & D lab of large tech companies, and the disconnection between innovation and manufacturing, which will bring great challenges to the innovation system of the U. S. Only by following the principle that the rewarss obtained by innovation actors are commensurate with the risks they take, can we bring about inclusive and sustainable innovation.

Keywords: Financing System; Corporation Financialization; Maximizing Shareholder Value; Risk-reward Allocation; Technological Innovation

The Social Related Combination of Financial Technology: Taking Peer to Peer Online Loanplat Form As an Example

Zhang Shuqin / 43

Abstract: With the development of information technology, various types of information technology have been fully involved in all aspects of society. Existing research does not pay attention to the role of financial information technology in discussing financial activities. This paper focuses on the difference between the application of information technology in the P2P (Peer to Peer) online loan platform between the United States and China, and attempts to form a structural analysis of the social relationship of financial technology. The operation of financial technology needs to rely on specific social related combinations, but under different types of social related combinations, the operation methods of the same financial technology will have huge differences. Specifically, taking the US LendingClub P2P online loan platform as an example, financial technology relies on the combination of the existing financial credit system and the Internet credit of emerging social media. However, under the current institutional environment in China, P2P online loan platforms have to find government credit signals and "principal and interest protection" commitments to maintain the operation of P2P online loan platform technology. This social related combination has ultimately led to the excessiveness of social risks and moral hazard after rat race.

Keywords: Financial Technology; Related Social Combination; P2P Online Loan Platform

Social Transmission Mechanism of ITFIN Risk: Takeing the Crash of Peer-to-Peer Lending As an Example

Cheng Shiqiang / 61

Abstract: The popularity of mobile Internet and smart phones has greatly improved the degree of social networking. ITFIN, With the help of Internet, connects hundreds of millions of people with finance, and rapidly improves the degree of social financing. However, borrowing needs of small enterprises and individuals' investment desires are pooled on P2P lending platform on a large scale, which also breeds huge financial risks. P2P lending operates in an Internet flow space, which makes the financial risk cross the boundary of time and space easily. Through the Internet, individual and decentralized financial transaction default risk spreads into large-scale financial system risk with wide social influence. The spatial liquidity of risk challenges the territorial management mode, which makes professional regulators unable to effectively control the destructive power of financial risk in a limited range. The social space based on mobile Internet is essentially a space of social interaction. But the invasion and domination of the financial system to the social communication space leads to the alienation of the life world and the expansion of financial risks.

Keywords: ITFIN; Peer-to-Peer Lending; Financial Risk; Social Transmission

Currency and the Experience of Modernity: A Preliminary Analysis of the Money Theory of Marx and Simmel

Wang Jianmin / 83

Abstract: From the view of classical sociology, the change of modern society, on the one hand, is the change of political system, economic system and social structure, on the other hand, the adjustment of inner world, especially the restlessness of people. The sociological theories of Marx and Simmel responded to the changes of these two aspects, and their important intersection is the discussion of money. Marx followed the path of historical materialism and cared about money as a commodity; Simmel took the path of psychologism and cared about money as a cultural phenomenon. The contemporary significance of the money theory of Marx and Simmel lies in that, under the background of consumerism and the rise of Internet society, they are helpful to understand and reflect on the problems of superficial spiritual experience, the external guided and fragmentary life.

Keywords: Money; Experience of Modernity; Money Theory

Organizational Pattern of State Governance and the Two Faces of Finance: A Reflection on William N. Goetzmann 2017. Money Changes Everything: How Finance Made Civilization Possible

Wang Xiuxiao   Zheng Xuejiao   Xu Wenli ╱ 99

Abstract: From technological perspective, finance is a neutral time craft and mathematical vehicle that can help us smooth risk and reduce future uncertainties, thus is a value-free institution. In his *Money Changes Everything: How Finance Made Civilization Possible*, however, Goetzmann presents us with two strikingly different faces in finance: one is that in early Europe, finance played a vital role of empowering individuals which promoted personal as well as communal welfare; on the other hand, this positive function was significantly jeopardized by a grand political unification and bureaucratic system in traditional China. Through a systematic comparison of the historical process of how financial institutions diverged in traditional Chinese society and early Western Europe and then came to a confluence once again, this paper proposes an ideal-type analytical framework out of two dimensions: (1) the organization pattern of state governance, and (2) the attributes of finance. While continue to dwell on a centralized governance model with Chinese characteristics, we should further promote the empowering role of finance to build a more desirable society for future generations.

Keywords: State Governance; "Get Organized"; Chinese Bureaucracy; Super Stable Structure; Inclusive Finance

A Study on Social Work Intervention of Improving Young People's Financial Capability: Based on C Program's Practice

Fang Shu ╱ 121

Abstract: With financializing in modern society, financial capability has been becoming one of civic literacies; however, because lack of self's financial capability, young people often have suffered many financial risks and economic loss unexpected under nowadays consumerism prevails. According to financial empowerment perspective, individual financial capability is correlation with teaching and guiding from other professionals. When implement C program, Y agency faced 32 students from an eight-grade class, and made a series of financial capability education practice, which induced to improve their financial capability. This paper summarizes the structure of financial capability education, and also discuss local practical model of financial social work.

Keywords: Social Financializing; Financial Capability; Social Work Intervention; Financial Empowerment

Theory, Practice and Development of Financial Therapy

Fan Huanhuan ∕ 142

Abstract: Financial therapy is an emerging field consisting of mostly financial and mental health professionals that addresses the interpersonal and intrapersonal facets of money by integrating cognitive, emotional, behavioral, relational, and economic aspects to promote financial health. Financial therapy is one of the five interventions in financial social work. This paper analyzes the application field, development process, theories and models of financial therapy in the United States, discusses the core topic of financial therapy-money disorders, and the evaluation, identification and change of "money scripts" that form disordered money behaviors. Finally, four research-based models of financial therapy are introduced.

Keywords: Financial Therapy; Money Disorder; Money Script; Models of Financial Therapy

Financial Knowledge of Rural Residents and its Correlation with Financial Behaoiors: based on the Survey at fu'an, Fujian Province and Binchuan, Yunnan Prouince

Jin Minchao Yuan Yiqing Feng Yunpeng ∕ 166

Abstract: In recent decades, Financial markets have blossomed along with the rapid economic growth in China. Chinese government, therefore, stresses the importance of financial inclusion, especially for low-income populations and rural residents.

This study surveyed 200 people at two program sites of CD Finance, i. e. Fu'an, Fujian and Binchuan, Yunnan. The level of financial knowledge of the sample was found below the level recommended by International Network of Financial Education at Organization for Economic Co-operation and Development. Controlling demographic features, such as age, gender and profession, the study showed that people withmicrocredit had better financial knowledge than people without microcredit. Further, financial knowledge was positively associated with financial attitude and holding insurance with low risk, but not with holding investment or debt regardless the level of risk. Further, people with microcredit possessing more financial products, which might imply that holding microcredit could raise the level of financial access.

Keywords: Financial Inclusion; Financial Knowledge; Risk Attitude; Financial Access

Unexpected Expenditures and Short-Term Loans: Financial Security among Nonprofit Employees of China

Zhou Ling   Huang Jin   Miao Wei   Du Juan / 187

Abstract: Research has shown that nonprofit employees in China have lower income compared to their counterparts in the private sector, which may increase their risk of financial insecurity. Using the secondary data from a 2017 online survey collected from nonprofit professionals (N = 773) in China, the study examines the relationships of financial security with unexpected expenditures and the use of short-term loans among this population. We hypothesize that unexpected expenditures caused by healthcare and other events will increase the probability of using short-term cash loans, and further reduce financial security of nonprofit employees. After controlling for demographic and socioeconomic characteristics, analyses of structural equation models suggest that unexpected expenditures are positively associated with the probability of using short-term unsecured cash loans, and both unexpected expenditures and the use of short-term loans are negatively correlated to financial security of nonprofit employees. Short-term cash loan is a partial mediator between unexpected expenditures and financial security. Hospitalization experience of any family member is also negatively correlated with financial security, but this association is not mediated through the use of short-term cash loans. The study shows a potential path on how unexpected expenditures affect financial security of nonprofit employees. E-mergency fund programs to support unexpected expenditures of nonprofit employees may improve their financial security in China.

Keywords: Financial Security; Loan; Unexpected Expenditures; Non-profit Employees

Promotion or Inhibition: the Impact of Social Insurance on Commercial Insurance Participation—Based on the Role of Income Regulation

Zheng Lu   Zhang Dong / 207

Abstract: As two components of the social security system, social insurance and commercial insurance play an important role in promoting social stability and improving people's livelihood. However, due to the overlapping of functions and coverage, the controversy of promotion and inhibition in the development process is not conducive to the coordinated development of the two. This paper aims to analyze the impact of social insurance on commercial insurance participation by empirically analyzing the 2015 data of Chinese General Social Survey (CGSS), focusing on the two core insurance types of medical insurance and pension insurance, and in-depth study the role of income in the regulation of social insurance on commercial insurance. It is found that social medical insurance has a restraining effect on the participation of commercial medical insurance. Social pension insurance promotes the participation of commercial pension insurance. The income has a regulatory effect on the relationship between social medical insurance and commercial medical insurance participation. For low-income groups, Social medical insurance may have a depressing effect on the participation of commercial medical insurance. For high-income groups, the inhibition of social medical insurance on the participation of commercial medical insurance will be transformed into a facilitating effect. The relationship between income and social pension insurance and commercial pension insurance participation exists. For the low-income group, social pension insurance may promote the participation of commercial pension insurance. For high-income groups, the promotion effect of social pension insurance on commercial pension insurance will not exist or be weakened.

Keywords: Social Insurance; Commercial Insurance; Income

Characteristics and Influencing Factors on Lending use and Lending Resources in Rural and Urban China—Basing on the data of China Household Finance Survey (CHFS) in 2013

Ai Yun   Zhao Sibo   Ding Ranran ∕ 228

Abstract: Since the reform and opening up, China's economy has been developing rapidly, along with greatly improvement of the people's living standard and social development level. However, due to the imperfection of the development of the financial system, the difference characteristics in urban and rural areas have been shown, which brings a lot of complexities for understanding the individual and family financial assets selection behavior. Based on the data of China Household Finance Survey (CHFS) in 2013, this paper examines the urban-rural differences in lending purposes and lending sources as well as their influencing factors. This research found that: for the use of production and operation, in borrowing sources rural residents depend on banks, whereas for the consumption use, the difference is significant between urban and rural areas. In particular, urban residents are more likely to get loans from banks, while rural residents rely on private borrowing in terms of mortgages and car loans. But in terms of educational debt, rural residents are more likely to get bank loans than urban residents, which may be due to the particularity of educational policy-related loans.

Keywords: Borrowing Purposes; Borrowing Sources; Urban-Rural Differences

Book Review of Liquidated: An Ethnography of Wall Street, by Karen Ho

Zhuang Jiachi ∕ 251

Abstract: *Liquidation: the daily life of Wall Street* is a work adapted and published by Karen Ho, a professor of anthropology at the University of Minnesota. Through the field research on Wall Street, the global financial holy land, Karen

Ho described the construction process of the objective market from the perspective of cultural anthropology, thus realizing the deconstruction of the market. Based on the analysis of the cultural practice of Wall Street investors, this paper puts forward the sociological / Anthropological explanation of the outbreak of financial crisis. On the basis of combing the review of "liquidation: daily life of Wall Street", this paper puts forward the idea of analyzing the labor process of an investor from the perspective of labor process analysis. From the perspective of labor process analysis of investment bankers, it is not only conducive to deepen the understanding of Wall Street investment banking culture, but also to find the direction of future research and realize the substantive promotion of existing research. More importantly, from the perspective of labor process, it may be a new way to study the labor process of financial practitioners, which is of great significance both in theory and practice.

Keywords: Investment Banker; Investment Banking Culture; Financial Capitalism; Financial Crisis; Labor Process

《金融与社会》征稿启事

为反映金融社会学、金融社会工作领域的最新研究成果，推动中国金融社会学和金融社会工作的理论研究与实践发展，拟组织出版《金融与社会》（*Finance and Society*）学术集刊，每年一辑。集刊由中央财经大学社会与心理学院社会学系李国武教授担任主编，在社会科学文献出版社出版。集刊每一辑字数在 30 万字左右，拟收录和发表论文 12 篇左右。

一　出版宗旨

（1）倡导金融社会学、金融社会工作研究的问题意识、理论取向与实践关怀。希望投稿论文基于中国社会与金融的运行过程和机制提出具有重要理论意义和现实关怀的问题，或借鉴和反思西方金融社会学、金融社会工作现有理论，推动中国理论创新。

（2）促进金融社会学与金融社会工作研究学术共同体的交流。《金融与社会》是一个平等开放的学术交流平台，真诚欢迎各大专院校和研究机构的学者积极投稿、踊跃参与，共同推动中国金融社会学与金融社会工作研究的深入发展。

（3）反映和积累国内金融社会学和金融社会工作领域的研究进展。集刊主要发表该领域高质量的新作，借此一方面积累中国金融与社会研究的本土知识，另一方面反映中国金融与社会研究的最新动态。

二　来稿要求

（1）《金融与社会》的内容定位于从社会学、社会工作、人类学、组织学、经济学、政治学、历史学等不同学科视野和方法开展金融与社会之间关系的研究和讨论，特别是金融社会学和金融社会工作领域的相关研究。

（2）投稿论文一般以1.5万字左右为宜（包括注释和参考文献），最长不要超过2.5万字。

（3）《金融与社会》刊登尚未公开发表的高质量学术论文、调查报告、研究综述和书评等。

（4）来稿必须遵循国际公认的学术规范，内容应包括：标题、作者姓名、工作单位和联系方式、摘要、关键词、正文、参考文献。引文注释必须清楚明确，论述言之有据、论证逻辑全文一致，使用研究方法、分析工具清楚、准确、统一。

（5）来稿要求以中文写作，并请附中英文的论文题目（不超过20字）、摘要（不超过300字）和关键词（3~5个）。

（6）来稿中出现外国人名时，一律按商务印书馆出版的《英文姓名译名手册》翻译，并在第一次出现时用圆括号附原文，以后出现时不再附原文。

（7）作者的说明和注释采用脚注的方式，序号一律采用"①、②、③……"，每页重新编号。引用采用文中夹注，在引文后加括号注明作者、出版年份，如原文直接引用则必须注明页码。详细文献出处作为参考文献列于文后，以作者、书（或文章）名、出版单位（或期刊名）、出版年份（期刊的卷期）、页码排序。文献按作者姓氏的第一个字母顺序排列，中文在前、英文在后。

（8）图和表的规范：统计表、统计图或其他示意图等，也用阿拉伯数字连续编号，并注明图、表名称；表号及表名须标注于表的上方，图号及图名须标注于图的下方；"注"须标注于图表下方，以句号结尾；"资料来源"须标注于"注"的下方。

（9）本集刊随时接受投稿，来稿请自备副本，概不退稿。《金融与社会》采用编委会审稿制度，以质取文。不论采用与否，编辑部均会在2个月内通知作者。一经发表，即送作者当辑书籍2册。稿件请发至电子邮箱：aiyunpku@163.com（艾云 收）或 fangshu09@163.com（方舒 收）。

三 文献征引规范

为保护著作权、版权，投稿文章如有征引他人文献，必须注明出处。

本书遵循如下文中夹注和参考文献格式规范示例。

（1）文中夹注格式示例

（周雪光，2005）；（科尔曼，1990：52～58）；（Sugden，1986）；（Barzel，1997：3-6）。

（2）中文参考文献格式示例

曹正汉，2008，《产权的社会建构逻辑——从博弈论的观点评中国社会学家的产权研究》，《社会学研究》第1期，第200～216页。

朱晓阳，2008，《面向"法律的语言混乱"》，中央民族大学出版社。

詹姆斯·科尔曼，1990，《社会理论的基础》，邓方译，社会科学文献出版社。

阿尔多·贝特鲁奇，2001，《罗马自起源到共和末期的土地法制概览》，载徐国栋主编《罗马法与现代民法》（第2卷），中国法制出版社。

（3）英文参考文献格式示例

North, D. and Robert Thomas. 1971. "The Rise and Fall of the Manorial System: A Theoretical Model." *The Journal of Economic History* 31（4）: 777-803.

Coase, R. 1988. *The Firm, the Market, and the Law*. Chicago: Chicago University Press.

Nee, V. and Sijin Su. 1996. "Institutions, Social Ties, and Commitment in China's Corporatist Transformation." in McMillan, J. and B. Naughton（eds.）, *Reforming Asian Socialism: The Growth of Market Institutions*. Ann Arbor: The University of Michigan Press.

诚邀各位学界同仁积极参与，不吝赐稿，共同推动中国金融社会学与金融社会工作的研究和发展。

图书在版编目（CIP）数据

金融与社会. 第一辑 / 李国武主编. -- 北京：社
会科学文献出版社，2020.8
ISBN 978 - 7 - 5201 - 7015 - 4

Ⅰ.①金…　Ⅱ.①李…　Ⅲ.①金融 - 经济社会学 - 研
究　Ⅳ.①F830

中国版本图书馆 CIP 数据核字（2020）第 144252 号

金融与社会　第一辑

主　　编 / 李国武
执行主编 / 艾　云　方　舒

出 版 人 / 谢寿光
责任编辑 / 杨桂凤

出　　版 / 社会科学文献出版社·群学出版分社（010）59366453
　　　　　　地址：北京市北三环中路甲 29 号院华龙大厦　邮编：100029
　　　　　　网址：www. ssap. com. cn
发　　行 / 市场营销中心（010）59367081　59367083
印　　装 / 三河市龙林印务有限公司

规　　格 / 开　本：787mm × 1092mm　1/16
　　　　　　印　张：18　字　数：289 千字
版　　次 / 2020 年 8 月第 1 版　2020 年 8 月第 1 次印刷
书　　号 / ISBN 978 - 7 - 5201 - 7015 - 4
定　　价 / 98.00 元

本书如有印装质量问题，请与读者服务中心（010 - 59367028）联系